TOUTE UNE ÉPOQUE

DU MÊME AUTEUR

La Promo Sciences Po 1986, Stock, 2004.

Une famille au secret : le président, Anne et Mazarine, avec Géraldine Catalano, Stock, 2005.

La Femme fatale, avec Raphaëlle Bacqué, Albin Michel, 2005.

La Nuit du Fouquet's, avec Judith Perrignon, Fayard, 2007.

Fleurs et couronnes, Stock, 2009.

L'Intégrale corse (introduction et textes du livre des dessins de René Pétillon), Les Arènes/Glénat, 2009.

Les Strauss-Kahn, avec Raphaëlle Bacqué, Albin Michel, 2012.

Le Mauvais Génie, avec Vanessa Schneider, Fayard, 2015.

Mariage en douce, Gary et Seberg, Équateurs, 2016.

La Communauté, avec Raphaëlle Bacqué, Albin Michel, 2018.

ARIANE CHEMIN

TOUTE UNE ÉPOQUE

Enquêtes et reportages
2005-2018

Robert
Laffont

Ouvrage édité par Jean-Luc Barré

ISBN 978-2-221-15778-7
Dépôt légal : mai 2018

Ce ne sont que de petits bouts de papier qui volent avec le vent. Mis bout à bout, reportages et portraits deviennent pourtant des sismographes minuscules qui mesurent les tremblements de la société. C'est du moins ce dont m'a convaincue Jean-Luc Barré. Ils permettent aussi de mesurer l'accélération du monde. De 2005 à 2018, comme il a couru vite, le monde ! Certains héros de l'ancien s'en sont allés, comme Gérard de Villers, le père de SAS, déjà malade lorsqu'il nous avait ouvert sa porte, ou encore Jean d'Ormesson, qui, soucieux de sa postérité, avait pris soin de s'embaumer lui-même dans la Pléiade. Deux précautions valent mieux qu'une : l'époque pourrait céder à l'amnésie.

En treize ans, de nouveaux mots sont apparus – « État islamique », « réseaux sociaux », « macronisme », « migrants » ou encore « études queer ». Des thèmes se sont imposés, tels l'identité – via une droite désormais « décomplexée » – ou la laïcité, qui déchire aujourd'hui la gauche. Des noms sont tout simplement passés de mode, comme ceux de Jérôme Cahuzac ou de Dominique Strauss-Kahn – des symboles, chacun à leur manière. D'autres termes, enfin, ont presque disparu, dissous dans la réalité, usés jusqu'à la corde. C'est le cas de « socialisme », ce trait d'union entre les invités de la noce du sénateur Henri Weber et de la productrice Fabienne Servan-Schreiber, il y a un peu plus de dix ans.

C'était en septembre 2007. Le couple avait choisi de se marier devant ses amis au mythique Cirque d'hiver, près de la place de la République, à Paris. La liste des huit cents invités racontait à la fois la gauche de pouvoir et la sourde attirance de plusieurs convives pour le dynamisme du nouveau président Sarkozy. Le récit de cet événement mondain avait fait le tour de la capitale et lui avait donné une tournure politique : il en était presque une allégorie. Pendant que les compils du DJ déniché par « Fabienne » au festival du documentaire de Biarritz tentaient d'enflammer le dancefloor, Lionel Jospin était resté assis à la lisière de la piste, le regard ailleurs. L'ancien candidat malheureux à la présidentielle comprenait-il la tragédie qui se préparait sous ses yeux ?

Cette saynète qui annonçait le naufrage du PS s'est achevée dans un petit cimetière corse, en mars 2017, bien avant la victoire d'Emmanuel Macron. Michel Rocard était mort sept mois plus tôt. Sylvie, sa veuve, avait décidé de déposer l'urne funéraire dans le cimetière de Monticello, charmant village de Balagne devenu la terre d'adoption de l'ancien Premier ministre socialiste. J'avais rendez-vous avec elle au bar du village. Pendant que nous papotions, elle avait extirpé une poche en plastique de son sac à main et l'avait posée sur ses genoux. C'étaient les cendres de « Michel ». Elle s'y accrochait comme si elle refusait toute séparation, mais c'était aussi sa manière de demander : à qui confier ces restes ? Qui pour reprendre le mistigri de la gauche ?

Emmanuel Macron ne participait pas à la cérémonie : pas envie de croiser François Hollande, qui achevait tristement son mandat alors que son ancien ministre de l'Économie était déjà en campagne. Sa candidature avait été lancée le 16 octobre 2016, dans un centre d'apprentissage de Bobigny, dans le « 9-3 ». Officieusement, tout s'est peut-être joué un peu après, dans le secret de la basilique de Saint-Denis où dorment les monarques de l'Ancien Régime. Pour ce livre, j'ai tenté de comprendre quelle forme de légitimité avait bien pu rechercher Emmanuel Macron et sa femme, ce jour-là, dans les plis et les drapés des tombeaux royaux. Quelques semaines plus tard, c'était François Fillon qui, au Trocadéro, donnait une nouvelle interprétation de la journée des Dupes, celle où Richelieu avait sauvé in extremis sa peau de tout-puissant ministre de Louis XIII. En France, on n'échappe jamais à la grande histoire.

La mode est au roman national, et à la religion. En 2005, on ne trouve nulle trace d'ancrage communautaire dans le récit des émeutes qui ont embrasé les banlieues françaises. En moins d'un mois, cinq morts, près de neuf mille véhicules incendiés, trois mille interpellations, six cents personnes mises sous les verrous, mais pas de voiles, d'imam, d'islam dans le décor de Clichy-sous-Bois, où Bouna Traoré et Zied Benna, les deux gamins coursés par la police, sont morts électrocutés dans un transformateur EDF. Pas davantage de religion, à la fin des années 2000, dans les post Facebook des ados de Marseille. Leurs noms d'emprunt ? « Gérant à la mafia africaine », « CAP braqueur de banque », « Pablo Escobar », « Al Capone » ou « Bernardo Provenzano », un des parrains de la Mafia sicilienne. Voilà les profils choisis sur la Toile par les gamins des quartiers Nord.

Dix ans exactement après les émeutes de Clichy, c'est Olivier Corel, le mentor des frères Clain et de Mohamed Merah, que *Le Monde*, mon journal, m'envoie rencontrer. Voilà Artigat, perché sur les flancs de la vallée de la Lèze, au pied des Pyrénées. Un décor de rêve, propice aux méditations et aux entraînements. Le hameau s'est transformé en petit phalanstère islamiste. Je me souviens du sourire affable de Corel et de son épouse, du café servi bien chaud et des chocolats (faut-il les accepter ? Éternelle question qui taraude le journaliste). Je me rappelle de ces mots prononcés avec la voix blanche de la vie ordinaire au moment où je quitte la banquette sans confort qui m'a accueillie plusieurs heures : « C'est là qu'ils dormaient quand ils montaient me voir. » « Ils », ce sont les deux pires terroristes du moment, celui qui vient alors de revendiquer les attentats parisiens du Bataclan, celui qui a tué sept personnes dont trois écoliers juifs de Toulouse, à bout portant.

Chaque rencontre charrie son lot d'images indélébiles, parfois traumatiques. Parfois comique, aussi. Lorsque je suis arrivée chez Étienne Chouard, au printemps 2005, une panne d'électricité avait plongé dans le noir toutes les pièces de sa maison dans sa campagne marseillaise : nous avions dîné aux chandelles et, à la lueur d'une bougie, j'avais noté d'une écriture hésitante les raisons pour lesquelles, selon ce prof d'informatique, le traité constitutionnel européen qui serait soumis quelques jours plus tard au vote des Français était « une belle connerie ». À l'époque, on peine à l'imaginer, le Web 2.0 balbutiait. Twitter n'existait pas. Étienne Chouard ferraillait tout seul contre le TCE sur un pauvre blog ; dans l'ombre, il était pourtant devenu l'un des plus efficaces militants du non au référendum. J'ai pris quelques nouvelles de mon hôte, il y a peu. Ce farouche adversaire de la mondialisation entretient aujourd'hui des liaisons dangereuses avec Alain Soral et disserte parfois avec d'autres complotistes du Net.

Il faut autant d'anonymes que de têtes couronnées pour raconter la tectonique d'un pays en mouvement. Ce sont eux qui dessinent le paysage d'une nouvelle histoire. David Haines fut le premier otage européen exécuté par Daech, à l'été 2014. De l'humanitaire écossais, on se souvient surtout, hélas, de cette camisole orange et de cette nuque baissée devant la lame s'apprêtant à le décapiter. Ne pas laisser l'EI imposer la propagande du terrorisme islamique est devenu un nouvel impératif journalistique : faire oublier les bourreaux, redonner aux victimes leur visage du quotidien.

« Une photo, un article, c'est parfois comme un faire-part de décès », m'avait glissé l'un des jardiniers de la Ville de Paris affecté au secteur des Champs-Élysées après que j'avais enfin retrouvé l'identité de cet homme mort de froid au pied de la place de Concorde, quelques jours avant Noël 2007. À Clichy-sous-Bois, un grand frère Traoré m'avait de même confié qu'au moment d'ensevelir le corps du petit Bouna en Mauritanie, il avait enfoui l'article du *Monde* dans la fosse, en mémoire de cette mort injuste.

J'ai aussi adressé un exemplaire du *Monde* daté du 22 janvier 2016 à Monique Nadanowska. Elle me l'avait réclamé. Monique avait épousé Joseph en 1969, à Moulins. Son mari était un « enfant de l'Assistance », comme on dit, un gamin de quatre ans « placé » depuis que sa maman n'était jamais venue le chercher à la sortie de l'école, le 15 juin 1942. C'est le site du Mémorial de la Shoah qui a permis à Monique de découvrir l'histoire de sa belle-mère, raflée par la Gestapo, et de la raconter au *Monde*. Hélas, Joseph était mort. Alors Monique a pris ses ciseaux, détouré le petit Joseph sur une vieille photo de classe et collé le portrait en médaillon sur l'article consacré à sa mère, avant d'encadrer le tout : « Une manière de les réunir enfin tous les deux sur ma cheminée », m'a-t-elle expliqué.

Le journal « papier »… L'époque du plomb, des morasses et du marbre, du « Livre » et des ouvriers qu'il fallait reconvertir, dans les années 1980, à cause de la crise de la presse. Jean-Michel Coëffeur était monteur à *La Nouvelle République du Centre-Ouest*, *La NR*, comme on dit à Tours. Il était devenu rédacteur pour une des locales. En décembre 2013, après plusieurs braquages à La Foir'Fouille et dans d'autres discounts du coin, son journal avait publié un avis de recherche pour tenter de retrouver le voleur. C'était lui, Coëffeur. Il avait des soucis de pensions alimentaires. Il n'aimait pas couvrir les faits divers. Il peinait devant son ordinateur. Était-il vraiment fait pour ce métier, journaliste ? Son talent était ailleurs.

Un Bic, un carnet, c'est le moyen du pauvre pour tenter de renverser les idées générales, essayer d'explorer les lieux trop communs, et parfois, qui sait, tenter de retourner les vents de la désinformation. Dans la nuit du 5 au 6 septembre 2017, le cyclone Irma s'est abattu sur les Petites Antilles. Je pars à Saint-Martin dans l'idée de raconter la difficile reconstruction de l'île. Avant de m'envoler, j'avais lu ici et là, sur des sites dits « sérieux », que la sous-préfète avait fui comme une trouillarde. Sur place, je découvre le contraire : de cette folle nuit qui a détruit la préfecture, elle fut en réalité l'une des héroïnes, suggérant aux membres du PC de crise de gagner le rez-de-chaussée plutôt que de rester au premier étage – ils n'auraient pas survécu –, refusant d'abandonner ses troupes comme un capitaine son navire. Jamais je n'aurais imaginé, il y a treize ans, partir en reportage pour d'abord déconstruire les rumeurs charriées par les réseaux sociaux. Tant pis pour le projet initial : je fouille les décombres, cherchant au milieu des éclats de vitres brisées ces débris de réalité qui vaillamment s'opposent aux *fake news*, cette gorgone moderne.

A. C.

Le dernier jour de Bouna et Zyed

Dans leur souvenir, c'était à peu près l'heure de *Malcolm* sur M6, au plus tard celle de *Nous ne sommes pas des anges*, sur Canal+. Bref, il était autour de midi, ce 27 octobre 2005. Bouna Traoré sort de la douche. Le garçon de 15 ans s'est levé tard, comme ses frères et sœurs, comme tous les enfants de la cité qui borde le centre commercial du Chêne-Pointu, à Clichy-sous-Bois, au bout du bout du « 9-3 ».

Clichy s'éveille. C'est l'époque des vacances scolaires, celles de la Toussaint – ici on dit plutôt « les vacances d'automne ». La journée est longue jusqu'à la « coupure » du jeûne du ramadan, le soir en famille. Alors les « petits », comme Bouna, les « moyens » et les « grands » – ceux qui, jusqu'à 22 ou 23 ans, vivent toujours chez leurs parents – font durer la grasse matinée. Ils jouent à la PlayStation, regardent Trace TV, Équipe TV ou des DivX – des films piratés. « Pour faire perdre le temps », disent-ils.

Bouna Traoré, yeux doux comme ses frères, est un beau gosse fin, agile et coquet. Ce jour-là, comme chaque matin, il s'enduit le visage de Topicrème, donne un coup de fer sur son jogging. Comme son grand frère Siyakha, il porte un petit diamant à l'oreille. Et il n'est pas peu fier de son « contour » – le must, la coiffure « renoi » branchée. On se fait raser à mi-tête par le coiffeur de Sevran – « c'est là-bas qu'ils coupent bien » – ou chez cet homme de la cité qui manie bien les ciseaux et coupe à l'amitié, au domicile et à la débrouille.

Sans bruit, Bouna nettoie et chausse ses Nike Shox bleu et blanc. Sans bruit, parce que son père, éboueur à la Ville de Paris, est rentré du travail à 6 heures du matin, après une heure de RER plus un bus, le 601. Pour les enfants, la seule contrainte de la journée, c'est la maison à 18 heures pétantes, pour « couper » le ramadan. À tour de rôle, on se dévoue pour aller faire des « petites courses » au Franprix du Chêne-Pointu – 3 euros en moyenne au panier de la ménagère – ou au Lidl de Montfermeil, plus loin, mais moins cher. Ce jour-là, c'est Siyakha Traoré, le grand frère de 24 ans, qui fait les courses. À chaque pas, il croise des amis. Un « tcheck », le poing de l'un contre celui de l'autre. « Tranquille ? Tranquille. »

Après sa douche, Bouna quitte la « Pama », sa cité, pour remonter quelques mètres plus haut vers le Chêne-Pointu. Ici, l'histoire locale, même celle des années 1960, est oubliée. Ni les petits ni les grands ne savent expliquer que « Pama » veut dire « parc de la mairie ». Seul M. le maire, sans doute, sait que le Chêne-Pointu fut en son temps un petit « Lourdes » où l'on se rendait en pèlerinage. En 1212, trois riches marchands angevins, attaqués et liés à un chêne alors qu'ils se rendaient à la capitale par la forêt de Bondy, furent délivrés par des anges. Trois hommes sauvés des brigands. Un vrai miracle.

À Clichy-sous-Bois, le temps ne s'écoule pas comme partout. Les vacances ne vident jamais le Chêne-Pointu ; au contraire, elles le remplissent. Pour un Calvin, 14 ans, parti ce mois d'octobre en vacances « à Sartrouville, dans le 7-8 », combien d'autres ne quittent jamais la Seine-Saint-Denis ? Ce 27 octobre, le petit frère de Bouna, lui aussi, est absent. Il est si habile au ballon rond qu'il a été envoyé en « détection » au Havre. Comme dit un copain de classe : « La moitié de Clichy, elle est forte au foot, parce qu'il y a rien d'autre à faire. »

Il fait beau. Tout le monde traîne dehors, c'est-à-dire tous les garçons. Allers-retours entre le centre commercial, ses vitrines d'aquarium opaques, ses néons jaunasse, sa boucherie halal, son marchand de journaux-PMU et, heureusement, l'Internet de la boutique Box – « l'antigalère », disent les petits. Retour au pied des tours, à Rabelais, « là où tout le monde se positionne », 20 mètres plus loin. « Si on ne trouve pas les potes dehors, on les appelle chez eux » avec le portable, outil indispensable dès qu'on a « à gérer » une « chneck », une « femeu », une copine. C'est quand commencent les problèmes de filles et de recharges SFR que, dans la cité, on devient un « moyen ».

Rabelais, c'est là qu'habite Zyed Benna, 17 ans, petit dernier d'une famille tunisienne de six enfants. Le père lui aussi est éboueur de la Ville de Paris. Il est sévère et n'a pas apprécié que le nom de son fils apparaisse dans une histoire de vélo volé. Zyed n'est arrivé en

France qu'en 2001, il peine dans sa classe de troisième, mais c'est un « mec tracé », expliquent ses copains, « trop stock », trop fort. Pour preuve, son surnom : « lance-pierre ». De mémoire d'habitant du Chêne-Pointu, il était le seul capable de lancer un marron jusqu'au 16e étage de la tour. Ses copains ont immortalisé l'exploit avec une caméra.

Ce 27 octobre, c'est l'heure des *Feux de l'amour.* Il est largement temps de sortir. Au Chêne-Pointu, on n'aime pas rester dans les T3. Le samedi ou le dimanche, les grands sont toujours là pour emmener les petits en voiture au Flunch, au cinéma de Rosny II, ou pour leur apprendre à conduire les quads. « Pour faire passer l'heure », en ce jour de semaine, Bouna, bon footeux « très technique », propose un tournoi au stade de Livry-Gargan, ville limitrophe, bien plus riche que Clichy et son stade « plein de pierres et tout pourri ». Il y a là Sofiane, le pote au scooter, Aristide, David, Martin, Bruno, Yahya, tous âgés de 14 ou 15 ans, copains de cité ou de ballon. Suit aussi Muhittin Altun, le Kurde, 17 ans : le seul qui ne parle pas bien le français, quoique mieux que son père, ouvrier en bâtiment. Tous aiment le zouk, le rap français et américain comme 50 Cents, Sniper, Psy 4 de la rime, « et même parfois des variétés françaises. Bouna chantait *Allumer le feu* de Johnny », disent-ils.

Peu après 17 heures, les gamins quittent le stade. Petit crochet par un chantier où la région Île-de-France construit des logements sociaux. De sa fenêtre, l'employé d'un funérarium tout proche a l'impression qu'un des gamins fait le guet. Voudraient-ils chiper quelque chose dans le cabanon de chantier ? La police est prévenue. Dix minutes plus tard, une première voiture de la brigade anticriminalité, la Bac, s'arrête à proximité. Les gamins s'enfuient comme une volée de moineaux. « Cours ! Cours ! » crie l'un d'eux en apercevant derrière lui un policier en civil, flash-ball à la main. « On doit pas courir, on n'a rien fait », tente David. En vain.

Courir, chez eux, c'est déjà un réflexe. « Quand il y a quelqu'un qui court, on est obligé de courir. L'autre jour, quelqu'un est arrivé en courant dans la cité, eh bien, tout le monde est parti dans tous les sens », raconte Joe, 16 ans. « Comment la police elle nous traite, les petits ça les effraie », argumente Mehmet Dogan, le « cousin » de Muhittin. « Ils voient que les keufs ils nous tutoient, qu'ils nous vannent, qu'ils y vont au culot, à l'audace, qu'ils nous traitent de kékés. » En chœur, les petits jurent qu'on ne les aime pas. « Les policiers viennent du Raincy ou de Livry, là où il y a des Français. Quand ils arrivent ici, ils nous grondent : "Mets-toi contre la voiture, bouffon", et après ils disent que c'est nous les malpolis. Même si on n'a rien, rien fait, ils nous traitent de petits pédés. »

Dans leur tête, tout en courant, les petits font leurs comptes. Ils ne prennent leurs papiers d'identité avec eux que pour les grandes occasions : la Foire du trône, les courses à Chelles ou à Clignancourt, quand les grands frères les emmènent acheter « des hauts et des jeans fashion ». « Nos parents, ils ont eu tellement de mal à les avoir, ces papiers, qu'on les garde à la maison », explique Siyakha Traoré. « Les petits, ça perd tout. » Ils restent donc bien cachés dans l'attaché-case du papa, dans la chambre ou dans le sac de la maman. Seules traînent dans la cuisine les cartes « Famille nombreuse » ou celles du collège. « Bouna, tellement il jouait, il prêtait même pas attention aux repas. Sa mère lui disait : “T'as mangé ? Bouna, t'as mangé ?” », raconte son frère.

Se faire attraper un jour de ramadan n'est pas une bonne idée. Qu'ils passent entre une et quatre heures au poste, ils seront de toute façon en retard pour le jeûne. « J'avais faim. En plus on avait joué au foot et on était assoiffés. Je ne voulais pas perdre de temps », a raconté Yahya. Pendant le ramadan, surtout les bêtises sont interdites. « Même si on est innocents, les parents ils nous disent : “Pourquoi ils t'ont attrapé si t'as rien fait ?” », explique un ami de Bouna. En courant, Zyed lâche tout haut : « Si les “civils” m'attrapent, mon père il m'envoie au bled, en Tunisie. » Un cauchemar. Ils s'amusent si bien dans la cité !

La petite bande remonte le « parc des amoureux », traverse sans regarder la rue qui sépare Livry-Gargan de Clichy, et entre par une porte ouverte, tatouée d'affiches « non au référendum », dans un terrain municipal en friche où les Gitans du coin viennent pique-niquer aux beaux jours. C'est là, semble-t-il, que les policiers arrêtent Harouna et Sofiane, qui courent le moins vite. Au bas du terrain vague, Zyed, premier au cross à l'école, Bouna et Muhittin gagnent un mur de béton orné de tags et couronné de fils barbelés, qu'ils longent jusqu'au cimetière.

Une seconde équipe de policiers, prévenue par talkie-walkie, a pris place derrière les tombes. La nuit est là.

On entend aboyer les chiens des pavillons de Livry-Gargan. Sauts, courte échelle, voilà les trois amis, « le Noir, l'Arabe et le Turc », soupirent leurs copains, derrière l'enceinte de la centrale EDF. Ils ne regardent pas les têtes de mort sur l'avertissement placardé : « L'électricité, c'est plus fort que toi. » Plutôt que de monter sur une des échelles et de se cacher sur le toit d'un des bâtiments, ils choisissent d'escalader les quatre mètres du transformateur, à l'abri des regards. Quatre mètres, c'est très haut. Mais, comme dit Joe, « avec la peur on peut tout faire ».

Ils y restent une bonne demi-heure. À 18 h 12, Bouna ou Zyed a sans doute un geste maladroit. Un arc électrique se forme entre eux. Tous trois sont soulevés de terre par une décharge de 20 000 volts. Au Chêne-Pointu, la télé de Moussa, 15 ans, s'arrête net sur sa série. « On comprenait pas. » Au commissariat de Livry-Gargan, le brigadier Sébastien M., qui s'applique à expliquer dans son rapport qu'aucune dégradation n'a été commise sur le chantier avant de rendre les autres mineurs arrêtés à leurs parents, est tout à coup plongé dans l'obscurité. « J'ai constaté qu'aucun fusible n'était désenclenché. La coupure ne venait pas du commissariat, a-t-il confié sur procès-verbal. Le courant est revenu cinq minutes après, j'ai pu faire mon rapport. »

Comment Muhittin, brûlé par quelque 2 000 degrés, la peau collée à ses vêtements, mais vivant, trouve-t-il la force de revenir au Chêne-Pointu et de retrouver le grand frère de Bouna ? « C'est un guerrier », répondent en hommage ses copains. Le jeune Kurde, juste capable d'articuler les deux prénoms de ses amis, trouve et entraîne avec lui une dizaine de garçons sur le terrain vague. Et de répéter : « On s'est fait courser, on s'est fait courser. » Sans geindre, il désigne avec son index la direction à suivre, mais, arrivé devant la centrale, il détourne les yeux à l'opposé, cache son visage en pleurs sous son autre bras.

« Je me disais : mais c'est quel endroit ici ? Jamais, même pendant mon enfance, je n'étais venu là, raconte Siyakha. Plus on avançait, plus on sentait une chaleur de malade, plus Muhittin il était triste. » « Bouna ! Zyed ! » crie la bande. Personne ne répond. Les minutes deviennent des heures, la rumeur se répand. « On a attendu, tellement attendu, soupire son frère. Plus qu'à l'ANPE. On a même dû battre les records du consulat. » La mère de Bouna « fait tomber des larmes », son père se frappe la tête contre le mur de la centrale. Les gamins sont morts, c'est certain.

Les baskets de Zyed, « des Converse toutes neuves, noir et gris », ont été carbonisées. Comme les Nike bicolores Shox de Bouna. Ses autres baskets, des Adidas, sont restées quelques jours dans l'entrée du T3, avant de s'en aller avec lui pour l'enterrement au bled, en Mauritanie. Avant le voyage, Siyakha Traoré a demandé à voir le corps à l'Institut médico-légal. L'histoire qu'il raconte ressemble à une scène du réalisateur Jean-Claude Brisseau. Une belle dame très douce l'a prévenu que, quand il ouvrirait la porte, son petit frère serait là, à gauche, en entrant.

Il l'a aperçu tout de suite, Bouna, « une tache noire – sa figure – dans tous ces draps blancs ». Les brûlures avaient gonflé son pauvre visage, bleu, rose, noir. Mais sa coiffure, un dégradé qu'il s'était fait dessiner une semaine plus tôt, pour être beau pour l'Aïd, était intacte. Siyakha Traoré n'a vu que ça, la « chevelure » de l'ange, son seul réconfort. « Son contour, son dégradé, c'est les seuls endroits qui n'ont pas été touchés. »

Le Monde, 7 septembre 2005

Étienne Chouard, Don Quichotte du « non »

Étienne Chouard a le sourire aussi franc que les petits smileys – :) – qui émaillent la centaine de mails qu'il reçoit chaque jour. Depuis que, le 25 mars 2005, poussé par une ardente obligation « morale », il a détaillé ses « dix raisons graves de s'opposer à un texte dangereux » – le traité constitutionnel européen –, le site Internet de ce prof d'informatique de BTS au lycée Marcel-Pagnol de Marseille est devenu l'un des plus fréquentés de France : 25 000 connexions par jour en moyenne. « Un rêve, pour un prof », dit-il. Avec « 34 600 références » à son nom sur Google, ce thermomètre de la célébrité des années 2000, le professeur Chouard est l'une des stars cachées de la campagne référendaire.

Tout a commencé un matin de septembre 2004. « C'est Fabius qui m'a réveillé, sur Inter, chez Paoli. » Ce traité constitutionnel, pour lequel les socialistes vont devoir se prononcer par référendum interne, ne plaît pas au numéro deux du PS. Étienne Chouard ne s'était pas posé de questions : il allait voter « oui », comme pour Maastricht. Du coup, il commence à lire. *Europe, la trahison des élites*, de Raoul Marc Jennar, devient son livre de chevet. « J'en ai acheté 17 ou 18, ç'a dû être mon premier acte de militance. » Il se procure ensuite l'*Antimanuel d'économie* de Bernard Maris – « Un bonbon, je regrette de l'avoir fini. » Et puis il « engouffre » tous les autres. Dans sa maison des collines de Trets, entre Marseille et Aix-en-Provence, ses livres cornés, surlignés, malmenés, ceux écrits par « Giscard » et « DSK » compris, témoignent de son souci d'éclectisme.

Après le temps de la digestion, celui du clavier. Étienne Chouard envoie sur une liste de diffusion restreinte à ses « collègues » et « amis » juristes sa lettre ouverte intitulée : « Une mauvaise Constitution qui révèle un cancer de notre démocratie ». En gras, en italique, en romain, il y explique que le traité est « illisible », « partisan », « verrouillé », et ne « contrôle pas plus les pouvoirs » qu'il ne les « sépare ». Attac finit par mettre la lettre en ligne. En deux semaines, l'incroyable se produit. Avec environ 300 courriels de soutien quotidiens, davantage les jours de pluie et de congé, le site d'Étienne Chouard devient une machine à voter « non ». Et une jolie plate-forme : Marie-France Garaud, qui vient de publier *Oser dire non à la politique du mensonge*, aux Éditions du Rocher, a décroché son téléphone, consciente qu'une fiche de lecture sur le site du professeur Chouard vaut mieux que toutes les critiques du monde.

On connaissait les militants-experts, nouvelle espèce apparue à la fin des années 1990, cauchemar des partis traditionnels. Étienne Chouard en est un parfait spécimen, mais version Internet. Élevé dans le XVIe arrondissement de Paris, il a grandi comme un « fils de bourgeois ». Le père était un inconditionnel de Giscard. Le fils vote régulièrement, « plutôt centre gauche ». Pas de manif : « je n'ai pas du tout envie de faire la révolution ». Jamais une grève – « Je sais, c'est pas bien. »

On ne lui connaissait que deux ouvrages, *Prendre de bonnes habitudes avec Excel*, et *Créer une application avec Access*, aux petites Éditions Corroy. Certains voudraient du coup qu'il soit un sous-marin : « J'ai reconnu dans votre lettre les obsessions des lambertistes et les scansions propres aux tracts du PT », écrit un internaute. Étienne Chouard ne sait même pas que « PT » signifie Parti des travailleurs et ne voit pas très bien ce que l'adjectif trotskiste veut dire. Lecteur du « *Diplo* » depuis un an, de *Politis*, de *Courrier international*, il ne revendique d'autre étiquette que celle du « bon sens » et pose des questions déconcertantes. « Qu'est-ce qui les empêche de se mettre ensemble, Mélenchon, Villiers et Besancenot ? Ils disent tous les trois des choses très justes, très pertinentes. »

Avec sa poignée de main franche, son bronzage de parapentiste et cette manière d'appeler tout le monde par son prénom, le « père Chouard » – il rit de sa blague d'Almanach Vermot – a plutôt des airs de prêtre, version XXIe siècle. Son prosélytisme, ce fan du *Traité d'athéologie* de Michel Onfray l'a mis au service du référendum du 29 mai et s'excuse poliment sur son site de ne plus pouvoir répondre au courrier de ses fans. Il y a les béats : « J'ai passé la nuit sur ton site. » Les émotifs : « Je viens de prendre connaissance de votre lettre. J'en ai les larmes aux yeux. » Les sympas : « Pour ta statue sur la Canebière, il faut cotiser où ? » Les fans : « Interdit de parapente jusqu'au 29 mai. On a trop besoin de toi. » Les pudiques, les timides ou les pressés : « Merci. » Et même un prêtre : « Je prie pour toi. »

Et puis les critiques sont apparues. « J'ai l'impression que vous vous êtes réveillé aujourd'hui d'un long sommeil et que vous vous rendez compte que l'on vit dans une économie de marché », écrit d'abord une internaute. Ou : « Si vous n'êtes pas encore un homme politique, n'hésitez pas à vous lancer : vous possédez la base [...], un usage parfait de la langue de bois. » Un autre se moque de son public acquis de « fonctionnaires » qui « n'ont jamais cherché de travail ». Mais ce sont surtout les juristes qui se mobilisent. « Le rôle d'un professeur n'est pas de politiser les gens. Vous devez être sanctionné, et un collectif récemment créé vous le fera prochainement savoir », écrit François E. « Votre culture juridique est entièrement à faire », estime Michel B. La profession lui reproche de s'être baptisé « professeur de droit ». « Les professeurs de BTS ont une triple formation : juridique, économique, comptable. Et je n'ai jamais écrit que j'étais professeur de fac », se défend Étienne Chouard.

Il y a surtout le relevé détaillé et précis des erreurs contenues dans son texte, établi par le jeune professeur de sciences politiques et de droit constitutionnel Bastien François, qui fait depuis quelques jours un tabac chez les partisans du « oui ». Étienne Chouard n'était pas préparé « à toutes ces méchancetés » et commence à vivre tout cela assez mal : « Je suis tout nu, sans cuir épais », soupire le Don Quichotte du « non » avec la grimace contrariée des nouvelles émoticônes de la Toile.

Le Monde, 15 mai 2005

La gauche au Cirque d'Hiver

Gare aux trompettes de la renommée. Par un bouche-à-oreille très parisien, le mariage de Fabienne Servan-Schreiber, productrice de cinéma et de télévision, et d'Henri Weber, héros trotskiste devenu député socialiste européen, s'est transformé en quelques jours en un petit happening politique, échappant malgré eux à ses organisateurs. Restes d'une belle lucidité soixante-huitarde, génération qui aime tant se raconter ? Nombre des 800 invités de la fête ont éprouvé l'envie de rapporter les jours suivants leur soirée de septembre 2007 au Cirque d'Hiver, comme s'ils devinaient que, dans ces retrouvailles de la gauche arrivée, s'était écrite, *volens nolens*, une petite fable.

Quand ils ont trouvé le carton d'invitation dans leur boîte aux lettres, grâce au carnet d'adresses impeccablement tenu de « Fabienne », certains se sont d'abord demandé : « Comment ? Ces deux-là ne sont pas encore mariés ? » Beaucoup ont souri sans méchanceté : « Ce vieux soixante-huitard d'Henri souscrit même au rite bourgeois et passe la bague au doigt devant monsieur le maire ! » Le dernier samedi de l'été, jour de ciel bleu, de Vélib' et de Technoparade, ce couple star de Mai 68, en présence de ses trois grands enfants, s'est donc dit « oui » devant Bertrand Delanoë, avant d'être accueilli par les clowns du Cirque d'Hiver. Une adresse fameuse, entre République et Bastille, là où, au XXe siècle, la gauche fêtait ses victoires, fidèle au Paris ouvrier et rebelle.

Avec la Mutualité, le Cirque d'Hiver demeure l'un des lieux de mémoire parisiens. C'est ici, sur la piste aux étoiles des Bouglione, qu'est né le MRAP, organisation antiraciste, en mai 1949. Là que se sont tenus quelques célèbres meetings de campagne de François Mitterrand, Lionel Jospin, puis Ségolène Royal. Là que s'est souvent réunie en messes unitaires la gauche partisane et syndicaliste. « On se fait une Mutu ? » « On se tente un Cirquc ? » s'intcrrogcaient les responsables. La « Mutu » est moins chère – entre 12 000 et 15 000 euros la salle –, mais le « Cirque » est plus vaste. Or, a expliqué le soir de la noce Denis Olivennes, le patron de la FNAC, dans un compliment bien troussé : « Quand on se marie à 25 ans, on invite 50 amis, à 35, 200. Quand on se marie beaucoup plus tard, on en reçoit 800. Et avec les connaissances, Fabienne et Henri, il leur aurait fallu le Stade de France ! »

Durant la campagne présidentielle, Fabienne Servan-Schreiber, indéfectible soutien de la gauche, avait réuni artistes et intellectuels prêts à soutenir Ségolène Royal dans un gymnase parisien. À 63 ans, le marié, lui, est un fidèle lieutenant de Laurent Fabius, comme son ami Claude Bartolone, y compris lorsqu'il a fallu dire

« non » à la Constitution européenne. Foin des querelles entre ex-trotskistes, des oukases contre ceux qui lorgnent depuis quelques mois vers la droite : du groupe trotskiste lambertiste OCI aux hauts fonctionnaires centristes des Gracques, ce soir-là, Henri Weber réunit gaiement tout le monde.

Lionel Jospin et son épouse, Sylviane Agacinski, dînent à quelques tables de la présidente de la région Poitou-Charentes, venue avec ses enfants. « Il paraît qu'il a écrit un livre terrible et ignoble contre moi », confie-elle à ses voisins (c'était deux jours avant que *Libération* ne publie les extraits chocs du livre de l'ancien Premier ministre, *L'Impasse*). Entre deux avions, Dominique Strauss-Kahn, futur patron du FMI, honore lui aussi les mariés de sa présence. « On le regardait déjà différemment, il était devenu international », s'amuse un convive.

Last but not least, la gauche sarko-compatible, des chargés de mission aux ministres, a elle aussi fait le déplacement en masse : l'ex-patron d'Emmaüs, Martin Hirsch, haut-commissaire aux solidarités actives, le secrétaire d'État aux Affaires européennes, Jean-Pierre Jouyet, le ministre des Affaires étrangères, Bernard Kouchner – une des vedettes de la fête. « Il est resté tard, pour montrer qu'il n'avait pas de problème avec sa famille politique, commente un invité. Quand on pense en revanche à tout ce qu'Henri lui a donné, Fabius aurait pu s'attarder. » Arrivé pour le cocktail, l'ancien Premier ministre est reparti avant le dîner.

Est-ce la présence des banquiers – Bruno Roger, le patron de Lazard, Philippe Lagayette, de chez

J.P. Morgan, ou Lindsay Owen-Jones, le patron de L'Oréal ? Celle des ténors du barreau, ou des patrons de télévision – Patrice Duhamel, Jérôme Clément, Patrick de Carolis ? « C'était comme si Sarko avait perdu et que la gauche avait gagné les élections », sourit un membre de la noce. « Si on n'est pas invité ce soir, c'est qu'on n'existe pas socialement », souffle le psychanalyste Gérard Miller à ses camarades de table. Patrick Bruel, Carla Bruni, Julien Clerc… Tout mélange des étiquettes et des genres provoque toujours quelques scènes dignes du cinéma, comme l'arrivée spectaculaire de Georges Kiejman au bras de Fanny Ardant, ou le compagnonnage du journaliste Jean-François Kahn, patron de *Marianne*, avec Alain Minc, ami du président de la République.

S'ils sont tous là, c'est parce que la petite histoire des héros de la soirée a rencontré celle de la gauche. Leurs vies militantes se sont emmêlées avec la grande politique, puis, une fois la gauche au pouvoir, avec la réussite. Avant de devenir sénateur à Paris puis député à Bruxelles, le fabiusien Henri Weber fut un enfant de Mai 68. Cofondateur de la LCR, la Ligue communiste révolutionnaire, avec Alain Krivine, il a dirigé *Rouge*, le journal de l'organisation trotskiste, qu'il a créé avec les droits d'auteur de son *Mai 1968 : une répétition générale* – réédité tous les dix ans en « poche ». Pour le mariage, Fabienne portait d'ailleurs une robe bustier écarlate, dessinée par Sonia Rykiel, et c'est une ancienne claviste de *Rouge*, Sophie Bouchet-Petersen, devenue « plume » et amie de Ségolène Royal, qui prononce le deuxième discours de la soirée. « Les bonnes formations passent les années ! » applaudit en expert l'un des trotskistes du Cirque d'Hiver.

C'est justement là, en juin 1973, que s'est nouée l'idylle. Avec la petite caméra qui ne la quitte jamais, une jolie étudiante filme, devant le bâtiment, la foule qui proteste contre la dissolution de la Ligue communiste, après les affrontements violents qui ont opposé ses militants à ceux du groupe d'extrême droite Ordre nouveau. À l'intérieur, Jacques Duclos, secrétaire général du PCF, s'indigne – grande première – des ennuis causés aux « gauchistes » par le ministre de l'Intérieur, Raymond Marcellin. Perché sur un feu rouge, un jeune homme vocifère dans son mégaphone et tempête contre l'emprisonnement du camarade Krivine. Belle gueule, bel esprit. Dans le viseur de sa super-8, Fabienne Servan-Schreiber tombe amoureuse du fils d'immigrés d'Europe de l'Est qui a grandi à Belleville…

L'avantage, quand on devient célèbre et qu'on se marie tard, c'est qu'on échappe aux discours potaches et aux mauvaises vidéos amateurs. De sa maison de production, Cinétévé, Fabienne Servan-Schreiber a tout prévu pour le film de ses noces. Côté archives, le fonds « maison » est large. Mais on peut aussi puiser dans *Mourir à trente ans* de Romain Goupil, dans les épisodes de *Génération* des historiens de Mai 68 Patrick Rotman et Hervé Hamon… Tous les trois dînent au milieu des autres invités sur la piste du cirque.

La mariée a confié les commentaires du film-souvenir, *Trente-quatre ans de fiançailles*, à l'un des plus solides amis du couple, celui des bons et des tristes jours : Régis Debray. Devant Edgar Morin et un parterre d'intellectuels sexagénaires, le philosophe peut enfin commenter à sa sauce les fameux « événements » d'il y a presque quarante ans et… leur apothéose. Les Weber cabotant le long des côtes dans leur caïque turc à voiles plutôt que sur le *Paloma*, fameux yacht de Bolloré, n'est-ce pas la dernière différence entre la droite et la gauche ? « Tendres sarcasmes », signe Régis Debray au générique.

Ont-ils trop vieilli, l'ont-ils trop aimée, la révolution ? Sur la piste, une fois le sirtaki de Bernard Kouchner et Christine Ockrent épuisé, il n'y eut vite plus que les enfants des invités pour danser sur les « compil » du DJ déniché par « Fabienne » au festival du documentaire de Biarritz. Lionel Jospin est resté assis sur le bord de la piste. Le dernier carré des révolutionnaires est parti se coucher, après avoir exhumé, abattus et désolés, les jolis coups et les bons mots de l'ami Jean-François Bizot, tristement mort juste une semaine plus tôt.

Des convives présents, on n'a guère entendu que le chercheur Patrick Weil protester, les jours suivants, contre la politique d'immigration du nouveau gouvernement. Convié aux noces, Alain Krivine avait en effet décliné l'invitation. « Que le très fabiusien Henri Weber se marie, c'est son droit le plus strict, commentait une brève de *Rouge*, le 21 septembre. Qu'il organise un dîner politico-mondain où se sont retrouvés, outre le panel des dirigeants socialistes, la députée UMP Françoise de Panafieu et Bernard Kouchner le va-t-en-guerre, montre que nous ne vivons pas dans le même monde et que nous n'avons pas la même conception de la politique. » Pour parfaire la légende, il faut toujours quelques grognons ou quelques absents au banquet des jeunesses disparues.

Le Monde, 2 octobre 2007

Rafaël, l'inconnu de la Concorde

Il aurait pu s'appeler « X » pour toujours – c'est comme ça qu'on enregistre les inconnus à l'Institut médico-légal. Se retrouver enterré parmi tant d'autres, sous une tombe blanche sans nom, dans l'ancien « carré des indigents » du cimetière parisien de Thiais. Au mieux, il aurait été « un homme » sur les faire-part collectifs de la valeureuse association Les morts de la rue, entre « Titi », « Le Polac », « Joli Cœur de Passy », « Sans Dents » ou « Cahouette », car le vagabond décédé place de la Concorde, le 20 décembre 2007, n'avait ni papiers, ni camarades d'infortune vagabonde, ni habitudes de maraudes. Donc, pas de petit nom.

Lorsque Dominique Chantreux, employé au service des parcs et jardins de la Mairie de Paris, prend son travail, ce jeudi 20 décembre, à 8 heures, il commence par sortir ses clés et ouvrir la porte de l'enclos grillagé situé au bas des Champs-Élysées, à l'angle de l'avenue Edward-Tuck et du cours de la Reine. C'est là que les jardiniers du secteur ont l'habitude d'entreposer leur matériel – des palettes de bois après la livraison de nouvelles boutures d'arbres, des conteneurs pour les feuilles et les branches mortes. On y trouve aussi des grands pans de tissu jaune d'or, récupérés chaque été sur les tribunes du Tour de France. Les jardiniers affectés aux « Champs » – l'un des secteurs les plus convoités – s'en font des chiffons qu'ils glissent dans leurs poches, pour essuyer le manche d'un râteau ou leurs doigts trop terreux.

À quelques mètres de la porte, deux fines allées d'herbe piétinée traversent le grillage. Aux premiers jours d'octobre, « après la fête des Jardins », se souvient Dominique, « un homme », la quarantaine, s'est installé dans le « dépôt Tuck », ce petit enclos à ciel ouvert d'environ dix mètres sur trois, juste derrière la voie express. Les jardiniers de la Ville de Paris ont pris l'habitude de le retrouver, chaque matin, sur deux palettes de bois installées côte à côte, afin de s'isoler du froid. Les bosquets le protégeaient du vent glacé, et le soleil, venu de la Seine, tiédissait sa paillasse de bois.

Pour ranger les huit couvertures qu'il superposait sur lui à la nuit tombée, il avait choisi une poubelle. Les jardiniers avaient fermé les yeux. C'est là aussi que, l'après-midi, quand il allait se promener, cet homme qui parlait peu et dont ils ne savaient rien cachait son petit sac à dos. Tous les jours, face à lui, la place de la Concorde, et au fond, sur le ciel, cette grande roue qui tourne sans s'arrêter, dans le même mouvement que le cirque des voitures autour de l'obélisque : « Il avait la plus belle vue de Paris », dit Dominique Chantreux.

« Un homme » ne semblait pas français. Il « ronchonnait » quand, de temps en temps, les jardiniers le priaient de dégager le terrain, parce qu'ils avaient besoin de place dans le dépôt. Il disait « bonjour » avec un accent qui leur semblait « de l'Est ». Sur les Champs, les SDF viennent souvent de l'autre côté du Rhin. Balayeurs de rue, policiers, jardiniers et associatifs le savent : les Afghans, les Kurdes, les Irakiens et les Iraniens se retrouvent dans le Xe arrondissement, entre la gare de l'Est et la place du Colonel-Fabien ; les Roumains, gare du Nord ; les ex-Yougoslaves et les exilés de l'Est, entre l'Étoile et les Tuileries.

La nuit du 19 au 20 décembre a été l'une des plus froides de ce début d'hiver : moins trois degrés à Paris. Ce matin-là, l'air est piquant et le gel redonne aux frondaisons une couleur verte stérile. Immédiatement, le jardinier comprend qu'« un homme » ne va pas bien. Il y a quelques jours, déjà, dans la rue Tronchet toute proche, Dominique le jardinier avait secoué par les épaules un SDF qui dormait ventre à l'air : « Il a crié, j'étais content qu'il me fasse peur. » « Un homme », lui, gît recroquevillé, loin de son lit de fortune. « Il n'avait que ses habits sur lui : trois pulls, un blouson, deux pantalons, un bonnet. Gris. Oui, il me semble, gris. »

Sous le rai du lampadaire qui, en cette heure matinale, éclaire encore le petit enclos, son corps semble à Dominique Chantreux comme « irréaliste : très luisant, tout brillant ». Le froid a recouvert les vêtements d'une couche de givre. Quand le jardinier s'approche, inquiet, il sait déjà qu'« un homme » est mort. Pudiquement, il recouvre du drap jaune du Tour de France le corps du défunt, puis son « calme et beau visage ». « Je le verrai toujours », raconte le jardinier comme l'Aurélien d'Aragon qui parlerait de sa noyée de la Seine, autre inconnue dont les traits, si beaux, avaient finis moulés à la morgue. « Il avait les lèvres rouges. Ce n'était pas le visage de quelqu'un de terrifié ou de foudroyé. »

Pourquoi « un homme » s'est-il laissé mourir, ce soir-là ? Pourquoi n'a-t-il pas sorti ses couvertures ? Pourquoi n'a-t-il pas été se coucher à l'autre bout du dépôt, sur le compost, là où se réchauffent les souris et les mulots ? Pourquoi, avec le briquet et les allumettes qu'on a retrouvés sur lui, n'a-t-il pas allumé un feu – les palettes brûlent bien ? « Un homme » avait choisi de vivre dans un enclos, à l'abri des regards. Il n'aimait pas qu'on le dérange. Un feu l'aurait fait remarquer par les policiers du commissariat du VIIIe arrondissement tout proche.

Jamais les jardiniers n'avaient retrouvé de cadavres de bouteilles autour de lui. Pourtant, ce soir-là, a établi le médecin légiste, « un homme » avait bu, beaucoup bu avant de rentrer mourir dans ses bosquets, à l'heure où s'endormaient, sous le kiosque à musique du jardin, les deux vagabonds auxquels il n'adressait jamais la parole. C'était sans doute à l'heure où s'éloignaient, derrière son dos, au bord des Champs-Élysées enguirlandés pour les fêtes, les derniers dîneurs du restaurant Ledoyen.

Mourir seul, sans papiers, à quelques mètres de l'Assemblée nationale, au bord de la place où Nicolas Sarkozy a fêté sa victoire : en deux brèves et trois blogs, « un homme » devient malgré lui « l'inconnu de la Concorde ». Il est déjà le quatrième SDF français à mourir de froid depuis le 9 novembre 2007, mais le premier à avoir l'impudence de le faire à l'épicentre de la capitale et à la veille d'une proche bataille pour les élections municipales. « Ce décès sur la plus belle place du monde [...] est un événement indigne et intolérable », accuse Pierre Lellouche, candidat UMP à la mairie du VIIIe arrondissement. « La Ville de Paris n'a aucune leçon à recevoir de Pierre Lellouche qui, en sept ans, ne s'est jamais intéressé de près ou de loin à la question des sans-abri », lui répond l'Hôtel de Ville.

Le lendemain de la mort d'« un homme », sous le marronnier le plus proche de son antre, s'est retrouvée la trop petite famille d'amis des miséreux – les frères Legrand, le haut-commissaire aux solidarités actives Martin Hirsch, l'adjoint Vert Denis Baupin, un énarque qui se balade dans Paris avec un Thermos de café pour les sans-logis, des SDF en colère contre la ministre du Logement, Christine Boutin. « Nous ne savons presque rien de cet homme. Mais une chose est sûre : il est mort dans la solitude et l'abandon », déclame Christophe Louis, le président du collectif des Morts de la rue, en déposant une couronne de chrysanthèmes ornée d'une bannière violette : « À notre frère inconnu. »

On avait rappelé, ce jour-là, que l'espérance de vie des SDF est en France inférieure d'au moins 30 ans à celle de l'ensemble de la population, qui est de 80 ans. On s'était désolé qu'au XXIe siècle on puisse mourir sur l'une des places les plus éclairées de France, sans adresse mais aussi sans nom. On se disait que l'inconnu pouvait être polonais. Chaque matin, à quelques mètres de son repaire, des dizaines de cars fatigués venus de Cracovie, de Gdañsk où d'ailleurs déposent en effet leurs vrais et faux touristes près du bosquet où vivait « un homme ». Ils lèvent en général leurs yeux fatigués par le voyage vers la place à l'obélisque doré, gare centrale d'un marché du travail facile qu'on leur a tant vanté.

Quelques jours plus tard, un anonyme a posé sur les fleurs un petit ours en peluche blanc. Pourquoi, en voyant un inconnu dormir sur les bouches de métro, se demande-t-on souvent comment il fut quand il était enfant ? Malgré lui, « un homme » avait semé quelques indices. Quelques jours plus tard, jour d'octobre et de soleil la police l'avait arrêté sur un Vélib' qu'il n'avait pas payé. Au poste de police, devant un interprète, il avait raconté qu'il avait trouvé le vélo au pied de la grande roue : « Il était là depuis des jours. Je croyais que c'était gratuit. »

On avait pris deux mauvaises photos de face et de profil, relevé ses empreintes digitales. Il n'avait pas de papiers, mais il avait décliné son patronyme. « Un homme » était né en Allemagne d'un père au nom polonais. Il était arrivé en car à la fin de l'été avec un visa de touriste, fuyant son pays et sans doute bien d'autres choses encore. « L'inconnu de la Concorde » avait raconté qu'il était né en 1966, qu'il avait une amoureuse quelque part en Pologne, qu'il était artisan et cherchait du travail, que son père vivait toujours en Allemagne, où son corps, rangé parmi d'autres à l'Institut médico-légal, après hésitations familiales, sera finalement rapatrié, mardi 15 janvier. Sur le caveau des K…, on pourra enfin écrire son prénom, « Rafaël ».

Le Monde, 12 janvier 2008

Guérini & Guérini

C'est un secret de famille. Un petit mensonge de trois fois rien partagé entre eux deux, Jean-Noël Guérini, homme fort du département des Bouches-du-Rhône, et son frère, Alexandre, riche chef d'entreprise spécialisé dans le traitement des déchets. Le premier n'est pas né le 1er janvier 1951, comme le dit son CV officiel et comme il le répétera au juge Charles Duchaine, qui enquête sur les marchés publics de Marseille. La vérité, seuls les deux frères la connaissent, c'est que l'aîné est né en 1950. Le jour de Noël – d'où son prénom. Ses parents ont attendu une semaine et le premier de l'An avant d'aller déclarer l'enfant à la mairie de Calenzana, leur village corse. « Pour une histoire d'armée et d'école », raconte Jean-Noël Guérini.

Entre les deux frères, confidences et petits arrangements remontent à loin. La scène se passe en février 1993 dans l'HLM familiale des Guérini, aux Catalans, à Marseille. Pascaline, qu'ils appelaient tous les jours au téléphone pour lui dire « Maman, comment vas-tu ? » ou simplement « Je t'embrasse », convoque ensemble l'aîné et son cadet : « Mes fils, je vais mourir.

Vous êtes frères. Ne vous disputez jamais. La famille, c'est le plus important. » Promesse est faite à la mère : ils jurent sur sa tête. Quand, en décembre 2010, Alexandre a été mis en examen et incarcéré cinq mois à Luynes, Jean-Noël l'a répété sur tous les tons et toutes les télés : « Mon frère sera toujours mon frère. Il n'existe pas, que je sache, de délit de fraternité. »

Ils étaient deux garçons, deux petits Corses nés à cinq ans de différence, biberonnés au socialisme, carte du parti à l'âge de quinze ans, à rêver de revanche sociale. Marseille ! Marseille ! Il faudra, un jour, un Elia Kazan pour raconter l'exode de ces gamins quittant leur village pour « le continent ». Cap sur Le Panier, ce village corse de Marseille. On y retrouve soit un cousin, soit un grand-père, et avec eux la promesse d'un emploi. Pour les Guérini, c'est le grand-oncle qui, en 1956, trouve au papa un travail à l'office HLM. Jean-Noël s'épanche volontiers en meeting sur cette enfance marseillaise : « À la maison, il n'y avait pas de viande dans la soupe. » Et Alexandre devant ses amis : « J'ai commencé en débarrassant les caves, je me déshabillais sur le palier pour ne pas faire entrer les poux à la maison. »

Au pied du Panier se trouve la mairie, posée comme un rêve d'enfant sur le Vieux-Port. Le grand-oncle n'a pas seulement trouvé un job à papa Guérini – conseiller général du Panier. Il veut mettre, malgré les réticences de Gaston Defferre, le pied à l'étrier de ses neveux. Il choisit Jean-Noël, qui devient dès l'obtention de son certificat d'études « scribouillard » à l'office municipal HLM « pour 36 000 centimes par mois ». C'est le plus gauche, celui que la nature a le moins gâté, mais c'est l'aîné. « On peut se demander quelle aurait été cette histoire si Alexandre était né quelques années plus tôt », interroge le socialiste Eugène Caselli, président de Marseille-Provence-Métropole.

À vingt-six ans, Alexandre abandonne sa deuxième année d'économie et crée sa première entreprise, spécialisée dans la propreté, avant de la revendre cinq ans plus tard à une filiale de la Générale des eaux – le début de sa fortune. Au même âge exactement, en 1977, Jean-Noël devient, lui, conseiller municipal de Marseille. Puis il gravit tous les échelons du pouvoir, consentant, dans l'espoir secret de devenir un jour le premier édile de la ville, à quelques détours par Paris et le département : sénateur et président du conseil général en 1998, membre du bureau national du PS et patron de la puissante « fédé » des Bouches-du-Rhône, celle qui fut successivement defferriste donc mitterrandiste, jospiniste, ségoléniste, avant aujourd'hui de n'être plus rien du tout.

Alexandre s'est fait voler la place, mais continue de rêver de pouvoir. Il s'engage au milieu des années 1980 au PS, courant Rocard, mais laisse vite tomber les premiers rangs des meetings politiques pour les fonds de préau et l'antichambre des bureaux de son frère : comme si ce garçon vif et malin, gros bosseur comme Jean-Noël mais bien meilleur orateur, comprenait que l'argent est le nerf de la guerre, et que son tour viendrait plus tard. Sa fascination pour les élus le dispute en vérité avec l'envie de régler des comptes. « Alex me disait : “ces enculés, ils ont ruiné ma mère en lui faisant acheter de fausses cartes”, se souvient Gilbert Pommier, qui fut pendant une courte année maire du 2e secteur, celui de Jean-Noël Guérini. Il trouvait que le parti n'avait pas assez bien traité son père et son grand-oncle. »

« J'estime avoir un rôle politique dans la cité. » Paradoxalement, c'est au juge d'instruction, entre deux topos sur les méandres de ses sociétés et de la chaîne des déchets, que le cadet en a dit le plus sur le système que le « clan » Guérini a mis en place. Au magistrat qui s'interroge le 17 février sur ses coups de téléphone répétés à « Antoinette », sa correspondante à l'Office d'HLM 13 Habitat, il répond ainsi, sérieux pour une fois : « Je suis militant du Parti socialiste. Est-ce qu'il faut avoir un mandat politique pour s'occuper des gens ? Je suis élu dans le cœur des gens, et dès le premier tour. Et apparemment je suis accessible, contrairement à certains dès qu'ils sont élus. »

C'est dans l'ombre qu'il agit. « On disait : "Jean-Noël a un frère", mais on ne le voyait jamais, c'était un peu comme celui de Jospin », sourit Marie-Arlette Carlotti, conseillère générale socialiste. À Marseille, les deux Guérini ne s'affichent presque jamais ensemble. Le cadet ne fréquente guère que le Cercle des nageurs, où il préfère aligner les longueurs de bassin que prendre le pastis, et reste comme Jean-Noël très discret sur ses amis haut placés. Le Vieux Port l'ignore, mais jusqu'en 2007, c'est dans la jolie cabane du Garde, à Saint-Étienne-du-Grès, au cœur des Alpilles, que Jean-Noël Guérini, patron du conseil général, conviait les deux ex-préfets de la région PACA, Bernard Squarcini, aujourd'hui patron du contre-espionnage français, et Christian Frémont, devenu directeur du cabinet de Nicolas Sarkozy.

Loin des regards, ils réglaient leurs affaires en dégustant pâté de tête maison et… grives fraîchement abattues d'un coup de fusil.

L'habit ne fait pas toujours le boss. Alexandre porte jean et casquette quand son frère a fait broder ses initiales sur ses chemises, mais c'est lui le patron. Sur les écoutes téléphoniques, on l'entend se vanter de mener par le bout du nez « Brushing », alias Eugène Caselli, toujours bien coiffé, ou d'avoir écarté du pouvoir un autre socialiste, l'avocat François-Noël Bernardi – surnommé « l'Albinos ». Au bout du fil, il donne des ordres au directeur de cabinet de son frère, pousse ou retient des appels d'offres, impose de nouveaux directeurs à la tête des services techniques du département, choisit pour les déchets ou la voirie les élus les plus dociles. Beau brun aux airs de Tony Soprano, le cadet des Guérini alterne colères fleuries (« Je veux être maître de mes couilles ! »), vieilles « marseillaiseries » (« Qu'est-ce qu'on s'en cague ! ») et menaces aussi habiles qu'ambiguës : « Dites-lui que M. Guérini… ». « Sur les PV, ça fait rire, confie Eugène Caselli, qui s'est rebellé. Mais il faut imaginer avec le son… »

Il est aussi là pour remonter le moral de son aîné qui panique lorsque le spectre d'une enquête préliminaire se profile. « À mon avis, ça doit être pour les décharges, Alex… » « Alex » rassure : « Fais-moi confiance, j'ai rien à me reprocher, crois-moi je suis trop habile.

— Oui, mais toi tu as une constitution à part », rétorque Jean-Noël, grand hypocondriaque et superstitieux devant l'Éternel. Jamais il ne quitte son bureau du conseil général sans toucher le bois de la plinthe du couloir qui y mène et conserve précieusement dans son portable une liste impressionnante de grands praticiens hospitaliers – sans compter la collection d'ecclésiastiques. Avant son récent pontage cardiaque – « Je n'avais plus que six mois à vivre ! » –, il avait convoqué aux portes de la salle d'opération de la Timone le Père Alain Ottonello. Le curé de la cathédrale et du quartier du Panier est à la fois son confesseur, son conseiller, et assurément le meilleur avocat de Jean-Noël : « Il a hérité de la foi de sa mère et vient souvent prier, seul, quand l'église est vide. Il nous aide énormément. »

« *Parla corsu*, enfin ! », lance parfois un des deux frères à l'autre pendant leurs coups de fil, avant d'enchaîner en corse, pour tromper les policiers trop curieux. Parfois, on entend Alexandre s'agacer contre son aîné, ou témoigner devant un ami de volontés d'indépendance. « Il en a eu assez d'être l'homme de l'ombre, il a voulu entrer en politique et cela lui a fait commettre imprudences et erreurs, lâche un ami d'Alexandre qui a milité à Force ouvrière, le syndicat incontournable de la ville. Le différend et les fréquentes engueulades avec son frère viennent de là. » Le différend ? Quel différend ? « Mon frère sera toujours mon frère, je serais un lâche de dire le contraire », continue de répéter Jean-Noël Guérini. Mais, baissant la voix comme s'il craignait que sa mère ne l'entende, il ajoute, dans le bar du Vieux-Port où il a donné rendez-vous : « Alexandre était fait pour le business. La politique, ça ne s'improvise pas. Je suis très en colère. »

Durant tout l'été 2011, les deux frères se sont évités soigneusement. Alex est passé le premier en Corse, au village. Jean-Noël lui a succédé et a partagé le veau aux olives avec ses « vrais amis » de Calenzana, « ceux qui ne dansent pas au bal des hypocrites et ne quittent pas la cale comme les cafards ». Comme chaque année, le président du conseil général a aussi sacrifié à son rituel. Il est allé chercher chez la buraliste du village la clé de l'église pour aller vénérer les châsses de sainte Restitude, la patronne de La Balagne, celle dont la médaille était cachée dans le porte-monnaie de sa maman, Pascaline, et qui ne quitte plus aujourd'hui la poche de l'élu marseillais, à côté de ses deux chapelets.

Le Monde, 7 septembre 2011

La circonscription secrète de DSK

Béthune, Boulogne-sur-Mer, Le Touquet, Libercourt, Bruay-la-Buissière, Hénin-Beaumont, Orchies. En ces années 2006 et 2007 de campagnes intenses – primaire, présidentielle, législatives –, Dominique Strauss-Kahn sillonne la deuxième fédération socialiste du PS en tous sens. À Calais, il rencontre les migrants ; à Maresquel, les ouvriers de la papeterie en grève ; à Lens, les footballeurs… Il tient un meeting au pied d'une cheminée d'usine ou dans la chaleur d'une salle des fêtes en brique rouge, avant de partager une bière. Le lendemain, sa photo trône dans le journal, sa voix sur les radios. On l'entend « sentir la solidarité de ce département du Pas-de-Calais » et « respirer la part d'histoire du socialisme ».

Et s'il fallait réécrire aussi l'histoire militante de Dominique Strauss-Kahn ? S'il fallait relire ses atermoiements et ses choix professionnels à l'aune de ce que l'on connaît aujourd'hui : ses addictions, en commençant par exemple par éclairer d'une nouvelle lumière ses déplacements militants ? Longtemps, les « nordistes » ont cru que les différents meetings tenus chez eux par leur champion social-démocrate devaient à son amour pour les terrils, l'histoire de la gauche ouvrière, sa filiation affichée avec Jean Jaurès. Aujourd'hui, le club socialiste DSK 62, le club DSK de Calais, d'Arras et ceux d'autres villes de la région déchantent.

Pourquoi donc cette vidéo – toujours en ligne – où le puissant patron du FMI, le Fonds monétaire international, accepte de converser longuement avec Jacques Mellick, le fils de l'ancien ministre homonyme, et adresse aimablement depuis Washington ses meilleurs vœux 2008 au chef de la petite antenne nordiste d'À gauche, en Europe, le *think tank* de la Strauss-kahnie ? Depuis qu'en février le dossier dit du « Carlton de Lille » a mis au jour un réseau de prostitution hôtelière dans la région lilloise et que huit personnes sont mises en examen, la plupart pour proxénétisme aggravé et association de malfaiteurs, toutes ces questions affleurent forcément.

Sur l'un des clichés du dossier d'instruction, pris en décembre 2010, se trouvent Jean-Claude Menault, alors patron de la sécurité publique du Nord, son adjoint, le commissaire Jean-Christophe Lagarde, et David Roquet, patron d'une filiale du groupe de BTP Eiffage. En arrière-plan : la façade de l'*International Monetary Fund*. Sur un deuxième cliché, Mellick junior, encore, avec son comparse Fabrice Paszkowski, un riche entrepreneur du Pas-de-Calais, et surtout DSK, toujours à Washington. Sur une dernière enfin, Jade, une prostituée des bars de Dominique Alderweireld, alias « Dodo la saumure », pose dans le bureau du patron du FMI – autant dire le saint des saints. Moi et Dominique, Dominique et moi… M. Strauss-Kahn joue les guides touristiques et ne recule devant aucun caprice de ses amis lillois. Pourquoi ?

La découverte d'un réseau de proxénétisme de luxe a dévoilé une réalité insoupçonnée : le Nord-Pas-de-Calais était depuis près de dix ans la base arrière de DSK. Sa circonscription secrète, en quelque sorte. Les strauss-kahniens du département n'étaient pas forcément les plus militants, mais possédaient d'autres qualités cachées. « On me dit que Fabrice Paszkowski était membre de la section de Béthune, mais je ne l'ai jamais rencontré », s'exclame ainsi le patron de la fédération PS du Pas-de-Calais, Serge Janquin, un rocardien devenu strauss-kahnien : « Il était surtout le militant d'un réseau de comparses liés entre eux par un grand appétit de pouvoir et qui, pour avancer, ont bâti des digues autour d'eux. » Des forteresses, même.

À quelques exceptions près, les proches de DSK qui travaillent à Paris ont découvert dans la presse ces « meilleurs amis » qu'ils avaient vaguement croisés et dont ils ignoraient parfois jusqu'aux noms. Les intellos du groupe de réflexion Terra Nova ont compris un peu tard que ce patron inaccessible auxquels ils rêvaient de rendre visite à Washington leur avait préféré une autre compagnie. « Dominique Strauss-Kahn avait laissé entendre qu'il supportait mal le puritanisme hypocrite des Américains », et s'ennuyait un brin à Washington, a raconté aux enquêteurs du dossier lillois Florence, une *escort-girl* qui, après avoir échoué à percer dans le cinéma et dans le massage à domicile, s'est reconvertie dans les amours tarifées à plusieurs. « Il était ravi de nous voir, nous, ses amis français qui assumions notre choix libertin. »

Libertins, c'est l'étiquette qui relie tous ces « militants ». Ils se disaient « sociaux-démocrates », « héritiers du courant A », soucieux comme leur maître de s'attaquer à toutes les inégalités à la source, convaincus que « l'économie doit servir le social », que « la gauche doit dire la vérité », mais ils étaient surtout les complices d'un réseau caché, membres de cette famille échangiste méconnue où l'on cloisonne ses vies et où l'on mène plusieurs existences parallèles. « Un cercle forcément fermé », explique Florence, où « il faut absolument des gens de confiance, car il y a des gens connus comme DSK, des gens mariés dont les époux ou épouses ignorent ces pratiques ». Parmi eux, dans le Nord, Fabrice Paszkowski.

« Fab » est la cheville ouvrière de cette petite famille nordiste. Ce petit patron de PME débonnaire et débrouillard du Pas-de-Calais (25 000 euros mensuels déclarés) vend du matériel médical et raffole de Michou. Il croise la route de DSK en 2003, croit-on comprendre : officiellement, lors du baptême des clubs À gauche, en Europe du Pas-de-Calais, lancés par lui-même et Jacques Mellick junior. Il « sympathise » ensuite avec Florence dans un club échangiste de Menin, en Belgique. Le paisible David Roquet d'Eiffage et Jean-Christophe Lagarde, le commissaire qui cultive sa dégaine de cow-boy, rejoignent le cercle un peu plus tard, à la fin des années 2000. DSK est déjà un habitué : il a intégré ce « cercle d'amis » avant de rejoindre le FMI en 2007. Avec Fabrice Paszkowski, il est en quelque sorte l'autre pilier du groupe, expliquent aux policiers les « filles » de ce petit club fort peu politique, dans des termes moins choisis.

Ils se retrouvent indifféremment à Lille, par exemple dans le bel hôtel Hermitage gantois, un ancien hospice restauré façon Costes, ou bien encore à Paris, dans des appartements privés des « beaux quartiers » de la capitale « qui ne semblent pas occupés », s'étonnent les filles du Nord. Les « soirée libertines » ont aussi lieu au sous-sol de restaurants comme L'Aventure, près de la place de l'Étoile, dans des chambres d'hôtel, comme le Murano, un quatre étoiles du Marais, qui dispose d'une suite duplex avec piscine. Parfois, avec DSK, on se déplace même à Bruxelles, dans un complexe qui héberge studios d'enregistrement, appartements et lofts.

C'est l'intérêt d'appartenir à un réseau libertin enraciné dans le nord de la France : Lille est un véritable carrefour ferroviaire. Moins d'une heure, par exemple, pour gagner Roissy, où la petite troupe embarque à trois reprises pour les États-Unis, quand DSK devient patron du FMI. Une belle aventure, une magnifique occasion de visiter Washington, ses musées, ses boutiques phares, telle Abercrombie. Les nordistes socialistes Fabrice Paszkowski et David Roquet sont les deux mécènes et les deux « GO » de ces curieuses escapades, encadrées par le commissaire Jean-Christophe Lagarde : « Je fais souvent l'interprète, car je me débrouille en anglais », convient-il.

À Washington, DSK ne refuse rien à ses amis du Nord, qui explorent le FMI comme on visiterait la National Gallery. Les Américains l'ignorent, mais une réunion de travail réunissant la petite troupe de la gauche progressiste pour évoquer de la prochaine présidentielle s'est même tenue dans le bureau du *IMF Chief*, raconte le commissaire Lagarde. Elle se serait « poursuivie dans une salle à manger au rez-de-chaussée ».

À mi-chemin entre Paris et Bruxelles, Lille se trouve aussi à vingt minutes à peine de la frontière belge, là où les maisons closes ont librement pignon sur route. « Bars montants », « bars à champagne », « maisons de prostitution » et autres « privés », comme on dit sur la grande avenue de Tournai, se signalent volontiers par une petite lanterne ou des néons qui brillent nuit et jour. Les filles attendent derrière la porte, au bar ou dans un salon, mais n'hésitent pas à faire le trajet jusqu'en France. Le Nord-Pas-de-Calais a un dernier avantage : il y a toujours ici une bonne cause à défendre, un socialiste à soutenir ou à rencontrer. DSK s'y adonne volontiers avant de s'autoriser parfois une halte à La Laiterie, à Lambersart, la bonne table étoilée de la région.

Qui imaginait tout ça, dans le Nord ? Peu de monde. C'est l'intérêt de compter des policiers dans son cercle libertin. Jean-Christophe Lagarde, membre officiel du club échangiste La Tentation, aux environs de Lille, se rêvait patron du RAID, en cas de victoire de la gauche. Son supérieur, Jean-Claude Menault, convié à Washington à la mi-décembre 2010 « pour une consultation technique » sur la sécurité mais qui refusera les ébats du soir, se voyait, lui, « DGPN », directeur général de la police nationale, à la place de Frédéric Péchenard. Jean-Claude Menault ne soufflera d'ailleurs pas un mot de ce déplacement, sauf à sa femme et à sa hiérarchie avant que « l'affaire de Lille » n'éclate dans la presse locale, début octobre. « Il avait dit qu'il était allé en Amérique pour retrouver son grand fils », raconte l'un de ses collaborateurs.

Scellé par l'ambition, le secret reste bien gardé. On se tient bien et on ne glisse aucune allusion publique à cette autre vie quand on se croise aux vœux de Martine Aubry, auxquels se presse le tout-Lille et que Fabrice Paszkowski, tout lensois qu'il est, ne raterait pour rien au monde. Si « nounours » – son surnom – a offert un lit médicalisé à la mère de DSK, souffrante, c'est bien entendu par admiration et militantisme, puisque tout ce petit monde se dit de la même gauche progressiste que l'ex-candidat à la primaire socialiste de 2006. Petit salé aux lentilles partagé au Pot Beaujolais, un bistrot célèbre pour ses plats canailles et sa clientèle masculine, cafés amicaux à la terrasse du Beffroi, verre de vin à La Part des anges, l'un des QG du commissaire Lagarde, le petit cercle se mêle chaque jour aux personnalités de la ville sans que jamais leur secret ne s'ébruite.

D'autant qu'un autre pacte les lie. Grande Loge nationale de France (GLNF) ou Grand Orient de France, dans ce groupe d'amis du Nord aujourd'hui sous les projecteurs, tout le monde est franc-maçon. On s'attable au 28, rue Thiers, le restaurant des « frères », tout près du temple. On se croise aux « tenues » des uns et des autres, on se retrouve aux « barbecues » de la sûreté départementale – l'autre nom des réunions de « frangins ». L'atelier de Jean-Christophe Lagarde est à Lyon, mais le commissaire fréquente des frères à Lille. Fabrice Paszkowski est initié depuis une dizaine d'années, il est rattaché à la « loge maçonnique de Villeneuve-d'Ascq, anciennement 309, rue de Solférino », dit-il. « Quatre protagonistes impliqués dans l'affaire du Carlton sont des frères », a confirmé le grand maître du Grand Orient de France, Guy Arcizet.

Avant l'été, le Nord attendait impatiemment « Dominique », l'homme providentiel. Les militants étaient encore persuadés que si l'ancien ministre de Lionel Jospin se rendait si souvent chez eux, c'étaient pour leur ferveur et leurs beaux yeux. Pour la campagne de la primaire, on préparait déjà fanfares et tréteaux. Aujourd'hui, avenue du peuple belge, devant le palais de justice, cameramen et photographes attendent tous les jours Dominique Strauss-Kahn. Une file se presse, comme naguère avant les meetings. Mais à Lille, désormais, ce n'est, hélas !, plus le candidat socialiste que l'on guette.

Le Monde, 26 novembre 2011
(avec Emeline Cazi)

Dernière nuit au Paradi's

Le soleil n'est pas encore trop haut ni trop chaud dans le ciel quand Dominique Desanti se réveille dans son petit village de Sollacaro, niché dans les montagnes de Corse-du-Sud, au nord de Propriano. Ce 15 juillet 2009, le trentenaire, sportif et affûté, enchaîne comme tous les matins une demi-heure de pompes et d'abdos, enfile son treillis et son bleu de Chine, et s'en va chercher ses chiens chez ses parents tout proches : avec la chasse et les fusils, son épagneul et son cursinu sont ses passions.

Comme souvent, le garçon s'attable ensuite seul chez son cousin, qui tient un restaurant dans ce village de 350 âmes auquel l'été donne un gros coup de vie. Il commande des cannellonis au brocciu, et s'en va dans la forêt poursuivre la restauration de la fontaine du village, qui s'est écroulée il y a peu. Le temps d'une sieste, il descendra avant minuit vers Olmeto-Plage, où son oncle l'emploie au noir pour surveiller serveuses et clients du Paradi's, une boîte de nuit bordée de bougainvillées et de chênes verts. Une soirée banale, croit-il, comme beaucoup d'autres dans la saison.

Le même jour, à peu près à l'heure où Dominique Desanti se lève, une troupe de jeunes gens beaux et insouciants, étudiants en médecine ou en écoles de commerce, une bande de filles et garçons « bon esprit », comme on dit, se réveillent sur le bastingage d'un ferry. Avant même d'apercevoir les côtes, le parfum mielleux des immortelles leur annonce la Corse et ses rivages. La petite bande aux prénoms sages a embarqué la veille au soir à Toulon. Il y a le clan Mervoyer – Martin et les amis de ses cinq frères et sœurs, arrivés de Saint-Germain-en-Laye –, les cousins bretons, de Nantes et alentour, et encore quelques copains ou cousins, arrivés d'ici ou là pour passer une semaine dans le champ que le grand-père avait acheté après la guerre, quand la Corse n'était pas encore à la mode. Le temps de débarquer leurs trois minivans du navire de la Corsica Ferries, et les voilà sur la route, direction Olmeto, sa plage, le soleil.

Le premier jour des vacances on veut toujours en faire comme quinze. Une partie de la petite bande va chercher les clés chez le voisin et branche l'électricité dans la bergerie de pierres sèches, d'autres débroussaillent l'allée qui mène au « terrain » familial, une dernière équipe descend faire les courses au Carrefour de Propriano – après que chacun a mis au pot pour réunir une petite cagnotte. La note se monte à 390 euros, et il y a plus à boire qu'à manger dans le chariot des jeunes vacanciers : trois cubis de vin, vodka, whisky, rhum, gin, Martini et deux packs de 26 bières. Déjeuner à l'ombre, sous l'olivier millénaire, sieste, et départ pour la plage, avec le ballon de volley, des masques et des tubas. Sur le sable, Martin Mervoyer, grand, beau, souriant, lit *La Philosophie du droit* (il rêve d'intégrer Normale Sup Cachan), avant de remonter préparer les poulets, cuits dans le four à pain.

Après dîner, ils auraient pu rester paresser dans la fraîcheur de la nuit. Ils ont sorti les cartes pour jouer au poker, sont allés chercher les alcools forts. Les voilà légèrement « éméchés », selon certains, « juste gais et très heureux », diront d'autres plus tard. La nuit précédente a été courte, plusieurs s'installent dans les hamacs et les duvets pour dormir à la belle étoile. Le tourisme bling-bling de Porto-Vecchio n'est pas près d'atteindre les enfants Mervoyer, qui ont longtemps campé chez les scouts. Mais Martin et son grand cousin Adrien insistent pour « montrer » à leurs invités le Paradi's, la boîte située à quelques centaines de mètres plus bas, histoire de prendre les vraies marques des vacances, aussi indispensables à un été réussi que celles du maillot.

Le Paradi's a connu son heure de gloire il y a vingt ans, quand dans l'Extrême Sud l'Amnesia n'avait pas encore sauté sous une charge d'explosifs et que Via Notte, sa concurrente, ne drainait pas encore toute la jet-set internationale. À l'époque, même les Ajacciens se mêlaient aux touristes et aux habitants de la vallée du Taravo. Ce 15 juillet, les « années 1980 » sont justement le thème de la soirée, explique-t-on à Martin et sa quinzaine d'amis lorsque, vers 2 heures, ils demandent à changer de musique pour ranimer la piste de danse, désertée par la petite vingtaine de clients. Derrière son comptoir, entre deux « consos » à 10 euros, Céline, la serveuse, trompe son ennui sur Facebook, tandis que le propriétaire des lieux, un sexagénaire aux cheveux blancs, reste enfermé dans son bureau, là où parfois il pique un somme et où se changent les danseuses. Ça manque d'ambiance.

La bande de Martin a eu la mauvaise idée d'apporter, caché sous les tee-shirts, un des cubis achetés le matin, ou plus exactement la poche d'aluminium extraite du carton. Sur la terrasse qui domine le golfe du Valinco – le seul charme du Paradi's –, le rosé passe de l'un à l'autre : une gorgée, à peine, la poche est déjà vide, ou presque, quand leur manège est repéré, malgré la nuit avancée. Un trentenaire en tee-shirt noir et bermuda beige s'approche d'eux. « Soit vous prenez une bouteille, soit vous dégagez. C'est pas la colonie, ici. » D'autres témoins entendent : « Des clients comme vous, avec votre rosé, on n'en veut pas. Je ne veux plus vous voir ici. » Dominique Desanti – le gars de Propriano qui réparait la fontaine – shoote dans le cubi et l'envoie valser de l'autre côté des bougainvillées.

« Dumè », comme on l'appelle, n'est pas vraiment videur. Il a quitté le collège de Sartène en troisième, s'est engagé cinq ans comme parachutiste dans l'infanterie de marine. Sur les théâtres d'opérations extérieures (Congo, Kosovo, Gabon), il a d'ailleurs gagné un brevet de tireur d'élite. Depuis cette parenthèse, il n'a jamais vraiment quitté le village. Après avoir caressé un temps l'espoir d'aller travailler dans une société de sécurité privée au Gabon, il rêve maintenant, avec son meilleur ami, de produire de l'huile et de transformer ses premiers plants d'oliviers en une oliveraie de mille pieds. Il donne encore un coup de main à cette année chez son oncle, au Paradi's, mais il se promet que ce sera la dernière. Pas seulement parce que les deux branches

Desanti se sont « embrouillées » pour des affaires de famille – autant dire qu'ils ne se parlent plus qu'aux enterrements, ou au bar –, non. C'est seulement, comme dit l'oncle, que « Dumè » est « plus chasse et maquis que boîte de nuit ».

« Ce n'est pas toi le patron », lâche Martin quand Dominique Desanti les prie de déguerpir. Est-ce la nature généreuse et avenante de Martin ? Songe-t-il à la semaine de vacances qui s'annonce et cherche-t-il à « rattraper le coup », comme le dira un de ses amis ? Est-il pris comme tant d'autres d'un de ces minuscules péchés d'orgueil qui veulent qu'en Corse plus qu'ailleurs, un touriste aime montrer à ses amis qu'il connaît l'île et les insulaires ? « Le patron, je le connais, je viens depuis vingt ans, insiste-t-il. – Tu veux faire ton chaud ? Viens, on va s'expliquer dehors », répond Dominique. La petite bande voit s'éloigner de l'autre côté de la route le polo rose de leur ami et son jean troué aux genoux. Deux filles s'inquiètent et tentent de le retenir, mais Martin est sûr de trouver les mots.

Les mots, Dominique n'a jamais été trop à l'aise avec. Qui, dans la petite troupe de vacanciers, peut deviner que le « videur » a glissé dans son short un vieux Colt 45 ? Ils n'ont jamais vu une arme de leur vie, et quand soudainement un coup de feu retentit dans la nuit, certains croient qu'il s'agit d'un simple pétard. Quelques-uns ont vu le jeune Corse sortir son pistolet, balayer le petit attroupement bras tendu, et Martin reculer, paumes ouvertes devant lui. « J'ai mal ! J'ai mal ! » En l'espace d'un éclair, le garçon geint, titube, s'effondre, vomit. Les bouche-à-bouche et les massages cardiaques de ses amis étudiants en médecine n'y font rien. Il est environ 2 h 30. « Martin est mort en quarante secondes, tué à bout touchant », résume sa mère dans l'appartement familial de Saint-Germain-en-Laye où des albums photos hauts comme le bras racontent avec un amour patient la vie de sa fille et de ses cinq garçons.

L'histoire aurait pu s'arrêter là. Un drame irréel, monstrueux, absurde, celui d'un jeune garçon de moins de 20 ans, fauché pour une phrase de trop sur le parking d'une boîte de nuit près de Propriano. La morale elle-même était toute prête : on n'est jamais tout à fait chez soi, en Corse, même quand on fait beaucoup d'efforts, comme ces Mervoyer qui, l'été avant le drame, avaient marié une de leurs nièces à la mairie puis à l'église d'Olmeto, avant de faire rôtir un veau à la broche dans le champ du grand-père, comme pour les plus belles fêtes de village.

Ce 16 juillet 2009, quand, au petit matin, débarquent les gendarmes, Dominique Desanti s'est déjà enfui dans sa Clio blanche. Il a jeté son pistolet et son téléphone dans le maquis, à sept kilomètres de la discothèque, non sans avoir prévenu son oncle : « J'ai fait une connerie. Je n'étais pas à la boîte ce soir. » Puis il est rentré chez lui changer de vêtements, se raser la tête, faisant disparaître d'un coup d'aspirateur les cheveux coupés qui jonchent le sol, avant de se cacher « pour réfléchir » dans un *caseddu*, un de ces abris de pierres sèches qui parsèment le maquis corse. Quinze heures après le drame, quand il se rend enfin à la gendarmerie de Propriano, il sait qu'il risque jusqu'à trente ans de prison. Il plaide la bousculade, un coup parti tout seul… Tous les amis de Martin le contredisent. À l'époque, on ne donne pas très cher de lui, le jour où il comparaîtra devant un jury.

Fin mars 2012, c'est un procès peu banal qui se tient pourtant devant les assises de la Corse-du-Sud. Quelques jours plus tôt, la salle d'audience était vide, ou presque, pour entendre les jurés condamner un violeur à dix-neuf ans de prison. Cette fois, tout Sollacaro est venu assister aux trois jours que dure l'audience. Une pile d'attestations vient dire tout le bien que le village pense de l'homme dans le box. Ceux qui, comme l'épicier, l'ont vu porter les courses louent sa « gentillesse ». Ceux dont il a débroussaillé les terrains chantent son « courage à la tâche ». Le trésorier de la paroisse rend hommage à cette « famille honorablement connue » qui a su donner « le sens du respect à un jeune homme, attaché à sa terre, à ses traditions, à sa culture », autant dire les valeurs du village. « Il est regrettable que certains manquements qui regardent la justice l'aient malheureusement précipité dans ce drame. Dominique est d'une tout autre essence que celle d'un assassin », ajoute même un officier à la retraite.

Sollacaro avait l'habitude de voir Dominique, pour chaque grande occasion, à la messe du village. Les jeunes ne sont pas si nombreux dans l'église qu'ils puissent communier sans qu'on les remarque. Mieux : « Dùmé » faisait partie de ces hommes qui, en Corse, « portent le saint », le patron du village, lors des processions. « Il fallait aller tous les ans en pèlerinage à la chapelle de Saint-Antoine, au-dessus de Palneca », raconte Josette Desanti, sa mère, qui « depuis le drame » a cessé de travailler à la caisse du Casino de

Propriano, là où l'été se ravitaillent les touristes. « Il ramenait les rubans et les petits pains » de Saint-Antoine qui, une fois bénits, protègent les troupeaux, mais aussi toute la maison de juillet à juillet.

Comme les Desanti, les Mervoyer sont catholiques. Ce pourrait rapprocher ces insulaires et ces continentaux. Mais leur religion est si différente ! Les Mervoyer appartiennent à ces chrétiens qui ne trouvent plus leur église assez « vivante », et qui, sans déserter leur paroisse, fréquentent les communautés « charismatiques » : pour eux, le Chemin neuf, dont la foi œcuménique, joyeuse et démonstrative, loin des rituels empesés, leur convient à merveille. Ils vivent leur croyance.

Quelques jours après le drame, le couple de Saint-Germain-en-Laye écrit d'ailleurs une lettre « publique » à son fils décédé : « Puisse ta mort aider le monde à croire à la vie, la paix, l'amitié et l'amour. » Les Mervoyer adressent aussi un courrier de compassion aux parents de celui qu'ils appellent désormais « Dominique, l'assassin de Martin ». « Nous ne saurons jamais assez vous dire combien nous avons été sensibles à la compassion que vous nous avez manifestée », répondent les Desanti aux Mervoyer. Mais ils ajoutent : « Face au drame qui a ôté la vie à votre fils Martin, les mots seraient dérisoires. » La « décence » ne les « autorise pas à évoquer [leur] propre souffrance » devant les autres. « Comment dire ? On n'a pas la même culture. Notre chagrin on le garde pour nous. On le cache », confie, dans le joli village ensoleillé de Sollacaro, Josette Desanti.

La famille Mervoyer ne se décourage pas et écrit à « Dominique » à la maison d'arrêt de Borgo : « Avec

Martin [...], nous croyons en un monde meilleur de vérité, de justice, de paix et d'amour. En tant qu'enfants bien-aimés du Père nous sommes tous invités à la construction de ce Royaume [...]. Nous pensons à vous. » Jointe au courrier, l'homélie prononcée lors de l'enterrement dans les Yvelines de Martin, devant des centaines d'amis. « Vous le sentez bien, c'est la même grâce de Dieu qui a travaillé le cœur de Martin qui se tient devant le cœur de [Dominique], a expliqué pendant plus de trois heures le père Courtois. C'est cela qui est le plus difficile à entendre et qui est pourtant vrai : il n'y a pas près du Seigneur deux royaumes, un pour les meurtriers et un autre pour leurs victimes [...]. Les exigences de notre justice humaine ne suppriment pas l'espérance d'un authentique repentir chez Dominique. »

Pardon ? Repentir ? Devant des villageois stupéfaits et le plus souvent choqués – a-t-on déjà entendu pareille chose en Corse ? –, les parents de Martin viennent redire à la barre du tribunal d'Ajaccio, en ce printemps 2012, qu'« ils prient chaque jour pour Dominique et qu'ils sont prêts à l'absoudre, si Dominique dit la vérité ». « Évidemment qu'il ne s'est pas réveillé le matin en se disant : "On va se faire un petit continental", explique le couple Mervoyer. Mais nous voulons qu'il reconnaisse que porter une arme a fait de lui un criminel. Il n'a pas été bousculé, il n'a pas tué Martin par accident. »

Pendant les trois jours du procès, le couple se tient par la main, les yeux clos, comme en prière. Un soir, M. Mervoyer charge même son conseil – un avocat d'affaires ami de la famille – d'aller trouver la partie adverse et de supplier : « si Dominique reconnaît la vérité, je suis prêt à demander aux jurés de l'acquitter ». En vain, évidemment. « Ce n'est pas intelligent d'aller en boîte avec son cubi, mais doit-on pour autant donner la mort ? » clame l'avocat des Mervoyer. « Si Dominique Desanti n'avait pas eu d'arme, Martin n'aurait pas été tué », ajoute-t-il en étouffant des sanglots.

C'est rare : tous les avocats pleurent dans ce procès où se croisent et s'entrechoquent cultures, codes et valeurs, et où personne n'est vraiment à sa place. La voix du conseil ajaccien de Dominique Desanti s'étrangle en évoquant cette « société si particulière que constitue un village » où « la solidarité et l'entraide familiale ne sont pas des vains mots ». Elle se casse lorsqu'il traduit en français un des *lamenti* corses, ces chants mortuaires naguère chantés par les proches des morts. Venu de Paris pour défendre lui aussi l'accusé, Me Henri Leclerc verse à son tour quelques larmes en racontant « le père et le grand-père » qui, en lui, ont frémi durant l'audience, au récit de la mort de Martin. Exceptionnellement, le célèbre pénaliste propose de son propre chef aux jurés une peine de « dix ans » pour l'auteur du « coup mortel » – c'est ainsi qu'a été requalifié l'homicide involontaire. Dix ans. Deux fois moins que les vingt requis par l'avocat général, soucieux de faire le procès de « la banalisation des armes et de leur usage, une pour dix habitants en Corse ».

Le représentant du ministère de la justice n'a pas mâché ses mots. « Même certains policiers à la retraite, même des élus considèrent que lutter contre les armes, c'est liberticide. C'est dire le chemin qu'il reste à parcourir ! Pourtant, quand un de leurs fils est tué, que de belles déclarations, de marches blanches et de “plus jamais ça” ! » Et l'avocat général de pointer le Colt 45 qui a tué Martin Mervoyer vers… le banc de la défense : « Pour impressionner, s'indigne-t-il, il aurait suffi d'exhiber son arme. Mais non, Desanti la charge, à deux reprises. Pour tuer. »

Dix ans d'emprisonnement, trancheront dans une grande clémence les jurés quelques heures plus tard, au grand dam du procureur. Il n'y a pas d'appel. La page est tournée. « Dominique fait partie de notre vie », soupire aujourd'hui la désarmante Martine Mervoyer. « Un jour, au paradis, sourit-elle, il croisera Martin, pour lui demander pardon. » « Martin fait partie de notre vie », assure aussi Josette Desanti. Mais elle choisit d'autres mots : « J'emporterai son image avec moi dans la terre. »

À la fin du mois de juillet, pour la première fois depuis le drame, les parents Mervoyer retrouveront le champ du grand-père. Sur la route en lacets qui monte vers le Paradi's, ils passeront tous les jours à côté d'un jeune plant d'olivier aux feuilles argentées, encerclé par de gros galets bien rangés. C'est le lieu où Martin a reçu la balle qui l'a tué. Ainsi l'ont voulu les Mervoyer. Au-dessus d'une petite croix en bois fichée dans la terre, quelqu'un a suspendu aux branches de l'olivier une « *crucetta* », cette croix corse faite de deux feuilles de palmier que, sur l'île, on bénit le dimanche des Rameaux. Qui l'a accrochée là ? Nul ne le sait.

Le Monde, 19 juillet 2012

Le pacte de Tolbiac

Les deux étages de Drouant, le restaurant parisien des prix Goncourt, ont été privatisés. Un e-mail – avec annonce d'une cagnotte pour un cadeau commun – est parvenu à la bonne centaine d'invités conviés place Gaillon, ce 5 mai 2012. Manuel Valls, Alain Bauer et Stéphane Fouks fêtent leurs 150 ans. Prudemment – et pour cause –, les spécialistes d'intelligence économique et les fonctionnaires de police ont noté le rendez-vous, puis effacé l'e-mail d'invitation : « On ne sait jamais. »

Autour des tables, des patrons, des pontes du renseignement, des politiques, autant de cercles qui s'emmêlent tandis que sur les tablées le bon vin abolit les frontières. L'aréopage d'initiés digresse sur le rituel qui accompagne chacun de ces anniversaires, où les couches d'invités prospèrent et se sédimentent au fil des ans : c'est toujours un fraisier qui clôt le déjeuner. Le dessert préféré de « Baubau », comme le ministre de l'Intérieur et le coprésident d'Havas Worldwide continuent aujourd'hui d'appeler le consultant et ancien conseiller pour la sécurité de Nicolas Sarkozy, Alain Bauer.

Cette année, pourtant, la fête ne ressemble pas tout à fait à celle de Reims, l'an passé, ni aux précédentes.

Il manque « Manuel ». In extremis, le porte-parole de la campagne de François Hollande a séché le rendez-vous. Le lendemain 6 mai, en effet, le candidat socialiste joue dans les urnes sa place à l'Élysée, et Julien Dray vient de manquer de tout gâcher en invitant Dominique Strauss-Kahn, mis en examen pour proxénétisme, à son anniversaire à lui.

Valls, Bauer et Fouks sont trop copains pour ne pas savoir pardonner l'absence prudente du maire d'Évry ; trop professionnels pour ne pas anticiper les risques d'une telle réunion. Que dirait-on d'agapes réunissant le chef Alain Ducasse, le préfet de police de Paris Michel Gaudin, homme lige de la droite, et… le porte-parole de l'UMP sur les questions de sécurité, Bruno Beschizza ? Très mauvaise image pour un potentiel ministre de gauche.

Les strauss-kahniens Jean-Marie Le Guen, Jean-Christophe Cambadélis, François Kalfon, Anne Hommel et Jean-Jacques Urvoas se rendent donc chez Drouant sans l'ami Valls pour retrouver les PDG invités par Stéphane Fouks. Antoine Frérot, le patron de Veolia, est venu avec son communicant Laurent Obadia – un intime d'Alexandre Djouhri, le mystérieux intermédiaire en cour sous la Sarkozie. Autour des nappes blanches, on trouve aussi tout le réseau policier d'Alain Bauer – son « canal historique », dit l'un d'eux : le criminologue Xavier Raufer, formé à la droite extrême, le commissaire André-Michel Ventre, le secrétaire général du syndicat Alliance Jean-Claude Delage…

Les « frères » se saluent d'une table à l'autre : avec Philippe Guglielmi, pas moins de deux anciens grands maîtres du Grand Orient de France, qu'Alain Bauer a présidé de 2000 à 2003, assistent au happening de Drouant. Les hôtes déballent leurs cadeaux : des livres rares, des alcools forts millésimés… Les « anciens » de Tolbiac, les « copains d'avant », ont aussi préparé pour chacun des hôtes un reportage photo : des clichés sépia qui racontent la genèse d'une amitié « de plus de trente ans ».

Tolbiac. Un bout de l'histoire de la gauche. La fameuse fac de béton brut construite cinq ans après Mai 68, que personne n'a jamais réussi à appeler Centre Pierre-Mendès-France, et où un prof nommé Robert Badinter eut droit à vingt minutes d'applaudissements nourris quand son amphi apprit sa nomination au ministère de la Justice. En cette toute fin des années Giscard où la politique se fait encore dans les universités, Tolbiac est devenue le haut lieu de la contestation contre la politique économique de Raymond Barre et la circulaire Bonnet hostile aux étudiants étrangers. À l'époque, le service militaire est encore la règle – un étudiant vient de descendre en rappel la façade de la fac pour taguer le slogan « Service à six mois ».

L'amphi N de la fac est alors la pouponnière d'une génération de tribuns. Pas un hasard si, une ou deux fois par semaine, les « grands frères » de ces jeunes gens occupés à jouer les prolongations de Mai 68 viennent faire un tour à Tolbiac. Il y a Julien Dray, pour quelques mois encore trotskiste de la Ligue communiste révolutionnaire, la LCR, et Jean-Christophe Cambadélis, la tête d'affiche des lambertistes de l'Organisation communiste internationaliste, l'OCI. Ils couvent les étudiants d'un œil expert. Il y a aussi Jean-Marie Le Guen, ancien chef de la Jeunesse socialiste. Ils repèrent vite un trio de trois garçons déjà inséparables qui, à 18 ans, se sont trouvés et ne se lâcheront plus.

« Quand j'arrive à la fac en octobre 1980, je tombe sur un mec en cravate et un petit barbu », se souvient Manuel Valls. Il est alors un jeune Catalan de 18 ans qui peste de ne pas pouvoir voter pour la présidentielle – il ne sera naturalisé français qu'en 1982 – et porte le même casque de cheveux drus et le même regard sombre qu'aujourd'hui. Le mec en cravate, c'est Alain Bauer. Lui est le fils d'un marchand de textiles. Pour impressionner, il laisse dire qu'il est un descendant d'Otto Bauer, le grand marxiste autrichien du début du XXe siècle. « Baubau » porte déjà des costumes trois pièces qui enserrent ses rondeurs de notable, et jette son loden vert sur ses épaules comme une cape. Il a adhéré au PS à 15 ans et fait partie des plus jeunes francs-maçons de France.

À Tolbiac, il retrouve un « petit barbu » déjà croisé au lycée Arago, à Paris : Stéphane Fouks. Ce fils d'un ancien communiste juif et résistant y fut l'un des responsables d'une éphémère coordination lycéenne. Les trois garçons ont le même âge. Bauer potasse le droit constit'. Fouks veut s'orienter vers les sciences politiques. Valls a choisi l'histoire. Tous les trois, surtout, sont rocardiens.

Rocardien, l'adjectif désigne une espèce rare à l'époque. « Des gens en costume, alors que nous on était en blouson de cuir, prêts à dégainer les manches de pioche de nos sacs marins achetés aux puces » se souvient le journaliste Serge Faubert, alors membre du service d'ordre de la LCR – c'est lui, le type qui a descendu la façade de la fac en rappel. « Ils étaient comme des buveurs de camomille à une fête de la bière, rit-il trente ans plus tard. Pour nous les socialistes étaient des sociaux-traîtres, alors, l'aile droite du parti… »

À l'époque, l'étiquette de rocardien signifie surtout qu'on se méfie de ce Mitterrand qu'adulent Le Guen et ses amis et indique – point commun avec les lambertistes – qu'on vomit les « cocos ». « On était déjà très sociaux-démocrates, pas très refaiseurs de monde, se souvient Bauer. L'autogestion, on n'y croyait pas nous-mêmes. Notre référence, c'était Mendès France, pas Lénine ou Trotski. » Pendant que le fanzine *L'Écho des cocos d'éco* se félicite des nationalisations à 100 % et de la rupture avec le capitalisme promises par François Mitterrand, « SF », « MV » et « AB » (le trio signe avec ses initiales) dézinguent dans *Le Rosé de Tolbiac*, une feuille ronéotypée qui sent bon l'alcool à brûler, le passé de travailleur volontaire en Allemagne de Georges Marchais et la destruction par les communistes d'un foyer d'immigrés à Vitry.

« Nous étions les sabras du rocardisme », sourit Fouks, le plus militant des trois. Pour le trio, Michel Rocard n'est pas seulement l'homme du « parler vrai », pas encore non plus « ce type incompréhensible que les Guignols mettront en boîte », comme dit Valls dans un livre d'entretiens (*Pour en finir avec le vieux socialisme… et être enfin de gauche !*) menés en 2008 par le journaliste Claude Askolovitch – un autre convive de Drouant. L'ex-leader du PSU est le champion qui doit les emmener au sommet.

Curieuse ambiance et étranges alliances que celles qui se nouent en ce début des années 1980. « On ne se méfie pas d'eux », raconte Serge Faubert, alors que les rocardiens n'ont en réalité qu'une mission : nettoyer la fac des gauchistes en faisant alliance avec les lambertistes, imposer les socialistes à Tolbiac sous l'étiquette d'un nouveau syndicat fondé en 1980, l'Unef-ID, chargée de concurrencer l'Unef dirigée par le PC. « Entre nous, les vieux rocardiens, nous disions en rigolant : “Ces trois-là, on a intérêt à bien les former, au moins, le jour où ils nous assassineront, ils feront ça proprement !” », raconte le constitutionnaliste Guy Carcassonne. « Nous étions idéologiquement des rocardiens, et politiquement des mitterrandistes », confirme Fouks. C'est-à-dire prêts à tout pour prendre le pouvoir, y compris à accepter de devenir les paravents de lambertistes sulfureux.

Unef-ID, conseil d'administration de la Mnef, cette mutuelle étudiante qui finira par briser les socialistes qui l'ont approchée de trop près, clubs rocardiens : le trio s'impose partout. Les lambertistes de l'Unef-ID aident Alain Bauer – que « Camba » présentera ensuite à Pierre Lambert, le dirigeant de l'OCI et le pape caché de toute cette histoire – à devenir, en 1982, vice-président de Paris-I-Tolbiac. « Quand on a vu Bauer arriver à la fac avec sa voiture et son chauffeur, on s'est dit que, là, il avait des réseaux qu'on n'aurait jamais, même à 50 ans », soupire un de ses adversaires d'alors. En remerciement du coup de pouce, Alain Bauer fait confier – discret hold-up – la gestion de la cafet' de la fac (une mine d'or dans ce XIIIe arrondissement étudiant) à un homme tout de cuir noir vêtu : Bernard Rayard, autre lambertiste officiel, plus sûrement joueur de poker et zélé homme d'affaires.

Déjà, au sein du trio, les périmètres d'influence se dessinent. « J'arrive un jour à la cafet' de Tolbiac, confie Julien Dray. J'ai le triumvirat en face de moi. Je dis à Bauer qu'on va bosser ensemble dans l'Unef-ID, que je vais coordonner tout ça. Bauer se lance dans les confidences : "Moi, je rêve un jour d'être grand maître." Fouks prend la parole à son tour : "Moi, je ne veux pas forcément faire de la politique mon métier ; j'aime la communication." Valls prend la parole en dernier : "Moi, j'aime la France, j'aimerais bien devenir président de la République. Mais pour ça, avant, il faut que je sois français." » Dray jure que l'anecdote est authentique et qu'à la cafet' de Tolbiac s'est bien scellé un pacte secret.

« Chacun dans le trio avait déjà un morpho-type : communicant, agitateur politique, et, au choix, flic ou homme de réseaux », résume « Camba ». « Aux Jeunesses socialistes, ils avaient chacun une tâche, confirme Jean-Claude Petitdemange, le patron de l'appareil rocardien, qui couvait les trois jeunes pousses : Manuel, la politique et la vie publique ; Bauer, la tactique et les manœuvres d'appareil ; Stéphane, la communication. Stéphane rêvait d'ailleurs déjà à l'époque de créer sa petite boîte, mais je l'avais mis en contact avec Jacques Pilhan, gourou de la com' politique, qui cherchait quelqu'un et l'a pris avec lui… »

Dès 1985, aux Journées des Jeunes rocardiens qui se tiennent aux Arcs, en Savoie, le futur lobbyiste déploie son savoir-faire. « Stéphane me remplissait les salles avec 500 ou 1 000 personnes. Tout était fait au cordeau », raconte Petitdemange. Lors des manifs de l'hiver 1986 contre la loi Devaquet sur l'université, le trio se partage de nouveau le travail. À Bauer, les contacts avec la préfecture de police afin d'éviter les dérapages. « Alain était notre ministre de l'Intérieur », sourit Fouks. « Il était comme un poisson dans l'eau. C'est tout juste s'il ne faisait pas estafette lui-même », ajoute « Camba ». Le futur criminologue de Nicolas Sarkozy noue des contacts avec les Renseignements généraux, alors dirigés par Philippe Massoni, emballé par cet interlocuteur étudiant si respectueux de l'ordre. Ou avec Jean-Marc Berlioz, le nouveau « M. Sécurité » de Renault, ex-conseiller de Sarkozy et futur convive du dîner chez Drouant…

La politique est un monde plus cruel que celui des affaires. Pendant que Stéphane Fouks invente la communication politique et institutionnelle chez Euro RSCG et évite de se montrer trop regardant sur ses clients en Afrique ou en Europe de l'Est, tandis qu'Alain Bauer, surfant sur le développement des polices municipales, se lance dans l'ingénierie sécuritaire et la vidéosurveillance à Vitrolles, dans les Bouches-du-Rhône, Manuel Valls, atypique licencié d'histoire dans un monde d'énarques, gravit une à une les marches du pouvoir en bonne entente avec Fouks et Bauer.

Petitdemange s'en souvient bien. Avant le congrès du PS de Lille, en 1987, le trio est convoqué par le responsable socialiste. « J'ai une place au comité directeur, à vous de choisir qui y va. » D'après Bauer – mais aussi Fouks –, le trio met le poste aux voix : sortent trois bulletins pour Valls – le futur député de l'Essonne a voté pour lui-même. « Ils sont revenus en me disant :

ce sera Manuel », raconte Petitdemange. « Tout ça est une légende absolue inventée par Alain », soupire aujourd'hui Valls place Beauvau. À un quart de siècle de distance, la « légende » pourrait devenir politiquement encombrante pour un ministre de l'Intérieur ambitieux.

Aujourd'hui, en effet, tous ne sont pas au mieux avec François Hollande. Fouks, qui a tout fait pour hisser son champion DSK à l'Élysée, a accueilli avec une grimace celui qu'ils appelaient « Flanby » et s'est trouvé fragilisé cet été chez Havas. Quant à Bauer, il a purement et simplement basculé à droite en... 2007. Qu'importe. Le criminologue est toujours là pour son vieil ami Valls, au bout du fil ou dans le bureau du ministre, prêt à livrer les derniers chiffres de la délinquance, son avis sur le terrorisme, les quartiers nord de Marseille, le danger islamiste, la mafia en Corse. Fouks, l'autre « plus proche ami », surveille de son côté l'opinion, peaufine son image, commande un « quali » ou teste les discours du ministre Valls.

« Dans un monde politique qui revendique l'amateurisme comme une vertu, nous voulons être un îlot de professionnalisme », confie l'un des membres du trio. Des années Tolbiac, ils gardent en mémoire les fondamentaux, le ministre Valls en tête. « À 18 ans, nous avons compris qu'on peut être minoritaire dans les amphis et majoritaire dans les urnes, que notre rapport de force dans l'opinion était plus important que dans l'appareil, dit Stéphane Fouks. Le parcours de Manuel s'est fait autour de ce logiciel découvert à la fac. »

« À la fausse fraternité militante de la base, trois mecs d'un pragmatisme consommé ont préféré l'amitié durable », résume aujourd'hui Serge Faubert. Trois inséparables qui mettent depuis trente-deux ans connaissances et réseaux au pot commun, comme ce 6 mai 2012, veille de la présidentielle, au premier étage de Drouant.

Le Monde, 26 novembre 2012

Dans la tête de Jérôme Cahuzac

Le corps parle toujours en premier. Les brûlures à l'estomac de Jérôme Cahuzac – le seul mal connu de ses proches – datent d'il y a un an. De ce jour de la mi-mai 2012 où il reçoit un coup de téléphone du Premier ministre fraîchement nommé, Jean-Marc Ayrault. Voilà longtemps que le patron des députés socialistes à l'Assemblée avait repéré dans l'Hémicycle le député de Lot-et-Garonne ; il a entraîné Jérôme Cahuzac dans le sillage de François Hollande, durant la campagne présidentielle. Devenu chef du gouvernement, Jean-Marc Ayrault interroge solennellement cet as de la fiscalité et des comptes publics : « Je veux te confier le budget. » Un étrange silence, long de plusieurs secondes, avait répondu à cette proposition.

Le ventre du presque ministre, ce jour de printemps 2012, s'était tordu. Comment accepter un tel portefeuille quand on a défiscalisé de l'argent en Suisse ? Comment avouer détenir un compte à l'étranger, surtout quand l'homme qui l'a ouvert, l'avocat frontiste Philippe Péninque, est un militant d'extrême droite – un « nazi », acusent ceux qui fraient avec lui. Jérôme

Cahuzac est devenu comme cet enfant spartiate de Plutarque qui, plutôt que d'avouer qu'il avait volé un renardeau, l'avait caché dans son manteau et s'était laissé dévorer le foie. Au terme de quatre mois de démentis et de mensonges, Jérôme Cahuzac a fini par reconnaître qu'il possédait un compte bancaire à Singapour, après son transfert de Suisse. Mais le mal est resté. Voilà pourquoi, après avoir avoué ses mensonges et quitté Paris pour un temps, le ministre déchu s'arrête, lors d'un *road movie* provincial aux allures de cavale, dans des pharmacies posées au bord de la route. L'ulcère à l'estomac se soigne avec des antisécrétoires gastriques couplés à des antibiotiques, le chirurgien est bien placé pour le savoir.

Comme tous les maux somatiques, les nœuds à l'estomac se soignent aussi sur un divan. S'allonger : un exercice auquel Jérôme Cahuzac n'a jamais voulu se livrer. « Il avait beaucoup lu sur la psychanalyse mais détestait la discipline », se souvient Marion Bougeard, sa conseillère en communication à Bercy, dont la mère dirigeait – première ironie de cette histoire – la Société psychanalytique de Paris (troubles bipolaires, schizophrénie, dédoublement de personnalité…), au 187, rue Saint-Jacques. À deux pas de l'appartement de M. et Mme Cahuzac – deux parents aimants de trois enfants, petite bourgeoisie fonctionnaire du Ve arrondissement, lui ingénieur naval, elle professeure d'anglais au lycée Henri-IV.

« Psychanalyser Jérôme Cahuzac ? Bon courage », lance l'homme d'affaires Jean-Noël Tassez, comme la plupart de ses connaissances. De ses relations, plutôt. Car l'homme compte peu d'intimes. Lors de son errance, début avril, c'est chez un collègue du Gers que le ministre, jeté à l'opprobre publique, trouve finalement à s'abriter pour fuir les paparazzis : le sénateur UDI Aymeri de Montesquiou, vice-président de la commission des Finances du Palais du Luxembourg.

Ceux qui le connaissent le mieux, ses deux fidèles, ce sont Jean-Pierre Emié et Guy Carcassonne. Le premier, il le côtoie depuis trente-quatre ans. C'est le cousin de sa femme. Cet ancien du FN continue fidèlement, aujourd'hui encore, d'aligner les longueurs de piscine avec Jérôme. Le second, Guy Carcassonne, Jérôme Cahuzac le rencontre en 1978 – il est son voisin de palier rue Saint-Jacques. Le grand constitutionnaliste lui met le pied à l'étrier politique, en Rocardie précisément. Il lui présente Claude Evin, qui le nomme conseiller chargé des laboratoires et médicaments au ministère de la Santé, en 1988. Carcassonne lui fait aussi rencontrer Stéphane Fouks, le patron d'Euro RSCG, ainsi que l'avocat d'affaires chiraquien Gilles August. Quand s'est abattue la tempête Mediapart, Fouks s'est chargé de la communication et Me August de la défense du ministre « innocent ».

Ce lundi 3 juin, on enterre Guy Carcassonne. Il s'est éteint brutalement, quelques jours plus tôt, alors qu'il se trouvait en voyage, à Saint-Pétersbourg. La mort a parfois d'étranges vertus. Au cimetière parisien de Montmartre, entre Patrick Bruel et Dominique Strauss-Kahn, Cahuzac, bouleversé, affronte enfin le regard des journalistes et pleure dans les bras de Manuel Valls. Autour du tombeau, un autre ami, Me Jacques-Alain Michel, chargé de la succession de Guy Carcassonne et l'un des nouveaux avocats de Jérôme Cahuzac depuis son « aveu ». Guy, Jacques-Alain, Jérôme, trois amateurs de casinos, trois joueurs de roulette qui s'évadaient parfois, entre potes et en toute discrétion, pour flamber à Las Vegas. « C'est injuste. Ce n'est pas lui qui devait partir le premier », soupire ce jour-là Jérôme Cahuzac, 61 ans, d'un an seulement le cadet du défunt.

Du ministre du Budget, à l'heure de la gloire et avant le *Blitzkrieg* politique et médiatique, l'ami Carcassonne disait, dans un aimable portrait écrit pour *Les Échos* par le romancier Marc Weitzmann : « Il ne dissimule pas assez. » Qui peut prétendre connaître un homme dont le meilleur ami jugeait, avant cette folle histoire, qu'il se livrait trop ? « Personne », cingle un membre de son ancien cabinet. En guise de pirouette, l'un conseille la lecture de *L'Adversaire*, d'Emmanuel Carrère : « Il est le Jean-Claude Roman de la politique. » Un autre suggère le « mentir-vrai » de Nietzsche. « Regardez *L'homme qui ment*, ce film d'Alain Robbe-Grillet, avec Jean-Louis Trintignant », souffle le lobbyiste Daniel Vial, personnage le plus influent du monde des labos et du médicament depuis deux décennies. « Jérôme n'est pas un escroc, mais il est extrêmement complexe : même aujourd'hui, peu de choses se lisent sur son visage », convient l'éditeur et historien Jean-Luc Barré, un natif de Villeneuve-sur-Lot.

« J'en ai plus appris sur lui en lisant la presse qu'en vingt ans », soupire Daniel Vial. « Essayer de comprendre, c'est déjà entrer dans sa démence, s'agace Marion Bougeard, une ancienne d'Euro RSCG. Quand je vois tous ces collaborateurs brillants et dévoués passés à la question par une commission d'enquête à l'Assemblée nationale, je me pince. C'est un collège d'experts psychiatriques qu'il faudrait. Et encore, ils se battraient entre eux : est-il un pervers manipulateur ? Trouve-t-il une jouissance narcissique au mensonge ? S'agit-il d'une psychose ? », s'interroge l'ex-collaborateur du ministre.

À tous, il a juré et nié en usant des mêmes mots. Avec le même calme, parfois les pieds sur le bureau. Au président de la République, au téléphone, dans son bureau. Au Premier ministre, au secrétaire général de l'Élysée. À Manuel Valls. Dans l'Hémicycle au grand complet, devant les caméras de télévision, au micro du journaliste Jean-Jacques Bourdin. « Sur ce que j'ai de plus cher… », « sur la tête de mes enfants… », a-t-il répété à son cabinet en tête à tête ou à ses proches. Le seul qui a vu pleurer le menteur, c'est Jean-Michel Aphatie, le 21 mai, lorsque, après avoir confirmé au micro de RTL qu'il abandonnait l'idée de se présenter à l'élection législative partielle de Villeneuve-sur-Lot, l'ex-ministre du Budget a évoqué ses enfants hors antenne. D'un coup, cet homme au maintien toujours si étudié, à la mise sans relâche, a laissé ses yeux s'embuer et sa voix se casser.

Il faut toujours faire attention à ce que dit le corps. Un jour d'avril 2012, alors que s'approche la victoire de François Hollande, Jérôme Cahuzac n'arrive plus à parler. Un cerclage à la mâchoire supérieure le gêne horriblement lors des séances de nuit à l'Assemblée. Sur les circonstances exactes du fichu accident qui lui a meurtri la bouche, peu de détails : personne ne connaîtra le nom de celui qui, « lors d'un match de boxe amateur

– c'est du moins sa version », précisent désormais prudemment ses proches, lui a apparemment cassé la figure.

La blessure de Jérôme Cahuzac reste secrètement douloureuse. Et ce d'autant plus – aurait-on pu l'inventer ? – qu'il est allergique depuis toujours aux antalgiques, ces médicaments anti-douleur, confie le député PS du Val-d'Oise Dominique Lefebvre, son porte-parole durant toute « l'affaire ». « Comme si son destin était de souffrir en silence… », soupire une proche. « J'ai mené une lutte intérieure taraudante pour tenter de résoudre le conflit entre le devoir de vérité auquel j'ai manqué et le souci de remplir les missions qui m'ont été confiées », écrit le 2 avril le ministre sur son blog. La seule confidence intime de cet homme qui, aujourd'hui, quand il téléphone, quand il déjeune, quand il textote, ne parle plus que de lui, et un peu de politique.

La politique, il en rêve pourtant depuis si longtemps… « On échange nos diplômes ? » demande un jour le jeune Cahuzac, interne en médecine, à un étudiant de Sciences Po nommé Rémy Bellanger, lointain parent devenu chasseur de têtes. Personne ne comprend s'il rit vraiment. Il adore le monde du pouvoir et, sans fréquenter la rue Saint-Guillaume, possède déjà tous les codes de cette école de l'assurance, voire de l'arrogance. « Qu'est-ce que c'est que ce zigoto ? » s'était agacé un jour de 1997 Henri Emmanuelli alors que le député de Paris Tony Dreyfus venait de lui présenter leur collègue de Lot-et-Garonne dans un hall d'aéroport. Il faut dire que Cahuzac, devenu chirurgien esthétique, avait manqué de tact. « Il faut vous faire arranger ça », avait lancé le spécialiste des implants capillaires en désignant les tempes dégarnies de l'ancien président socialiste de l'Assemblée nationale.

Jérôme Cahuzac a de la repartie et maîtrise l'art des répliques cinglantes. Doué d'une mémoire exceptionnelle, il adore les joutes de chiffres et de lettres. C'est d'ailleurs lui, en janvier 2013, qu'on envoie ferrailler sur un plateau télé contre le charismatique leader du Front de gauche. « Vous êtes un homme seul, monsieur Mélenchon », lance, glacial, le ministre du Budget. Ironie des flash-backs : à l'époque, toute la gauche réformiste et la droite avait bruyamment applaudi au bon mot. C'était trois mois avant l'ouverture d'une information judiciaire pour blanchiment de fraude fiscale contre le membre du gouvernement.

L'année passée à Bercy fut à la fois un an de bonheur, et un an de douleur. En devenant ministre, Jérôme Cahuzac a nourri l'espoir secret de retrouver sa femme, qui l'a quitté près de trois ans plus tôt. « Si je suis nommé ministre, elle reviendra », assurait-il à ses amis en parlant de la mère de ses enfants, Patricia, une dermatologue, médecin comme lui, travailleuse, avec laquelle il choisit d'ailleurs de monter une clinique. La demande de divorce de son épouse fut pour cet être si sûr de lui une blessure d'orgueil. En attendant celle qui ne reviendra pas, le nouveau ministre du Budget demande qu'on installe à Bercy une simple « piaule » : il est là de passage, comme il l'est ensuite chez son ami, l'avocat Gilles August, avant de rencontrer une jolie quadragénaire.

Sa nouvelle compagne, dit-il, le soutient dans son épreuve. « Tu te rends compte, répète-t-il fièrement à chacun, elle quitte son mari pour moi alors qu'il pesait des millions… » Le ministre socialiste n'a pas baigné dans le luxe, mais, depuis ses 20 ans, il aime l'argent et rêve « névrotiquement », assure l'une de ses connaissances, d'une plus grande reconnaissance sociale. Il porte au poignet une très chic Reverso signée Jaeger-LeCoultre plutôt qu'une Rolex, vit dans le VIIe arrondissement plutôt qu'à Neuilly, fume de gros havanes comme Guy Carcassonne, mais sans ostentation, porte des blazers bleu marine et des pantalons de flanelle grise. Pas de bling-bling : Jérôme Cahuzac, cheveux argentés et allure élancée, adopte le dress-code rassurant et l'élégance convenue de la fin du XXe siècle. Il dîne au Siècle, avec l'élite politique, économique et médiatique parisienne. Finit par entrer au Cercle de l'Union interalliée, un club de sport ultra-sélect, rue du Faubourg-Saint-Honoré, à deux pas de l'Élysée, où on l'adoube en 2007 après son frère banquier, Antoine.

Paul Boury, lobbyiste mais aussi psychanalyste, était l'un de ses deux « parrains ». « Il n'avait pas encore reconquis sa circonscription de Lot-et-Garonne, perdue en 2002, se souvient cet ami de François Hollande. Il s'était étonné : je ne suis plus rien et tu m'aides quand même ? » Au Siècle, il dîne avec le communicant Stéphane Fouks. Au Cercle, il fréquente l'avocat Gilles August, et surtout une bonne partie de la droite argentée, un milieu qu'il côtoyait déjà à la fin des années 1960, à Bury, dans l'Oise, lors des parties de campagne organisées par Rémy Bellanger.

« Porsche et Mercedes étaient garées devant la porte d'une grosse maison où nous nous retrouvions pour jouer au tennis et nager dans la piscine », se souvient un convive. De grandes tablées auxquelles se mêlaient Patricia Ménard, la future Mme Cahuzac, une étudiante en médecine, sérieuse, bosseuse et pas très drôle, fille de la bourgeoisie de droite du VIe arrondissement et son cousin, un beau mec, sportif comme Jérôme, un certain Jean-Pierre Emié qui veut faire avocat. « Emié et Cahuzac avaient chacun toutes les filles à leurs pieds », se souvient un invité de ces cousinades.

« Qu'est-ce que tu fais à gauche ? Tes amis, ton milieu, tout te porte à droite », s'étonne déjà la petite bande dans la douceur des parties de campagne à Bury. Le socialiste Jérôme Cahuzac détonne dans cette petite troupe qui ne craint aucune outrance, aucun tabou, aucune bagarre. Jean-Pierre Emié, un « gudard », comme on dit de ces militants du syndicat étudiant d'extrême droite bien ancré à la faculté de droit d'Assas, boxeur confirmé, n'est jamais le dernier pour venir défier les gauchistes réunis à la « Mutu ». À peine a-t-il prêté serment qu'il s'associe avec Philippe Péninque, aujourd'hui proche de Marine Le Pen – l'homme du compte en Suisse de Jérôme Cahuzac.

Que garde-t-on de sa jeunesse ? Presque autant que de l'enfance. Jean-Pierre Emié est prompt au coup de poing, son copain Jérôme le devient à son tour. Un exemple ? En 1990, Cahuzac doit quitter le cabinet du ministre Claude Evin, peine à trouver un poste à l'hôpital, subit un contrôle fiscal. Pour lui, pas de doute : c'est une vengeance des mitterrandistes contre le clan des rocardiens, auquel il appartient. Pure parano ! assure aujourd'hui Michel Charasse, ministre du Budget de 1988 à 1992. À l'époque, Jérôme Cahuzac y croit en tout cas dur comme fer. Un jour qu'il croise au Parc des

Princes le chef de cabinet de Michel Charasse, le futur député Philippe Martin, il tente de lui casser la figure. « J'ai dû les séparer avant que Philippe se fasse tabasser », se souvient Jean Glavany.

Les gestes, les manières, tout surgit des tréfonds. « La fameuse scène du mensonge de Cahuzac devant l'Assemblée, personne au fond ne l'a peut-être comprise, décrypte un ancien collaborateur de Lionel Jospin. Les yeux dans les yeux, comme il a dit en regardant les députés, ce sont les mots d'une petite frappe, ceux d'un mec qui toise et nargue : vous venez en face me dire que je suis un menteur ? » Les mots de ses copains bagarreurs du Bury.

Excellent skieur, tennisman accompli, golfeur, pêcheur au fusil sous-marin, Jérôme Cahuzac raffole comme eux des sauts en parachute : dès son passage au cabinet de Claude Evin, et à peine revenu en 2012 à Bercy, il sautait avec le 2e régiment étranger de paras de Calvi. Comme la petite tribu des parties de campagne où le corps et l'apparence importaient beaucoup, il a toujours soigné sa ligne : des grillades, un poisson, un verre de vin à l'occasion. Avenue de Breteuil, où il habitait avec Patricia, ses convives s'étonnaient de voir disposées sur la bibliothèque plusieurs photos de vacances de leur hôte, presque toujours torse nu. Pur narcissisme sans fard ni tain ?

C'est le risque de la psychanalyse : tout faire parler, tout revisiter, jusqu'aux bibliothèques. Sous la plume du romancier Marc Weitzmann, on apprenait dans *Les Échos*, en 2012, avant que « l'affaire » n'éclate, que l'essai du philosophe René Girard *Mensonge romantique et vérité romanesque* était l'un des livres préférés du ministre. On sait aussi aujourd'hui que Jérôme Cahuzac avait tu à sa femme qu'il avait rejoint, en 1996, l'un des temples francs-maçons de la rue Cadet. « C'est fini, ils se sont trompés, je ne suis plus au Grand Orient depuis 2006 », assurait-il à ses collaborateurs de Bercy, lorsqu'il y a quelques mois un hebdomadaire l'affiliait à cette loge.

Peut-on le croire ? Après les premiers articles de Mediapart, le ministre menace sur le réseau social Twitter : « Je poursuivrai tous ceux qui reprendront cette calomnie gravement diffamatoire et qui portent atteinte à mon honneur. Y compris ici ! » À quelques journalistes qui l'interrogent sur le fameux enregistrement diffusé par Mediapart, où un homme s'inquiète d'un compte détenu en Suisse dans une banque pas très « planquée », il assure que son frère Antoine lui-même l'a absous : « Ce n'est pas Jérôme, car la personne qui parle bute sur les mots, or mon frère ne bute jamais sur les mots », aurait expertisé son cadet. Un jour, le ministre interroge aussi Jean-Luc Barré, ancien adjoint à la culture du maire UMP de Villeneuve-sur-Lot Michel Gonelle : « Tu reconnais ma voix, sur l'enregistrement ? » Et, devant la réponse peu assurée de l'éditeur : « C'est un montage, je te le certifie. »

On peut taire ou mentir, en politique. François Mitterrand et l'attentat de l'Observatoire. Lionel Jospin – cet ami de Cahuzac – et son passé trotskiste. Mais chez l'ex-ministre du Budget, cela ressemble à de la provocation. Que penser de ce marathon qu'il court à la fois en 1989 à New York avec le socialiste Dominique Lefebvre et aussi avec l'ami Emié, sans que le premier n'en sache rien ? Que dire de cette apostrophe que

Cahuzac lance un dimanche, l'air narquois, chez son ami Daniel Vial : « J'ai vérifié avant de venir chez toi. J'ai vu ton dossier fiscal, tes déclarations, c'est bon, tu es clean. » Ou encore cette bouteille de meursault que le ministre débouche avec ses collaborateurs, en apprenant qu'une note du fisc suisse vient de le dédouaner ?

« Jérôme est un héros de l'entre-deux-guerres, excuse Jean-Pierre Emié. Il me fait penser à Sanders, le Hussard bleu de Roger Nimier », l'homme qui change d'habit comme de chemise, un jour milicien, un autre FFI. « Parfois, avec Philippe Pénnique, on se dit que s'il est comme ça, secret, clivé, c'est peut-être à cause de nous deux, qui jouons à l'extrême-droite. » Dans la presse et les dîners en ville, le ministre vante en effet la mémoire de sa mère qui, quoique issue d'un milieu pétainiste, a aidé durant la dernière guerre à exfiltrer des Juifs vers l'Espagne. Quant à son père résistant dans le Sud-Ouest, il raconte son geste avec passion. « Je suis un maquisard », soufflait-il au téléphone lors de sa courte cavale, comme s'il avait besoin de s'inventer une aventure pleine de panache.

« Tenez bon », lancent les badauds à Jérôme Cahuzac qui, à nouveau, déjeune à Paris, se montre au Lutetia, se promène sur les quais. « Je crois qu'il se force à sortir pour vérifier qu'il est capable d'affronter la foule », note l'un de ses commensaux parisiens. « Je ne suis pas sûr qu'il soit encore dans le "lâcher-prise", ce moment où, disent les psys, l'on finit par tourner la page », note Jean Glavany.

À ses fidèles, Jérôme Cahuzac demande : « Si je suis répugnant, comment appelle-t-on Marc Dutroux ? » Ou encore : « Tout le monde a menti à l'Assemblée. Et moi le premier, en expliquant à la demande de François Hollande qu'on atteindrait les 3 % de déficit. » Marion Bougeard, la fille de psy, celle qui peut-être l'a le mieux observé, a reçu il y a peu par SMS cette phrase de Jacques Derrida : « On n'a jamais à pardonner que l'impardonnable. » Une « aporie » – en grec, une impasse – du célèbre philosophe de la déconstruction, lui a précisé le ministre dans le texto.

M Le magazine du Monde, 8 janvier 2013

Gérard de Villiers, la gâchette du quai d'Orsay

Le trait qui lui tient lieu de bouche s'étire en un sourire un brin carnassier : « Vos lecteurs vont être sacrément étonnés de me voir figurer en si bonne place dans leur journal. » Gérard de Villiers croit en sa revanche, *M Le magazine du Monde* venu chez lui comme à Canossa, après que le *New York Times* lui a enfin rendu les honneurs, en janvier, un long et élogieux portrait consacré à ce Français dont les livres – des « *pulp fiction thrillers* » – se sont vendus à plus de 100 millions d'exemplaires depuis 1965, année de naissance de « SAS », une collection au succès inégalé.

Ici, en France, alors que le 200e recueil s'apprête à emplir kiosques, gares, aéroports et linéaires d'hypermarchés, personne – hormis *Lui*, le magazine érotique et kitsch de Frédéric Beigbeder – ne songe à fêter ce morceau de patrimoine populaire qu'est Son Altesse sérénissime, *alias* SAS, *alias* Malko Linge, aristocrate désargenté, agent de la CIA sur tous les fronts. « Les Français ne peuvent pas m'ignorer, mais ils n'ont rien reconnu », lâche Gérard de Villiers, sans soupirer ni se plaindre. Posé tout près de son canapé, son déambulateur semble ajouter : « Il serait temps. »

Deux idées fixes encombrent aujourd'hui l'esprit de Gérard de Villiers : Hollywood et la mort. Depuis que Robert Worth, grand reporter au *New York Times*, spécialiste du Moyen-Orient, l'a sacré « auteur le mieux renseigné de la planète » – « *the spy novelist who knows too much* » –, tout s'est emballé. À Paris se trouve un auteur, lu sous le manteau au Quai d'Orsay et dans le renseignement, capable de flairer attentats et coups d'État à venir. Random House, le plus gros éditeur américain, vient de lui offrir 350 000 dollars (environ 260 000 euros) pour les droits de cinq *SAS*, qui seront traduits en anglais. « Je rentre de New York, raconte-t-il à peine les présentations faites. J'ai rencontré de bons agents littéraires juifs, des professionnels. Là-bas, ce ne sont pas des Mickeys. Si vous n'êtes pas américain, vous n'avez aucune chance de faire un grand film, ajoute-t-il. Maintenant, ça peut m'arriver. »

La mort aussi le hante, même s'il n'en laisse rien paraître. Gérard de Villiers a 83 ans. Il raconte volontiers le méchant accident vasculaire cérébral qui lui a fait perdre le contrôle de sa Jaguar le soir du réveillon de Noël 2010 – il y eut sortie d'autoroute, transfert en hélicoptère, dissection de l'aorte, puis finalement ce déambulateur qui totalise déjà « 50 000 kilomètres au compteur ». Il ne dit rien en revanche de sa chimiothérapie. Il fait le beau. L'infirmière qui sonne à la porte pour la piqûre, au milieu de l'entretien, rappelle pourtant qu'il n'est plus le baroudeur d'hier. Sur une des cheminées de son vaste appartement en haut de l'avenue

Foch, cette artère sans vie où il n'a presque jamais cessé d'habiter, veillent de petites urnes emplies des cendres de ses chats, les compagnons de sa vie qu'il a le mieux aimés.

La mort et Hollywood peuvent désormais se regarder en face. « Vous savez que Ian Fleming n'a connu le succès cinématographique que *post mortem* ? » Ian Fleming, le père de James Bond, publiait *Docteur No* en feuilleton dans *Paris-Presse* quand le jeune journaliste Gérard de Villiers commençait dans le métier, frais émoulu de Sciences Po, juste après un petit séjour à *Rivarol*, hebdomadaire d'extrême droite. Villiers aime les chiffres, les gros. Il sait exactement combien a coûté une seule scène de course-poursuite de l'un des derniers *James Bond* : « 22 millions de dollars ! » Il aurait tant aimé que ses livres connaissent le même sort. Deux *SAS* ont bien été adaptés par le cinéma français, mais aussitôt tombés aux oubliettes. « C'est un regret, forcément. »

C'est à 007 qu'il faut remonter pour comprendre Malko. Quand Fleming « a la bonne idée de mourir », Philippe Daudy, un aventurier qui venait de lancer chez Plon la collection « Nuit blanche » chargée de concurrencer la « Série noire » de Gallimard, presse son copain Villiers : « Grâce à Fleming, le public a repris goût aux agents secrets. Pourquoi tu ne crées pas une série d'espionnage avec un héros récurrent ? » C'était parti. Il s'empare de trois personnages croisés ici et là, un baron, un colonel, un marchand d'armes, tricote leurs ADN pour en faire un aristo sans le sou, le prince Malko Linge. Un Autrichien. « Comme Anglais, il y avait Bond. Un Français, personne ne l'aurait pris au sérieux. À part le fromage et le vin, rien de chez nous n'est crédible à l'étranger. »

À son héros, il transmet son insatiable goût des bombasses aux belles « croupes » et aux voix « rauques », ses rencontres d'un soir et celles sur lesquelles il s'est contenté de fantasmer. Sans oublier, évidemment, son anticommunisme obsessionnel, épanoui dans ce qui fut sa vraie matrice, la guerre froide. Un corpus hyper libéral assumé qui le fit détester de l'*intelligentsia* des années 1970, avant de déferler sur le monde. Résultat : même *Le Nouvel Observateur*, qui titrait naguère « SAS SS », vient de trouver des excuses au géniteur de Malko.

« S'il y a un domaine où Malko est mon double absolu, c'est sans conteste celui des opinions politiques », écrit-il dans *Sabre au clair et pied au plancher*, autobiographie publiée en 2005 et passée inaperçue. Malko agent de la CIA, c'est un Gérard de Villiers sublimé. Sur les premières couvertures des *SAS*, des dessins en noir et blanc, James Bond, figure tutélaire et indépassable, veillait en médaillon, en bas à droite. Le logo s'efface quelques volumes plus tard. Villiers n'aime pas l'ombre de 007 sur Malko : « l'un est un civil fonctionnaire ; l'autre, un homme libre, un samouraï. » Ainsi commença, il y a très longtemps, le processus d'anoblissement de l'auteur par le truchement de son personnage.

Ne pas se fier, en effet, à la particule. Gérard de Villiers est né en 1929 de Valentine Adam de Villiers, héritière d'une petite noblesse d'épée sans fortune, et « de père inconnu » à l'état civil. Élevé par sa mère et ses deux sœurs, il est le mâle d'un gynécée. « Normalement, j'aurais dû finir pédé », lâche-t-il en savourant ce mot qu'il prononce dix fois par heure. Son père est un absent, mais pas un anonyme : Jacques Deval, auteur de théâtre, dont le nom revient sans cesse dans la bouche maternelle, toujours accusé d'abandon. Gérard me retrouve cet hommes à femmes qu'à 16 ans, après le pensionnat des frères maristes : séducteur sans le physique, marié six fois, qui laisse une foule de demi-frères et demi-sœurs à son fils et une certaine idée de l'homme, imperméable à l'attendrissement et chasseur insatiable.

Les années 1950, portées par l'euphorie amnésique de l'après-guerre, vont rendre la chasse plus drôle encore et enchanter ses 20 ans. Le voilà journaliste pour le groupe Lazareff. D'Orly, il s'envole jusqu'au bout du monde pour *France Dimanche*, en ce temps où Roissy n'existait pas. Sous la houlette de Roger Grenier, prolixe écrivain et future étoile Gallimard, une petite bande de nègres talentueux réécrit les papiers des envoyés spéciaux : Gérard Jarlot, futur Prix Médicis et amant de Marguerite Duras, Claude Lanzmann, amant de Simone de Beauvoir et futur auteur de *Shoah*, Voldemar Lestienne, futur prix Interallié et amant de Françoise Sagan, si joliment surnommé « roi de la titraille », mais aussi « couilles d'ange ».

Beaucoup de membres de cette petite troupe, trop désespérés, se sont suicidés. Villiers et Claude Lanzmann sont restés bien vivants. Le premier n'a vu que des « petites tranches de *Shoah* », mais s'avoue épaté que son copain ait « réussi à le vendre aux Japonais : il faut le faire ». Il prévient : « Claude va vous dire qu'il m'a appris à écrire. » Avant même qu'on le questionne, Lanzmann lâche en effet : « C'était un excellent reporter. Mais il écrivait mal. C'était souvent moi qui le rewritais. »

L'auteur des *SAS* ne connaît que les amitiés viriles ; les femmes sont ses maîtresses, ou alors ses épouses. À peine s'il avoue un faible pour Bardot, qu'il traque dans ce Saint-Tropez devenu son refuge estival, entre le mariage de Grace Kelly, un portrait du chah d'Iran ou de Mohammed V, un reportage sur Delon ou Gilbert Bécaud. Il est le héros d'une presse qu'on n'appelle pas encore people : populaire, bien rencardée et qui ne se prend pas au sérieux, capables aussi de prêcher le faux. C'est Gérard de Villiers, de mèche avec le manager de la chanteuse à couettes, soucieux d'imposer son artiste, qui inventa en 1966 le canular « Sheila est un homme ». Une rumeur tenace que les moins de 40 ans ne peuvent pas connaître. Gérard de Villiers est d'un autre temps.

Trottent en rond dans sa tête des tas d'idées rances qui se fixent sur les femmes, les étrangers, les homosexuels… Gérard de Villiers n'a les idées larges que pour lui-même. Il radote ses marottes et n'a su actualiser sa pensée qu'en géopolitique, troquant le grand méchant loup soviétique contre les terroristes d'al-Qaida. « Gérard est parti à New York moins de dix jours après le 11-Septembre », raconte le grand reporter du *Figaro* Renaud Girard, compagnon de route depuis plus de vingt ans. « Il aurait pu tourner en rond, croire comme tant d'autres à la fin de l'histoire, ajoute l'écrivain et chroniqueur Patrick Besson, autre impolitiquement correct. Les islamistes lui ont redonné un coup de fouet. »

Le *New York Times*, tout à son éloge, écrit qu'en France on l'a dit antisémite et raciste, mais que c'est évidemment impossible, puisque l'un de ses meilleurs amis reste l'auteur de *Shoah.* « Il lâche parfois des paroles intolérables et on est en droit de se demander pourquoi on reste amis », avoue Lanzmann. Par lassitude, par confort peut-être ou, qui sait par solitude, l'auteur du *Lièvre de Patagonie*, autre grande gueule impolie, continue à passer les vacances « chez Gérard » à Saint-Tropez. Les drilles de *France Dimanche* sont devenus de vieux messieurs qui font la sieste, bronzent trop et répètent été après été le même numéro : à la minute où Gérard de Villiers le décrète, d'une manière militaire qui ne souffre aucune contre-proposition, on file vers le port et on appareille *illico* sur le *Christine II.* Un nom de baptême qui flatte à la fois la troisième et la quatrième épouse, Marie-Christine et Christine, et évite ainsi les embrouilles.

« En pleine mer, à l'heure du déjeuner, vient en général le moment de ses éructations nazies, soupire Lanzmann. Il peste contre les Nègres, les Juifs. Je lui dis : "Tais-toi, Gérard, ça ne fait rire que toi." Ces anathèmes, ce sont les béquilles de sa pensée. » On sort toujours de chez Villiers la tête farcie d'un florilège sacrément réac, parfois drôle, souvent pas du tout. « J'aime pas les femmes androgynes et en jean. Une femme sans formes, c'est pas une femme, si ? » À propos de l'écrivain Jonathan Littell : « Comment voulez-vous qu'un homo juif new-yorkais sache décrire un officier SS ? » Bernard-Henri Lévy, pourtant l'un de ses fidèles lecteurs ? « Un personnage que je vomis. » La télé de Michel Polac « et de toutes ces crapules marxistes », un très mauvais souvenir. La droite ? La « droiche », bref, trop à gauche. François Fillon : « Même avec une greffe de couilles, il ne réussira pas. » Sans parler de « ce chien de Hollande – non, pas un chien : un apparatchik grassouillet et haineux ». Avec Gérard de Villiers, on est chez le mâle blanc du siècle dernier.

Ses copains, des reporters, des grands flics, des hommes du renseignement, rigolent, heureux de s'encanailler dans une époque trop policée pour eux. Tant de beau monde a défilé chez lui, à Saint-Tropez ou dans cet appartement luxueux mais triste, qui sent le fané et où il a fait rechercher d'éventuels micros. Hubert Védrine (qui, lorsqu'il était ministre des Affaires étrangères, fut le premier – jour de gloire ! – à le convier à déjeuner au Quai d'Orsay) était l'un d'eux, comme le milliardaire chiraquien François Pinault. Certains ont même leur rond de serviette, tel le juge Bruguière, depuis qu'il a enquêté en 1995 sur les attentats terroristes de Khaled Kelkal, ou Ivan Barbot, l'ancien chef d'Interpol, peut-être l'homme qui le connaît le mieux. Et, bien sûr, le général Rondot, son informateur de toujours, qui fit arrêter Carlos au Soudan. Qui le sait ? Durant le procès Clearstream, le vétéran des services secrets dormait chaque soir avenue Foch.

Tout ce petit monde, au départ, est attiré par Christine, la quatrième, qui ne vit plus avec lui mais détient toujours le titre d'épouse officielle et gère les éditions Gérard de Villiers depuis que l'auteur, détenteur de ses droits, a quitté Plon en 1998 pour s'autoéditer. Journaliste, mais surtout fille d'officier, elle lui a ouvert son carnet d'adresses. « Je me rappelle mon premier voyage avec lui, c'était en Sierra Leone, je découvrais son monde : des putes, des flics pourris et des gens tordus. En rentrant, j'appelle mon père, catastrophée, pour lui raconter. Le paternel n'a jamais admis le mariage de sa fille en octobre 1991. Il m'a dit : "Mais qui croyais-tu que tu allais rencontrer en fréquentant ce type-là ?" »

Ça se passe comme ça chez l'auteur de *SAS*. Comme un vaudeville entre l'avenue Foch, où circulent espions et membres d'états-majors qui pensent diriger le monde, et la piscine de Saint-Tropez – « domestiques philippins, grand Serbe tatoué, journalistes de *Paris Match* sur le retour qui paressent en maillot au côté de Massimo Gargia », raconte Bénichou. On a parfois des nouvelles de ce petit monde sur le site PurePeople, qui mouline ragots des politiques et des jet-setteurs comme *France Dimanche* au siècle dernier, et où, par des droits de réponse rageurs, les ex règlent leurs comptes. « Gérard n'aime pas les femmes, tranche Christine de Villiers, qui s'abandonne à un flot de paroles, raconte insultes et violences. Quand je me suis installée chez lui, j'ai eu l'impression d'arriver chez Barbe Bleue. » Léger bémol de Sylvie Marshall, ex-belle-fille de Michèle Morgan et mère de la jet-setteuse Sarah Marshall, qui s'affiche aujourd'hui avec lui : « Disons qu'il est très égocentrique et ne respecte pas grand monde. » « Toutes mes anciennes femmes se haïssent », sourit l'intéressé, père de deux enfants aujourd'hui adultes et à distance. À 7,50 € le « SAS », sans compter les traductions, il y a de l'argent qui attise les convoitises.

Pas de financiers pourrissant le monde dans les livres de Gérard de Villiers. Il respecte trop leur fortune. Pas d'agent français, pas de Françafrique, de parrains corses s'enrichissant dans les jeux au Gabon, jamais d'Hexagone pour décor. « Son génie, c'est d'oublier son pays », estime Renaud Girard. « J'ai beaucoup d'amis dans les services de renseignement français, je ne peux pas les trahir », répond en général l'écrivain pour justifier ce silence. S'agit-il seulement de protéger les copains des services ? Il retrouve son étrange sourire en trait pour montrer qu'il a compris le double sens de la question : « Parler à la DGSE, ce n'est pas en être. »

Sauf qu'il y a les souvenirs de Michel Roussin, ancien directeur de cabinet d'Alexandre de Marenches, l'homme qui régna sur le SDECE (ex-DGSE) entre 1977 et 1981. Il les livre pour la première fois à *M Le magazine du Monde* : « Villiers était au service Action [la partie opérationnelle des services secrets], confie l'ancien préfet et ministre chiraquien. Je me souviens que c'est le colonel Gaigneron de Marolles – on disait "Alain" – qui l'avait présenté à Marenches. L'officier traitant de Villiers était le colonel de Lignières, adjoint au service Action. Le SDECE utilisait *SAS* pour faire de la désinformation, c'était la mode à l'époque. Par lui, on faisait passer des messages. Marenches raffolait de ça. » Voilà dévoilé l'un des secrets les mieux gardés de la République. « Villiers n'était pas dupe. Il ne cramait jamais ses sources. Il sait qu'avec les services c'est donnant donnant, poursuit Roussin. C'est un malin. »

Entre une « petite sauterie à la CIA » et un point avec Bernard Bajolet, son grand copain devenu il y a quelques mois patron de la DGSE, l'aventurier aime repartir vers Roissy, terminal D, s'envoler là où le monde convulse. « Il a quelque chose de ces vieux Blancs d'Afrique, anciens des troupes coloniales qu'il connaît bien, raconte Patrick Besson. De ces Français qui vont s'installer en Afrique pour faire des affaires. Villiers, c'est un bosseur, un marchand de quatre saisons breton, qui déballe, qui remballe, qui repart avec son camion. » Et désormais avec un déambulateur, dont les roulettes connaissent déjà le tarmac de Kaboul, de Beyrouth ou de Tripoli, et une femme, souvent – aujourd'hui, la blonde et spectaculaire Sylvie. « Il n'y a qu'en Libye que je ne sois pas allée », dit-elle.

À moins de connaître l'ambassadeur (comme le fut Bernard Bajolet), Gérard de Villiers dort à l'hôtel, celui des envoyés spéciaux de la presse internationale. De là, il contacte les meilleures sources, qui viennent enrichir sa lecture des rapports de la CIA, de WikiLeaks, mais aussi d'Amnesty International. Il a été reçu en personne par le président de la Géorgie, Mikheil Saakachvili, pour son *Printemps de Tbilissi* (n° 176, 2009), et par le capitaine putschiste Sanogo, artisan du récent coup d'État au Mali, pour *Panique à Bamako* (n° 195, 2012).

Lorsqu'il n'a pas le temps de faire le voyage – il tient à sa moyenne de quatre livres par an –, il envoie son copain Laurent Boussié, rédacteur en chef à France 2, un de ses fidèles compagnons de voyage. Sur place, il enrôle quoi qu'il arrive les meilleurs correspondants de la place, qui plantent pour lui le décor. « À Pékin, il m'a demandé de lui décrire une prison de dissidents, un aéroport militaire, une voiture d'officiels du Parti, une boutique avec une porte dérobée pour couper une filature, un antiquaire trafiquant des trésors nationaux, un général à la retraite, et même de lui raconter l'odeur des taxis », raconte le correspondant des quotidiens belge *Le Soir* et suisse *Le Temps* en Chine, Jordan Pouille.

Villiers sait noter les détails qui font mouche, un tableau dans tel hall d'Intercontinental, le bar de telle boîte de nuit, gardés en mémoire grâce aux photos qu'il prend désormais avec un petit appareil numérique, délaissant ses traditionnels bristols griffonnés. Pour *SAS contre PKK* (n° 135, 1999), il avait visité la chambre-bibliothèque où le dirigeant du parti kurde Abdullah Öcalan s'était planqué. La grille érotique de ses livres ne varie jamais – mêmes yeux « dorés » de Malko dans ceux « sans expression » de sa conquête, main sur la cuisse, « pouls qui s'accélère », séquence fellation, séquence sodomie, « feulement » de la fille à « ranimer un cadavre » (« Que voulez-vous, sur le sujet, rien n'a changé depuis l'homme des cavernes », croit savoir le vieil homme). Pas une latitude, une longitude, un numéro d'artère qui ne soit en revanche vérifié et ne signale un décor toujours renouvelé. « Un vrai guide Baedeker », admet Ivan Barbot.

Autour d'un pied de porc ou d'une côte de bœuf, d'une bière ou d'une vodka, dans un petit restaurant coréen ou au Polo de Paris, les topos géopolitiques que livre l'auteur à chacun de ses retours sont plus proches de la *Real-Politik* d'un Védrine que de la ligne

« droit-de-l'hommiste » d'un Juppé ou d'un Fabius, qu'il abhorre. « Kadhafi, qu'est-ce qu'il nous a fait ? Si, au Moyen-Orient, on commence à abattre les gens parce que ce sont des dictateurs, on a du travail », assène-t-il. « Il a un pif géopolitique invraisemblable. Il raconte l'histoire avec trois mois d'avance », saluent Jean-Louis Gergorin et Renaud Girard, qui le citent dans leur séminaire de Sciences Po, tout comme l'historien André Martel le fait dans la bibliographie de son DEA.

À force, tous ses romans d'espionnage finissent par devenir des numéros d'anticipation. Dans *Le Complot du Caire* (n° 61, 1981), il avait imaginé l'attentat contre Anouar El-Sadate par des islamistes avec l'aval des Israéliens, avant que le président égyptien ne soit assassiné. *La Liste Hariri* (n° 181, 2010) dévoile le plan commun entre Syrie et Hezbollah pour exécuter l'homme d'affaires sunnite début 2005, ainsi que les noms de potentiels coupables ; or, à l'heure où Gérard de Villiers écrivait, personne d'autre que la commission d'enquête n'avait connaissance de cette conspiration. *Le Chemin de Damas* (nos 193 et 194, 2012) raconte lui un complot de la CIA pour assassiner Bachar Al-Assad… Sans oublier la chute de Thomas Sankara, le président du Burkina Faso, dans *Putsch à Ouagadougou* (n° 76, 1984), ou encore l'assassinat de l'ambassadeur américain Christopher Stevens par des islamistes radicaux soutenus par le Qatar, dans *Les Fous de Benghazi* (n° 191, 2012). Ce dernier ouvrage puise discrètement au passage dans la politique française, puisqu'il met en scène Bachir Saleh, le complice libyen de

Claude Guéant et de Bernard Squarcini dans l'affaire de Karachi.

« Sa seule grande erreur, ce fut l'Irak. Il a vraiment cru que les États-Unis n'allaient pas intervenir », note Renaud Girard. Plus quelques inexactitudes. *Le Dossier K.* (n° 165, 2006) raconte la traque de Radovan Karadzic, sur laquelle travaillait alors Philippe Rondot au ministère de la Défense. Grâce au général, Gérard de Villiers décrit avec moult détails les monastères du mont Athos, en Grèce, et ceux du Monténégro où le leader des Serbes de Bosnie accusé de crime contre l'humanité aurait pu se réfugier. Sauf que… pas davantage que ses informateurs, Villiers n'imaginait qu'on allait retrouver le criminel de guerre avec une barbe blanche en vendeur d'herbes médicinales à Belgrade. Quand les sources de l'auteur de *SAS* se font intoxiquer, lui aussi !

Lorsqu'il a fini de taper son texte sur sa vieille machine IBM, c'est Olga, sa première femme, qui saisit le livre sur un ordinateur. Puis il est temps de lancer la couverture, naguère mise au point par Guy Trillat, alors maquettiste de *Paris Match*, qui travailla un temps avec les stars de la photo Helmut Newton et Francis Giacobetti. La couv' de *SAS*, c'est l'esthétique *Lui* revisitée par les canons de Gérard de Villiers : pulpeuse fille avec kalachnikov ou pistolet au poing, lovée dans les trois lettres de SAS. Jamais de stars, hormis, une fois chacune, Mia Frye et Sarah Marshall. « Ma *trademark !* » dit-il fièrement.

L'auteur « caste » lui-même ses modèles. « Les premières fois, il m'amenait des filles trouvées dans les bars, des serveuses du George V ou du Fouquet's. Après, je les lui ai imposées », raconte le photographe Christophe Mourthé. La séance de shooting peut relever de l'épreuve. Villiers la préside depuis son fauteuil, levant de temps à autre un œil des pages du *Monde*, qu'il épluche chaque jour après *Le Figaro*. Souvent, la fille en prend pour son grade, « regard de veau », « sait pas tenir un flingue, la blonde »… « Pas question qu'on fasse une photo avec cette boniche », lança-t-il un jour au photographe Jérôme Da Cunha. « Si elle est noire, il est affreux, on est en plein *Tintin au Congo*, raconte aussi Mourthé. Mais *SAS*, ça reste un mythe. Les filles sont impressionnées de poser pour les bouquins que lisaient leur père », ces petits poches noirs qui furent souvent l'unique incursion d'érotisme dans des bibliothèques bien comme il faut.

Certains connaisseurs ou esprits chagrins murmurent pourtant que, depuis quelques années, Malko « baisse ». Que la vue d'un sein qui pointe, d'un bas résille ou d'une culotte en Nylon noir n'y suffit plus, et que, dans les dernières livraisons de *SAS*, le héros a besoin de tas de stimulants. « S'il levait le pied, je le virerais ! » proteste Gérard de Villiers. Il a remisé sa Jaguar, ne voyage plus en classe affaires, a cessé de truffer ses livres de tous ces noms d'hôtels, de marques de champagne et de compagnies d'aviation qui lui rendaient la vie facile. Il continue pourtant à faire et défaire sa Samsonite et à fourrer son déambulateur dans le coffre du taxi qui l'attend en haut de l'avenue Foch. De son « stroller », comme il dit, il a même fait une sorte de gilet pare-balles. « Au Mexique, on est civilisé. On ne tue que les jeunes gens en bonne santé, a-t-il expliqué chez Lipp à

Patrick Besson, au retour de sa dernière expédition à Ciudad Juárez, ville considérée comme l'une des plus dangereuses du monde. Pourquoi un cartel tirerait-t-il sur un vieil homme malade ? »

M Le magazine du Monde, 16 août 2013
(avec Judith Perrignon)

Les « Cartier Nord » de Facebook

Sa mère l'appelle le « cagibi ». Une pièce de 4 mètres carrés, à la lumière jaune, à la peinture défraîchie, juste à l'entrée du F3. C'était le repaire de R., 17 ans, « un espace à lui », dit sa mère, Djamila. Comme tant d'autres parents, elle préférait voir son fils discuter sur le Net plutôt que traîner dehors, dans les quartiers Nord de Marseille. Sur une table étroite est posé un gros ordi, coincé entre des rayonnages qui racontent la vie de son fils avant Facebook : de *Boule et Bill*, *Mon gros imagier* et le tome 7 d'Harry Potter, *Les Reliques de la mort*.

Devant l'ordinateur, R. a aussi laissé son titre de champion poussin 2003-2004 de l'AS de la Visitation, l'un des clubs de foot de Marseille. Son seul diplôme. Aujourd'hui, le poussin a déserté le lycée. Il suit les cours de « l'école de la rue », comme disent tant de profils Facebook des quartiers nord, quand ils ne choisissent pas « l'école du crime », « l'école du vice » ou « l'école des couteaux ». Ses amis s'appellent « Gérant à la mafia africaine », « CAP braqueur de banque », les surnoms de Hamza, Samy, Driss ou Malik, tous des « Micou », des habitants de la cité marseillaise des Micocouliers.

Au début, R. a commencé à passer une heure dans son réduit aveugle, puis deux, trois, quatre, jusqu'au bout de la nuit. Il s'est mis à sortir très tard, à ruser avec les chaussures qu'il déposait à l'entrée du F3 pour faire croire qu'il était rentré dormir. Le lendemain matin, sur le lit superposé, au-dessus de celui de sa petite sœur, la couette bleue à dessins d'enfant n'avait pas bougé. Un matin, il y a un mois, l'adolescent n'est plus revenu du tout. À l'aube du 30 septembre, R. a été blessé par un buraliste qu'il s'apprêtait à braquer avec deux copains en cagoule. Une balle en caoutchouc s'est fichée dans sa cuisse, devant le bar des Pins. Il soigne désormais sa blessure à l'hôpital-prison, sur le lit où il a été mis en examen.

Qui est le plus vrai ? le plus juste ? L'enfant qui vit à vos côtés ou celui qui se raconte sur Facebook ? Dans ces cités marseillaises où cultures arabe et méditerranéenne exigent de ne jamais décevoir son père (quand il est là) et de veiller sur sa mère, Facebook reflète plus qu'ailleurs un monde que les parents ignorent. Dans les quartiers nord, on joue les caïds, mais on poste les photos de ses petits frères en poussette, de ses neveux joufflus au biberon. « N'me parle pas de maison de retraite chez nous on connaît pas ça, j'te porterai sur mon dos s'il le faut maman », écrit une spectaculaire lycéenne blonde peroxydée des « Micou ». « Une meuf c'est bien, l'argent c'est mieux mais la famille d'abord », dit un autre. Et un « grand » : « Voir sa maman pleurer est une des pires choses qu'il puisse exister. »

Pendant que les parents votent pour Samia Ghali et trouvent que l'armée dans les cités, ce n'est pas une si mauvaise idée, un autre univers s'exhibe sur Facebook.

Un monde où, pour rire, les « Cartier nord » s'écrivent comme le célèbre joaillier et les rêves se déclinent en barrettes de shit bien rangées, en sacs Chanel ou en liasses de billets postées d'une page à l'autre. Un monde où on « aime » Tod's, Lacoste, le Coran, les Rolex et les « rappels islamiques » des croyants, où on « like » les pages de Mercedes et Ferrari, mais où on brûle les voitures de la Bac nord, ces « pourris ».

Dans ce petit monde virtuel, tous les garçons portent les lunettes d'Al Pacino. Dès 15 ans, on affiche sur son « mur » Pablo Escobar, Al Capone ou Bernardo Provenzano, un des parrains de la Mafia sicilienne, puis, vers 18 ans et non sans imprudence, des tas de photos de pistolets-mitrailleurs. Un monde où les victimes des « règlements de comptes », ces anonymes des quartiers Nord qu'égrènent les journaux, deviennent des héros tombés au champ Facebook de l'honneur.

C'est au début de l'été, le 9 mai, que Djamila a vraiment commencé à trouver son fils « bizarre ». Elle avait déjà supplié la juge pour enfants de le convoquer, demandé de l'aide psychologique, traîné R. au commissariat Nord pour ce qui n'était encore que des « bricoles », comme elle dit. En ce début de printemps, elle surprend une drôle de lueur dans le regard de son enfant. « Tu te fais des films, maman », a dit R., qui écoute en boucle *J'me tire*, le tube de Maître Gims, le rappeur de Sexion d'assaut :

> « Me demande pas pourquoi j'suis parti sans motif […]
> C'est triste à dire mais plus rien n'm'attriste […] »

Comment aurait-elle pu deviner que son fils pleurait ainsi un certain Iskander, autre minot des « Micou », tué à 17 ans par une rafale de kalachnikov ? « Ça a joué le rôle de catalyseur », soupire Djamila. Iskander conduisait une Clio grise (sans permis) quand il a été troué de vingt-trois balles par des tueurs casqués, à moto, qui se sont enfuis en tirant en l'air – un avertissement aux réseaux du coin.

R. n'avait jamais parlé de « Skand » à sa mère. « Tu le connais, ce pauvre garçon pour qui on fait une marche blanche ? lui avait demandé Djamila. « Non », avait répondu R. tandis que la télé égrenait : « Lutte de territoire », « guerre de dealers », « contrôle du shit » « Non », ont menti tant d'autres à leurs parents en cachant leur peur ou leur chagrin. Ils attendaient la nuit pour pleurer sur Facebook et poster le montage photo de leurs amis abattus, leurs épitaphes et leurs prières.

« Repose en paix », « Frangin, tu seras toujours gravé dans la tête », « Allah y rahmou mon frère jtm ». Il y a autant de fautes en arabe qu'en français sur Facebook, autant de fatalité aussi. La nuit, à Marseille, à l'heure où s'éteignent les écrans, certains affichent sur leur mur cet avertissement : « Ne ferme pas ton fcbk avant d'avoir partagé la illaha illa Allah », l'une des prières obligatoires de l'Islam. Iskander lui-même, soupçonné d'être un guetteur au service des dealers depuis l'âge de 13 ans, avait posté la photo d'une tombe, quelques mois avant sa mort, et noté : « Rappel bénéfique, essayez de vous détacher le plus de ce monde d'ici-bas. » Sombre présage.

« Facebook n'efface rien et n'oublie jamais. Quand Iskander est mort, sa « femme » a couru jusqu'au boulevard du crime. Elle voulait prendre dans ses bras celui qui, au feu rouge, juste avant d'être exécuté, lui envoyait encore un texto d'amour. Sur son compte Facebook, entre une photo de son tatouage Louis Vuitton devant les orteils (« Je suis louisvuitonnisée de la tête aux pieds ») et un cliché du sac « à 1 800 euros » offert par ses copines, Dora Pushup continue tous les jours à rendre hommage à son « homme ». « Parce que la mort n'arrête pas l'amour, on se reverra tous là-haut un jour *Inch'Allah* », écrit, la pulpeuse lycéenne.

On pleure sur Facebook, on frime aussi, c'est l'âge et l'outil qui veulent ça. On se photographie dans des piscines privées en Espagne, l'eldorado des quartiers nord, on fume la chicha dans un bain moussant. On joue les cadors (« Si je pars en Colombie je rapporterai pas du café »), on cite *Million Dollar Baby*, de Clint Eastwood. On échafaude ses règles, pour tous les lieux et toutes les situations, y compris la prison de Luynes ou des Baumettes. « Comme dit Mesrine, l'évasion est un droit », lit-on sur les réseaux sociaux.

Eddy Tir vient d'être renvoyé devant la cour d'assises des Bouches-du-Rhône pour l'assassinat, en décembre 2011, d'un garçon de 17 ans prénommé Kamel. À 22 ans, il est déjà un mythe : premiers délits à 12 ans, maison d'arrêt à 15 ; trente-deux condamnations en tout entre 2004 et 2010. Sur Facebook, il s'appelle Eddy « Lapurex ». Selon l'avocat de sa jeune victime, Laurent Gaudon, il avait créé un compte Facebook (l'accusé reconnaît seulement avoir squatté celui d'un codétenu) depuis sa prison. « Je suis dans mon coin ici trankil. T'es pas au courant là ? Je suis en tole là […] », raconte « Lapurex » à ses « amis » en postant des photos de sa cellule. « Mets mon nom dans Google tu verras ce que j'ai fait », se vante-t-il encore. À la sœur de Kamel qui l'insulte, il envoie des menaces, témoigne une capture d'écran versée au dossier. À l'Évêché, on surveille désormais cette Toile où se préparent parfois les braquages et où s'écrit, *ante mortem*, l'histoire tragique des quartiers.

Le jeune Nabil Sedik avait 19 ans, deux comptes Facebook, et raffolait de freestyle et des morceaux de Black Marché. Quand il apprend que Kalif Hardcore, le chef des rappeurs, veut tourner un clip nommé *Marseille la kalash*, il se signale. Il accepte de jouer le rôle du « charbonneur » qui, après avoir volé un sac de sport rempli de drogue et d'argent chez une « nourrice » (ces mères qui, bon gré mal gré, acceptent de cacher la « marchandise »), se fait kidnapper et tuer. Nabil insiste auprès de sa mère Bahia : « Allez maman, sois sympa, prête l'appartement pour le tournage et joue la nourrice. » « On va faire exprès de te braquer, c'est pas ce qui se passe réellement », ajoute Nabil, qui explique que Hardcore veut « des images choquantes pour mieux combattre » le trafic dans les cités. Bahia cède, convaincue.

Le clip, « déconseillé aux moins de 16 ans », tourne aujourd'hui sur YouTube. On y voit Bahia hurler quand les dealers, armés, entrent chez elle. On voit Nabil, son fils, finir à genoux, sur un terrain vague, deux balles dans la tête, avant qu'un bidon d'essence ne s'enflamme autour de sa dépouille mortelle. Personne ne se doute – lui le premier – que le jeune homme joue – répète – quelques mois avant le jour fatal, l'exact scénario de son exécution. Nabil Sedik est mort le 15 mars 2013. « J'ai voulu dénoncer, ça s'est produit pour de vrai. Ils se sont dit : Nabil, on va lui faire comme dans le clip. Tout se rejoint », assure sa mère, fugace actrice deux fois foudroyée par cette atroce mise en abyme.

Le Monde, 23 octobre 2013

Élisabeth Lévy, causeuse de troubles

L'avantage de brosser le portrait d'une fille qui raconte son époque, une époque qui adore les romans à clé et l'autofiction, c'est qu'on peut se passer de la décrire. À peine besoin de raconter ses yeux ronds comme des billes et ses airs de Betty Boop sous ses cheveux bouclés, sa voix de rogomme, fumeuse et bonne vivante, ou ses accents de Madame Sans-Gêne : les romanciers ont fait ça avant vous. Élisabeth Lévy, directrice de la rédaction du nouveau mensuel d'idées *Causeur*, polémiste à la mode sur tous les fronts (de la laïcité à la filiation en passant par la prostitution) et « antipolitiquement correcte » de profession, est, à 49 ans, un personnage si installé qu'on la croise partout, à la télé, et en photo, et même dans des romans.

Chez le romancier François Taillandier, elle est une « journaliste en vue » qui rit beaucoup, y compris à ses propres bons mots (*Il n'y a personne dans les tombes*, Stock, 2007). Le directeur de la rédaction de *Marianne*, Joseph Macé-Scaron, l'a croquée en Sarah Berg, rédactrice un brin sarkozyste avec « des leçons plein la bouche, et des livres plein les mains » (*Ticket d'entrée*, Grasset, 2011). Chez l'écrivain Christian

Authier, elle s'appelle Isabelle Laval. « Journaliste multicarte » au « débit de mitraillette ponctué de reniflements recyclée dans une sorte de positionnement non conformiste qui commençait à séduire à l'heure de la "fin des idéologies" » (*Une belle époque*, Stock, 2008).

« Ardente, vive, agitée, batailleuse, éprise de controverse, susceptible et charmante », préfère feu l'essayiste Philippe Muray dans *Festivus festivus* (Fayard), un livre d'entretiens réalisés avec la journaliste, en 2005. Ce fut son grand maître, celui dont elle buvait les paroles, à une table du Sélect, boulevard du Montparnasse. Chez Renaud Camus, l'écrivain qui a appelé à voter Marine Le Pen et qui tient chaque jour son journal (l'année 2009 est dédicacée à Élisabeth Lévy), on apprend que l'infatigable polémiste passe des vacances familiales chez les Finkielkraut (les « Fink », comme elle dit), dans le Luberon. Ne manquent, en somme, que ses mensurations. « 1,54 m pour 47 kilos », dévoilait en 2002 la bande-annonce de *Culture et dépendances*, sur France 3, où Élisabeth tenait pour la première fois dans les médias le rôle de la « chroniqueuse cruelle et méchante » – *dixit* Franz-Olivier Giesbert, son hôte de l'époque.

On la retrouve dans un resto italien, le jour où sort en kiosques le huitième numéro de *Causeur*, une revue vendue à 10 000 exemplaires, ouvertement réactionnaire et ouverte aux infréquentables jusque dans son capital. « Je vous plains, d'avoir à faire mon portrait. En venant, j'ai réalisé que je n'avais pas le moindre cadavre à planquer dans mes placards. La honte : rien à cacher, rien à montrer… » Elle vient de connaître un petit scandale. Sa pétition « Touche pas à ma pute », dont elle est à l'initiative avec Frédéric Beigbeder et signée par « 343 salauds » à la veille du débat sur la pénalisation des clients de prostituées à l'Assemblée nationale, lui a valu des volées de bois vert et l'a fâchée avec plusieurs amis comme Taillandier ou l'éditeur Claude Durand. « Bon, je conviens que ce n'était pas d'une distinction maximale, mais j'ignorais que tant de gens fussent si chatouilleux sur la distinction. Dans le genre Salon du camion, on entend bien pire tous les jours à la télé et à la radio, non ? »

Quelques semaines auparavant, la patronne de *Causeur* a perdu son meilleur ami, celui qui lui fit découvrir l'amour vibrant de la Nation et le catéchisme républicain : Philippe Cohen, l'un des fondateurs de *Marianne*. Il était le copain journaleux tombé tout petit dans le trotskisme et la politique, le complice de tous les mauvais coups portés aux « bien-pensants ». Comme ils avaient ri, en 2003, quand *La Face cachée du Monde* (Fayard), coécrite par Philippe Cohen et Pierre Péan, avait semé la panique dans l'auguste institution ! Philippe, c'était l'un de ses derniers camarades issus de la gauche, et, dans le parcours d'Élisabeth Lévy, sa mort sonne comme un symbole. Les amis de la patronne de *Causeur* s'appellent aujourd'hui « Paulo », *alias* Paul-Marie Coûteaux, chargé de débaucher des gaullistes pour le Front national, ou Philippe Martel, le tout nouveau chef de cabinet de Marine Le Pen, l'un et l'autre têtes de liste FN aux prochaines municipales à Paris.

« Je ne suis pas en porcelaine chinoise », rassure l'intéressée, qui a beaucoup pleuré. Elle en a vu tant d'autres. Le « débarquage » de *Marianne*, où Jean-François Kahn l'accusait « d'hystériser » la rédaction, en 1998. La suspension, en 2006, de son émission consacrée aux médias sur France Culture. Le décès fulgurant, il y a sept ans, de son cher Philippe Muray, ce désenchanté qui n'en finissait pas de vomir la modernité et a « changé la vision du monde d'Élisabeth », assurent ses intimes. « Il avait été emporté par l'énergie vitale d'Élisabeth, sa manière directe et simple d'entrer dans la vie des gens, se souvient Marcel Gauchet, le directeur de la revue *Le Débat*, qui a lancé la jeune journaliste en publiant en 2000 un article où elle contestait le nombre de morts causées par les Serbes au Kosovo.

Ses premiers reportages pour *Jeune Afrique* ou *Le Nouveau Quotidien*, une sorte de « *Libé* suisse » aujourd'hui disparu, lui ont laissé un souvenir amusé mais sans regret : « Au Liberia, je devais raconter une guerre à laquelle je ne comprenais rien, je voyais des gens avec des perruques roses et des ustensiles culinaires se haïr, se battre, tuer, mourir, et je n'avais pas la moindre idée du sens de tout ça », se souvient-elle. Le « terrain » n'est pas son truc. Rien n'est plus étranger à cette spécialiste des longs entretiens fouillés avec des intellectuels, qu'elle livre notamment au *Point*. Son journalisme à elle, c'est celui d'opinion, né à la fin du XIXe siècle avec Zola et l'affaire Dreyfus. Son terrain d'investigation, le Paris des avis tranchés, comme de plus en plus de journalistes de sa génération.

« Élisabeth s'est imposée comme une chroniqueuse d'idées, décodant les camps, les rites et les dessous des bagarres intellectuelles de la capitale », dit Jean-François Colosimo, un ancien des Éditions de la Table ronde, qui édita en 2002 son essai sur *Les Maîtres censeurs*. « Tu as vu qu'untel attaque machin ? », « Tu peux croire que les socialistes sont favorables au trucmuche »... Yeux rivés sur les journaux et sur la Toile, oreille vissée à son portable, Élisabeth Lévy est une agitée qui ne connaît pas la quiétude. « C'est la troisième fois que tu me téléphones aujourd'hui. Si Balzac t'avait connue, il n'aurait jamais écrit *La Comédie humaine* ! » s'écriait parfois Philippe Muray derrière son bureau.

« Viens le dire si t'es un homme », propose une des rubriques de *Causeur*. Élisabeth Lévy raffole des assemblées viriles, des dîners enfumés et arrosés qui ressemblent aux anciens *Droit de réponse* de Michel Polac. Elle parle fort, très fort, souvent près, trop près. « Ce n'est pas anodin, ce volume sonore, ça veut dire quelque chose », soupire Pascale Clark, qui pense à peu près tout l'inverse d'elle et s'en était séparée en 2004, après quelques vifs échanges dans *On refait le monde*, sur RTL. Élisabeth Lévy enrobe ses flèches d'une politesse très vieille France (« Permettez-moi, mon cher... »), mais a réponse à tout, bien installée dans la posture avantageuse du minoritaire éternellement bâillonné d'où, pour le disqualifier, elle assigne toujours son interlocuteur dans le camp d'en face.

D'où lui vient cette agilité ? cette façon d'occuper l'espace, cette voix qui envahit les salles (elle sait parler sans micro) et les postes de radio ? C'est autour de la table familiale, il y a trente-cinq ans, que tout peut-être s'est joué. Dans une salle à manger de la banlieue parisienne, à Épinay-sur-Seine, au nord de la capitale, au creux des années 1950.

Le couple Lévy, père médecin généraliste, mère pharmacienne, séfarades d'Algérie installés au Maroc, ont emménagé dans un petit appartement au cœur d'une cité tranquille, avec leurs trois enfants. Lui est religieux d'assez stricte observance, porte aujourd'hui encore barbe et chapeau, et impose à la famille shabbat et cuisine casher.

Élisabeth, la cadette, a mauvais caractère et ne cesse de contredire son père. « À l'évidence, une figure importante. Il l'a emmerdée mais il l'a formée », croit savoir Paul-Marie Coûteaux. « J'étais souvent opposée à lui dans la conversation, répond seulement Élisabeth Lévy. Avec mon père, j'ai appris très tôt l'adversité, ce que j'appelle aujourd'hui le désaccord civilisé. Même si je suis parfois une colérique – à tort – je suis une raisonneuse. »

À la table des Lévy, on pratique le pilpoul, cet usage hérité de l'étude talmudique devenu au fil des siècles un jeu et une gymnastique d'esprit. Et si ceci, mais si au contraire, et à supposer que, pourquoi alors ne pas dire… « Il fallait répondre à chaque question, indépendamment du sens ultime, raconte aujourd'hui la journaliste ça m'amusait beaucoup. Accessoirement, ça permet le dialogue entre croyants et incroyants. »

M. Lévy pousse sa cadette dans ses retranchements, pare la rébellion, mais autorise l'impertinence, pourvu qu'on y mette les formes. Comment ne pas songer à ces parties de ping-pong rhétorique en écoutant, l'*Esprit de l'escalier*, où elle débat, le dimanche, avec Alain Finkielkraut ? Comment ne pas y songer en parcourant les mails longs comme le bras échangés, en mai, avec Edwy Plenel ? Sujet de la polémique, un entretien espéré du patron de Mediapart sur le journalisme et l'affaire Cahuzac. Lui (qui l'a depuis longtemps dans le collimateur) : « Votre virulence témoigne d'une passion qui m'intrigue et m'inquiète. » Elle (lorsque le refus paraît définitif) : « Permettez-moi de vous faire remarquer que vous charriez grave ! »

Longtemps, Élisabeth Lévy a voté « sagement » socialiste. Comme ses parents, « sans réfléchir, pour être dans le parti des gentils », accuse-t-elle. La première fois, c'était en 1974, à Épinay, trois ans après le fameux congrès du PS : « On avait eu les premières machines à voter. J'avais 10 ans et j'ai appuyé sur le bouton Mitterrand pour mes parents. » En 1988, pour son épreuve du feu, elle rejoue la même scène : le poing et la rose, encore, sur le bulletin. Elle vient de rater l'ENA, après trois ans passés à Sciences Po, où elle a découvert, comme tant de banlieusards et de provinciaux, une « planète étrangère » dont elle ne possède pas encore les codes : des étudiants qui rentrent déjeuner chez eux boulevard Saint-Germain, « des gens avec des maisons de campagne, des cousins dans les cabinets ministériels et des noms de famille qu'on lisait dans *Le Monde* ».

« Je dis souvent que tant que quand je ne pensais pas, je votais à gauche : c'est une blague, mais pas seulement. J'aurais voté "oui" au traité de Maastricht, si je ne m'étais pas trouvée en Suisse à ce moment-là. C'est avec Philippe Cohen et la Fondation Marc-Bloch que j'ai commencé à comprendre qu'on n'était pas obligé de penser comme les confrères. Aujourd'hui, ma seule identité politique, c'est d'être pas-de-gauche. » Comme Philippe Cohen, première de ces ombres tutélaires à peupler, avant Marcel Gauchet, Finhiedlrant, Régis Debray ou Emmanuel Todd, la vie et les soirées d'Élisabeth Lévy.

Nous sommes en avril 1997. Jean-François Kahn vient de lancer *Marianne*, un hebdomadaire « intello-populaire » qui veut battre la « pensée unique », comme on dit à l'époque pour parler du « politiquement correct » d'aujourd'hui. « Lisez les confrères, faites le contraire », répète « JFK » à sa petite troupe de rédacteurs. Parmi eux, Élisabeth Lévy, que Philippe Cohen a embarquée dans l'aventure du journal puis dans celle de la future Fondation Marc-Bloch, un club de réflexion qui veut ébranler le monopole de la Fondation Saint-Simon. Scepticisme européen, dépassement du clivage droite-gauche... La jeune élève fait sien le nouveau corpus des souverainistes et dépasse très vite son maître.

« Le zèle infusé hérité de son père, celui du prophète qui est là pour terrasser les idoles et déjouer les mensonges, elle le fait sien », décrypte Jean-François Colosimo. Elle s'indigne des « lynchages médiatiques » opérés par les « chevaliers du Bien », cite Nietzsche pour dénoncer la « moraline » ambiante, convoque Voltaire pour justifier le débat avec ceux que l'élite intellectuelle déclare infréquentables. Philippe et Élisabeth s'exclaffent devant ces « Jean Moulin de pacotille » qui, à chaque élection, inventent, selon eux, un nouveau péril brun. À la télé, dans les émissions de débats où on l'invite volontiers, on ne voit plus guère la polémiste que la bouche tordue, le sourcil froncé, le poing prêt à taper sur la table du studio.

21 avril 2002, QG de Jean-Pierre Chevènement, rue de Paradis, dans le Xe arrondissement de Paris. S'il fallait trouver une autre scène originelle, après la table familiale d'Épinay, ce serait sans doute ici. L'ancien ministre de l'Intérieur s'est présenté à l'élection présidentielle face à Lionel Jospin et rêve, dit-il, de faire « turbuler » le système en réunissant autour de lui un « pôle républicain ». Son comité de soutien est le plus parisien et le plus intello qu'un candidat ait jamais connu. Pour le « Che », Élisabeth Lévy a réuni, sous le titre de *Contes de campagne*, publiés aux Mille et une nuits, des textes inédits de Max Gallo, Jean Dutourd, Edmonde Charles-Roux, Dominique Jamet, mais aussi Michel Houellebecq et même Philippe Muray. « Il n'avait donné à Élisabeth qu'un petit poème mais c'était un exploit : mon mari n'a jamais signé de pétition de sa vie », salue l'éditrice Anne Sefrioui.

Ce que les amis d'Élisabeth Lévy avaient d'abord conçu comme un bras d'honneur un brin potache se transforme en coup de tonnerre : le 21 avril 2002, Lionel Jospin est exclu du second tour de la présidentielle. Pionniers du Parti socialiste, figures de la nuit ralliées par esthétisme, ex-pasquaïens venus rejoindre leurs frères républicains de l'autre rive, royalistes de l'Action française et jeunes « bernanosiens » imberbes, animateurs de Radio Courtoisie et pasticheurs fêtards de Jalons : quand, à 20 heures, elle comprend ce qui se joue, l'assemblée hétéroclite se fige d'un coup en une forêt de spectres. Que faire ? S'abstenir ? Appeler à voter Jacques Chirac ? Ce soir-là, raconte François Taillandier dans un de ses livres Élisabeth Lévy trouve la parade en cinq mots et quelques coupes de champagne :

« L'antifascisme ne passera pas. » La formule, aussi ironique qu'ambiguë, devient le titre de la tribune publiée le surlendemain dans *Le Figaro*, et signée Élisabeth Lévy, qui, le 6 mai, n'ira pas voter. Toute la bande trouve ça très drôle.

Onze ans après, on retrouve les mêmes ricanements dans *Causeur*, financé à 44 % par Gérald Penciolelli, ex-repreneur de *Minute*, une figure de l'extrême droite française. « Un ami riche » présenté par deux actionnaires fondateurs et collaborateurs du journal, deux piliers de Jalons : Basile de Koch, l'ex-plume de Charles Pasqua, marié à Frigide Barjot, et Marc Cohen, l'ancien communiste de *L'Idiot international* aux drôles de fréquentations. Dans son « chaudron de sorcière », Élisabeth Lévy touille interviews de Philippe Martel et entretiens d'Élisabeth Badinter, pubs pour *Valeurs actuelles* et articles d'Alain Finkielkraut. Dans le numéro de décembre, il s'inquiète du règne de la farce permanente qui saisit la société. « Un monde qui fait blague de tout », écrit-il en citant Péguy, un monde qui pense que rien n'est grave, est un monde « vide » et « barbare ». Avis à la directrice de *Causeur* ?

M Le magazine du Monde, 12 décembre 2013

Le mystère du journaliste braqueur

Avec le recul, il y avait bien cet indice, lors de son pot de départ, à Blois. C'était juste avant Noël 2009. *La Nouvelle République du Centre-Ouest*, une institution qui un temps rayonna tous les jours d'Angers à Saint-Amand, de Niort à Orléans, avait proposé un plan de départ, avec 100 000 euros à la clé pour les plus anciens. À 58 ans et près de quarante ans de maison, Jean-Michel Coëffeur, petit homme au teint pâle et aux cheveux en brosse, avait saisi l'occasion. Dans le hall de la locale de *La NR*, il avait mis les formes, vouvray et champagne, viande froide et pâtés, mais coupé net à tout discours et refusé tout éloge. « Bon, bon, on boit un coup ! »

Qu'auraient-ils dit de lui, de toute façon, à part quelques compliments de circonstance ? Les pots de départ sont comme les nécros des journaux, ceux qui disparaissent reçoivent de droit une médaille du mérite. « Coëffeur était un doux, un gentil », confie Xavier Dutheil, ancien directeur de *La NR* dans le Loir-et-Cher, « un garçon modeste et réservé », ajoute un autre, « correct et consciencieux ». C'était avant tout un « bon collègue », résument de leur retraite Henri Lemaire et

Claude Choplin, un chouette confrère toujours partant pour couvrir les sujets dont personne ne voulait : la fronde de riverains contre une déviation ou une inondation, le feuilleton de la liquidation d'une imprimerie de la région. Épaules rentrées, petit carnet en poche et lunettes sur le nez, il était devenu le préposé à la vie municipale et aux associations.

C'est souvent lors des pots de départ, ces précipités du temps passé, qu'on prend conscience qu'un voisin de bureau demeure parfois un parfait inconnu. On n'aime guère l'étalage des vies dans ce coin de France calé entre la Sologne et la Beauce. Les collègues de *La NR* ignoraient que « Jean-Michel » était le fils d'un cheminot CGT de Saint-Pierre-des-Corps, dépôt mythique du rail où un simple brasero de grévistes peut mettre le feu au pays. Les plus anciens se souviennent que Coëffeur avait commencé comme monteur en un siècle de plomb où les pages se dessinaient à l'atelier. Un « seigneur du marbre », raconte Richard Ode, ancien de *La République du Centre*, une figure locale.

À la fin des années 1990, l'informatisation des ateliers rend certains métiers obsolètes. *La NR* est une bonne maison, paternaliste et sociale, qui négocie avec la CGT le passage de certains gars du marbre à la rédaction. « J'avais choisi Coëffeur pour sa bonne culture générale, se souvient Hervé Guéneron, rédacteur en chef de *La NR* de 1988 à 2002. Je me souviens des efforts extrêmes que faisait cet homme humainement touchant. » Après un an de formation à Paris, l'ancien monteur revient à Blois avec une carte de presse. « Un rêve d'enfant », selon certains. Pour d'autres, au contraire,

« une grosse gamelle sur le coin de la boule » et l'impression de « passer son bac tous les jours ».

Il n'en « dormait pas la nuit », avait-il confié à l'un de ses supérieurs. Aux conférences de presse, « il levait le doigt comme un élève », se souvient une employée de la mairie. Pas du genre à téléphoner les pieds sur le bureau, Coëffeur. Pas vraiment un as du style mais une copie propre, à l'heure et à la longueur, comme on dit dans le jargon. Jamais de rectif ou presque, un sens de la précision administratif. Seuls un ballet ou un concert lui libéraient la plume. « Je lui avais envoyé un petit mot après un show de William Sheller, pour le féliciter sur son papier », raconte Richard Ode.

Un de ses confrères se souvient aujourd'hui d'avoir vu un jour Coëffeur demander en rougissant le nom d'un avocat pour l'aider à régler un problème de surendettement. Était-ce l'effet de la carafe de rouge de L'Agriculture, le tabac en face du journal, ou de Chez Philippe, à côté ? Un second avait surpris un jour une brève confidence du journaliste aux cheveux en brosse sur son destin d'éternel payeur de « prestations compensatoires » aux deux mères de ses enfants : « De toute façon, je n'ai jamais d'argent pour moi. » Et comme il était gêné quand sa seconde compagne téléphonait ou montait le trouver, en plein bouclage, devant ses collègues de bureau !

Un journaliste à la retraite se lance parfois dans la politique locale, collabore au journal municipal, se passionne pour l'histoire de sa ville ou adhère à une association de philatélistes. Pas Coëffeur. Depuis son pot de départ, il s'était comme évanoui dans la molle douceur de la Loire. Il avait retrouvé le comité de lecture de

La NR, sélectionnant avec d'autres les lauréats du prix Roblès du premier roman organisé par les bibliothèques de Blois. Mais pour le prix 2013, *Sauver Mozart*, il était absent. « Ça va, Jean-Michel ? » lui avait demandé juste avant Noël Richard Ode, en le croisant au supermarché Auchan de Vineuil. « Ça va, je m'occupe », avait répondu Coëffeur.

Ce jour-là, ils n'avaient pas pris le temps d'évoquer les récents et étranges braquages commis sur cette zone commerciale. Le fait divers de la rentrée, pourtant : un homme masqué, armé d'un colt visiblement chargé, et qui à cinq reprises déjà avait enfermé les personnels dans les remises en confisquant leurs portables, avant de braquer la caisse ou le coffre ! Le 19 septembre, c'était à La Halle aux vêtements, 535 euros. Le lendemain, chez Gémo, le roi de la mode bon marché, 1 100 euros. 30 septembre, Vêt' Affaires, 2 850 euros. 8 novembre, chez Noz, 1 362. 4 décembre, à La Foir'Fouille, 2 200. Moins de 10 000 euros en tout, et un drôle de circuit, à une époque où on « monte » sur les bars-tabacs et les bijouteries. Mais de ça non plus ils n'avaient pas parlé.

Coëffeur n'avait jamais été très faits divers. Il redoutait la « tournée », cette pratique des locales où, chaque jour, en cas d'info lourde, quelqu'un est chargé d'appeler parquet, commissariat et pompiers. Les procès, petites affaires de stups ou conduite en état d'ivresse, il les suivait quand personne ne pouvait couvrir l'audience. La procureure de la République de Blois, Dominique Puechmaille, et le colonel Michel Duclap, il les connaissait pour les avoir croisés lors du lancement de l'opération « Voisins solidaires » : un dispositif sécuritaire créé par la gendarmerie de Blois, où chacun surveille la maison du voisin en vacances. Coëffeur avait fait gros sur cette histoire.

Deux fois, avant Noël, la brigade de sûreté urbaine de Blois avait fait passer dans *La NR* un avis de recherche du braqueur. En octobre, le premier disait : « L'individu recherché, de type caucasien, est âgé de 50 à 60 ans. Il portait une combinaison de couleur verte, un bonnet en laine noir et un imperméable gris. » En décembre, après le casse de La Foir'Fouille, le suspect avait un peu rajeuni : « L'auteur du vol a un âge compris entre 35 et 55 ans [...]. L'individu dissimule la partie inférieure de son visage et porte des gants. »

Le fameux « individu » sait à l'évidence qu'« une caisse, ça se braque le soir », comme dans la chanson d'Eddy Mitchell. Mais un beau jour, il commet une erreur : revenir deux fois sur les lieux du crime. Il était tout juste 19 heures, le 20 janvier, sur le parking d'Auchan, quand, dans une vieille Passat garée devant le magasin Gémo, un homme ajuste perruque et fausse moustache, enfile des gants, pose sur son nez un masque de chantier. Il glisse ensuite une arme sous sa veste et se dirige vers la grande surface, sans se douter qu'une équipe de la brigade de sûreté urbaine de Blois en civil planque dans l'ombre. « Putain, c'est lui..., glisse le capitaine Xavier Counillet à ses trois hommes. On bouge pas. On attend qu'il sorte de là. »

Deux minutes plus tard, la voiture de police coupe le chemin de la Passat qui vient de prendre la fuite. Ceinturé, l'homme à la perruque noire n'oppose aucune résistance. « Bon, c'est pas Mesrine, mais on avait tellement planqué dessus ! » raconte aujourd'hui le capitaine Counillet. Au commissariat de Blois « l'individu » décline avec calme son identité. Coëffeur, avec un tréma sur l'*e*, Jean-Michel, 62 ans. Profession, journaliste retraité de *La NR* en Touraine. Signe distinctif, aucun. Domicile, Vineuil, à trois minutes du Gémo. « C'était un localier, il a braqué en localier », soupire Ode en vieux routier du « fait div' ». Poli mais laconique, le gardé à vue évoque des problèmes d'argent et abandonne sa panoplie à la police : un vrai kit de farces et attrapes, l'attirail d'un braqueur des *seventies.*

À *La NR*, la nouvelle laisse la rédaction sidérée. « Le journalisme mène à tout, mais là… » À la stupéfaction succède aussitôt une omerta totale. « Le braqueur solitaire sous les verrous », titre le quotidien quatre jours plus tard, sans donner le nom de l'interpellé – c'est la règle « maison » – mais sans relever non plus sa profession. Moquée pour son silence, *La NR* se venge dans un billet en faisant la leçon aux « médias nationaux » qui, sur leurs sites Internet, ont revêtu Coëffeur « d'un croustillant passé de chroniqueur judiciaire » et de « spécialiste des faits divers, ce qu'il n'a jamais été ». La presse, comme le capitaine Counillet, rêvait sans doute d'un autre héros que ce petit homme passe-muraille : un truand-journaliste haut en couleur, un Jean Marais jouant à la fois Fantômas et Fandor, pas ce personnage à la Simenon plein de son enfance, de sa province et de ses fêlures, aujourd'hui incarcéré à Blois.

Selon *La Nouvelle République*, la maison d'arrêt est « un établissement […] de 115 places en légère surpopulation, qui ne pose néanmoins pas de soucis de gestion ». « Mise en service en 1943, sous l'occupation allemande », elle abrite « des prévenus (détenus en attente de jugement) et des condamnés dont le reliquat de peine n'excède pas, en principe, deux ans ». Ce n'est pas « un établissement moderne, mais les détenus n'y sont pas entassés » et « plus de 70 % d'entre eux y pratiquent une activité rémunérée dans les 750 m^2 d'ateliers de petite mécanique (tuyautage, perçage, montage, assemblage), ou encore de façonnage ». Le reportage est pointilleux et sec comme un procès-verbal. C'était l'un des derniers articles, sans masque ni postiche, du journaliste Jean-Michel Coëffeur.

Le Monde, 7 mars 2014

David Haines, premier martyr de Daech

C'est souvent d'un détail que surgit l'extrême humanité. Pour David Haines, elle se niche dans une petite brosse à cheveux rose, posée au bout d'un canapé, au fond d'un mauvais cliché. Le travailleur humanitaire est assis sur un Clic-Clac, sans doute celui de la maison qu'il occupait avec Dragana, sa femme croate, au sud de Zagreb. Sur son ventre repose une jolie petite fille potelée. Elle ne fait sans doute pas encore ses nuits mais garde les yeux grands ouverts. Ceux de son père, eux, se battent pour ne pas se fermer. On devine que ce « vieil Écossais grincheux », comme il se surnommait, rêve d'aller se recoucher.

Réflexe de survie ? Aussitôt après que les djihadistes de l'État islamique ont décapité David Haines, leur otage britannique, famille et amis ont fouillé les albums Facebook et posté en masse des images familières de « David », comme pour le sortir de la vidéothèque à cauchemars où l'avaient abandonné ses bourreaux fanatiques. À genoux dans le sable, crâne rasé, comme une bête dans la camisole orange des prisonniers de Guantanamo, David Haines courbait la tête et pour eux, n'était plus David Haines. « Mon frère était un mec comme les autres », a rappelé Mike, son aîné de quatre ans. Un mec qui regarde, étonné, l'objectif qui le surprend en pleine nuit sur un clic-clac, près d'une petite brosse en poils de soie. La brosse de son bébé.

Elle a 4 ans, désormais. La petite fille s'appelle Athea, un prénom rare qu'ils avaient choisi ensemble, lui, l'humanitaire, et elle, sa traductrice, celle qui passait pour lui du croate à l'anglais quand il était venu en mission en Bosnie, au tournant des années 2000. « Ça ne veut pas dire "athée", ça veut dire "la première femme" », insistait David Haines auprès de ses compagnons de captivité.

Ils formaient une petite famille d'une vingtaine d'otages, dont les contours n'ont cessé de fluctuer au gré des enlèvements et des libérations. Quatre Français, Didier François, Nicolas Hénin, Édouard Elias et Pierre Torres, ont été libérés le 18 avril après dix mois de captivité ; tout comme Federico Motka, un travailleur humanitaire pour lequel l'Italie a payé une rançon de plusieurs millions d'euros. Deux autres otages, les Américains James Foley et Steven Sotloff, ont été égorgés. Atroce compte à rebours, savamment orchestré. Ils n'étaient plus qu'une poignée, le 13 septembre, autour du pauvre « David ».

« On l'avait repéré en Libye, en 2011, quand il travaillait pour Handicap International. Il était sérieux et rigoureux », raconte Frédéric Roussel, président et fondateur de l'Agence d'aide à la coopération technique et au développement (Acted). Une ONG française de 4 000 employés, créée en 1993, peu connue du public, bien qu'elle occupe cinq étages d'un immeuble du IXe arrondissement de Paris. Après dix ans d'existence,

Acted cherche un responsable de la logistique et de la sécurité pour assurer l'approvisionnement en eau potable, en nourriture et en tentes du camp de réfugiés d'Atmeh, le plus gros du territoire syrien. L'association a gardé dans ses ordinateurs le curriculum vitae de David Haines : un parcours typique de ces professionnels de l'engagement qui multiplient les missions pour des organisations de toute nationalité, en fonction des crises et des guerres, et présentent tous, comme David Haines, leur bio sur LinkedIn, le réseau social professionnel.

Haines gagne Atmeh dans les tout premiers jours de mars 2013. C'est un petit bourg du nord de la Syrie adossé à la frontière turque, traversé par une route cabossée. Bordé de collines d'oliviers et d'orangers, entouré de champs de blé, le village est devenu en 2012 la base arrière d'une rébellion décidée à en découdre avec Bachar Al-Assad : la proximité avec la frontière empêche en effet les forces du régime de bombarder les camps d'entraînement alentour. En un an, la population a triplé, atteignant d'un coup plus de 6 000 habitants. Mais, très vite, l'afflux de population a transformé le lieu du tout au tout.

L'internationale djihadiste a fait d'Atmeh sa porte d'entrée vers la Syrie, et se met à terroriser les rebelles. Le bourg et ses environs tombent entre ses mains au début de l'année 2013, au moment précis où arrive David Haines, grand gaillard de 1,90 m, baraqué et fier de peser son quintal, au regard franc et aux manières directes, qui a du métier et sait ce qu'il veut. Il s'installe dans l'une des deux petites chambres du sous-sol, le « bunker », de la maison qui sert de quartier général à

Acted. On dort à plusieurs dans la même pièce, on s'amuse du chef de bureau qui ronfle un peu fort.

Haines découvre les camps et les collines alentour, parsemés de ruines romaines et de carcasses de voitures, en écoutant en boucle les deux cassettes de Bach et de Beethoven de son chauffeur. Jusqu'à ce 12 mars 2013, dix jours après son arrivée, où il tombe dans une embuscade. « Ils portaient des cagoules noires, a raconté à *The Independent* le traducteur syrien qui accompagnait ce jour-là Haines et son collègue italien Motka. L'un d'eux a posé un fusil sur ma tempe. Ils ont embarqué [les deux étrangers] dans le coffre de leur voiture et ont tiré sur les pneus de la nôtre. »

Haines est de ceux qui aiment les zones de conflits tout en jurant chaque fois à leur famille que promis, c'est la dernière fois qu'ils partent. Une mission au Sud-Soudan en 2012, après quatre ans dans les Balkans avec l'ONU. Puis la Libye et enfin la Syrie… À 44 ans, David Haines est d'ailleurs presque un « vieux » dans ces organisations où les recrues sont souvent des gamins. Il a commencé tard, en 1999, à presque 30 ans. Avant, il a joué les mécanos à la Royal Mail et à Scotrail (la SNCF écossaise) et s'est engagé onze ans comme ingénieur dans la Royal Air Force. Enrôlé chez les militaires de la RAF, comme son père, un Écossais de Perth.

Sur le CV de trois pages qui a tourné dans bon nombre d'ONG, David Haines avait rempli ainsi sa ligne « hobbies » : « œuvres de charité », « lecture », « badminton », mais aussi « *mountain biking* » et « marche dans les collines ». Des passions de « Scottish ».

« David connaissait l'hymne de son pays par cœur », raconte Pierre Torres, qui a passé neuf mois de détention à ses côtés. « J'ai été surpris par sa classe et sa prestance quand en sortant je l'ai découvert en kilt sur des photos », ajoute Nicolas Hénin, prisonnier avec lui ces mois durant.

Son kilt vert, il le portait pour ses noces avec son amour de jeunesse, Louise, la mère de sa première fille, Bethany. Une adolescente dont il parlait sans cesse à ses codétenus – faisant mine de râler pour masquer son trop-plein de tendresse : « Ça me coûte cher, ses leçons d'équitation ! » Il le sortait aussi lors des concerts qu'il organisait pour lutter contre les mines antipersonnel, le grand combat de Haines à chacune de ses missions.

En 2010, pour son second mariage, avec Dragana, il s'était encore marié en jupe. Avec elle, il s'était lancé dans un petit commerce de machines à sundaes et à crèmes glacées, qu'il livrait à des fast-foods ou à des restaurants, et qu'il comptait bien développer, quand il aurait « raccroché ». « Un bon créneau, racontait-il à ses amis otages. On fera ça tous ensemble, quand on sera libérés ! » Il les entreprenait aussi sur « la meilleure manière de monter un business de quiches et de tourtes », avec ces mimiques – front plissé, sourcils en accents circonflexes et moulinets des bras – qui faisaient tout son charme.

« Acted, ça a duré dix jours, mais je m'en souviendrai ! » grognait-il, pince-sans-rire. Il tentait de distraire ses collecteurs qui, après chaque séance de torture, le voyaient vomir, maigrir – quand ils l'ont quitté, ils pouvaient faire le tour de sa taille avec leurs mains.

David Haines détestait Tony Blair plus encore peut-être que David Cameron. Sans cesse, il critiquait ses « mensonges » et son « suivisme » sur l'Irak : sa famille et ses amis ont même imaginé que, dans le texte débité devant la caméra de ses bourreaux djihadistes, il a rajouté spontanément le nom de celui qui fut le Premier ministre britannique entre 1997 et 2007. « En se rendant en Syrie, il a passé outre la passivité et la lâcheté internationales. Il a accompli lui, l'individu, ce que les États, et notamment le sien, refusaient de faire. Haines est un Juste, à sa manière », estime Jean-Pierre Filiu, chercheur spécialiste de l'islam et enseignant à Sciences Po. David Haines a été assassiné quelques jours avant le référendum qui a enthousiasmé l'Écosse, mais il se délectait depuis longtemps de cette consultation annoncée. Et avait choisi son camp : fidèle au Royaume-Uni, farouchement hostile au « oui ».

Le Monde, 23 septembre 2014

Et Zemmour devint Zemmour

Catherine Barma a préparé des fiches. La grande prêtresse des samedis soir de France 2 a couché à la main des réponses aux questions qu'on ne manquera pas de lui poser sur Éric Zemmour. Éric Zemmour, ce journaliste du *Figaro Magazine* qu'elle a imposé, il y a huit ans, dans *On n'est pas couché*, le grand show hebdomadaire de Laurent Ruquier. Éric Zemmour, l'auteur du *Suicide français*, best-seller qui a déjà dépassé les 100 000 exemplaires et talonne le Prix Nobel 2014, Patrick Modiano. Un chroniqueur de RTL et de i-Télé, qui peut écrire dans une grande maison d'édition et répéter partout que Jean-Marie Le Pen est « avant tout coupable d'anachronisme » en déclarant que les chambres à gaz étaient un « point de détail de l'histoire » (page 305), que les Juifs français sont devenus « une caste d'intouchables » (page 263) et qui salue au passage la « talentueuse truculence désacralisatrice » du « comique » Dieudonné (page 383). Zemmour, cette nouvelle querelle nationale.

« Éric, pour moi, c'est un intellectuel, lit consciencieusement Catherine Barma. Je ne suis pas d'accord avec lui sur tout, mais c'est un homme intelligent, qui a de l'humour. Un conservateur, pas un réac, non, un polémiste de droite, quelqu'un qui dit ce qu'il pense. Un nostalgique, que voulez-vous. Parfois je lui dis : "Mais Éric, tu veux vivre à l'époque des carrioles ?" Comme il a réponse à tout, il me répond : "Au moins, les carrioles, ça polluait pas." » Mais quand il adopte le vieux système de défense vichyste « du bouclier », pourtant balayé par l'histoire contemporaine, le rhabillant à sa sauce pour expliquer que « oui, Pétain a sauvé des Juifs français » ? Catherine Barma baisse les yeux sur ses fiches : « Je n'ai pas lu Robert Paxton. D'une manière générale, dans un conflit, je suis toujours du côté des opprimés. »

Pour diagnostiquer le phénomène Zemmour, il faut ausculter les élites françaises. Redoutable business-woman, Catherine Barma est de celles-là. Son pouvoir est immense : un seul passage dans *On n'est pas couché* permet de lancer un film ou un livre. Fille du réalisateur vedette de l'ORTF Claude Barma, ex-fêtarde qui n'aimait pas l'école, elle préside aux notoriétés de l'époque et compose ses plateaux de télé comme le comptoir d'un bistrot. Elle sait combien le XXIe siècle aime les « gros clashs » qui font le « buzz » sur YouTube et soupire comme beaucoup qu'on-ne-peut-plus-rien-dire. Éric Naulleau, autre polémiste qui a couché son nom en bas d'un contrat d'édition en 2013 avec Alain Soral, un militant d'extrême droite aux obsessions antisémites, c'est sa trouvaille. Comme Zemmour.

C'était en 2006, devant Salut les Terriens – une émission de Thierry Ardisson, encore un de ses poulains. Zemmour avait déjà croqué dans des livres

Édouard Balladur (*Immobile à grands pas*) et Jacques Chirac (*L'homme qui ne s'aimait pas*), mais compris, finaud, qu'il lui fallait sortir de la simple biographie politique et mettre un peu de ses tripes sur les plateaux. En direct, l'auteur de *Premier sexe* pleure la fin de l'homme, le vrai – une de ses obsessions avec l'immigration. Face à lui, Clémentine Autain, élue verte et féministe, hésite entre le rire et les larmes.

« Aujourd'hui, c'est la réaction qui est subversive », assène Zemmour. Dans la tête de Catherine Barma, qui a abandonné le communisme familial, la phrase du journaliste du *Fig Mag* résonne comme un pitch et un « format ». Elle devine que le frêle garçon au grand front et au rire désarmant, venu parler de son ras-le-bol du pouvoir féminin, est un bon personnage. « Je ne suis pas *Le Figaro*, je suis Éric Zemmour, point », lâche d'ailleurs le journaliste ce même jour.

« Éric Zemmour, point » a alors 48 ans et beaucoup de souvenirs. Ses parents, Roger et Lucette, vivent en « métropole » depuis six ans lorsqu'il voit le jour à l'été 1958. Flair politique et hasards de la vie, ils ont quitté l'Algérie avec la première vague de rapatriés, passeport français en poche : le décret Crémieux, abrogé par Pétain et rétabli à la Libération, a redonné la nationalité française aux Juifs d'Algérie. Une communauté « hyper-patriote », rappelle Zemmour : à Montreuil, comme à Drancy, puis enfin dans le XVIIIe arrondissement de Paris, Mme Zemmour cuisine pour les fêtes des crêpes Suzette et s'essaie à la sauce hollandaise. Quand ses deux fils quittent la synagogue, elle chuchote : « Rangez vos calottes dans vos poches ! » Elle disait « qu'on était israélites, sa manière à elle d'expliquer : français, de confession juive », raconte Zemmour.

Pendant que sur la table de la cuisine Éric découpe *Le Monde* et classe les articles dans des pochettes, le père lit *L'Aurore*, le journal des pieds-noirs d'Algérie. L'Algérie… « La mauvaise conscience » de la France, comme « une plaie jamais cicatrisée », a écrit le journaliste du Figaro. Son refoulé à lui, aussi. Tant pis s'il déteste ces « psychanalyses de bazar » dont la presse – « de plus en plus féminine » – raffole. Comment dans un portrait renoncer à explorer complexes et schizophrénies de jeunesse quand ils conduisent tout droit à des névroses politiques ?

Éric Zemmour est un juif arabe – lui préfère dire « Juif berbère », une expression « qui permet de se distinguer de l'arabité mal vue », sourit l'historien Benjamin Stora. Ses parents se sont mariés à Sétif, « petite ville du Constantinois où la population baignait dans une francité relativement paisible, contrairement à Oran. Zemmour veut dire olivier et se portait aussi bien dans les communautés juive et musulmane », raconte Stora. « On ne peut pas être algérien et français à la fois. Il faut choisir », répétait pourtant Éric, à l'été 2014, quand des drapeaux rouge, blanc et vert fleurissaient dans l'Hexagone autour de la Coupe du monde de football. « On ne peut pas avoir deux mères dans la vie », ajoutait-il, tenant peu ou prou le discours de cette petite fraction des Juifs d'Algérie qui rejoignit l'OAS en 1962. Pour ses fils, Lucette Zemmour avait choisi des prénoms classiques, français-de-souche, diraient certains aujourd'hui. « À la synagogue, je suis Moïse, mais à l'état civil, je m'appelle Éric, Justin, Léon », approuve Zemmour, qui n'a d'ailleurs pas eu de mots assez durs pour Rachida Dati lorsque la ministre de Nicolas Sarkozy a nommé sa fille Zohra.

« Le trajet des parents est essentiel chez Éric », raconte Philippe Martel, le directeur du cabinet de Marine Le Pen et l'un des intimes du journaliste. « Ses parents ont laissé leurs racines, abandonné leur mode de vie, décidé de s'assimiler », poursuit le cadre du FN – qui a relu, « pour le plaisir », *Le Suicide français* avant publication. « Lui estime que c'est ce que devraient faire les étrangers en France. » Qu'importe si le mot « pied-noir » n'apparaît qu'en 1962, pour désigner les exilés de la fin de la guerre : le 16 octobre, en meeting à Béziers, c'est cette étiquette que Zemmour choisit pour se désigner, lui et son nouveau complice élu à la tête de la ville avec les soutiens frontistes, Robert Ménard.

La vérité, c'est que le père d'Éric Zemmour, un préparateur en pharmacie qui décide de racheter une compagnie d'ambulances, continue à parler arabe dans les bars de la rue Myrha. Qu'il ne tape pas seulement le carton à la Goutte-d'Or mais court les casinos, où il se met à perdre beaucoup d'argent, au désespoir de son épouse, diabétique. On imagine la suite. « La ceinture de mon père était toujours posée sur la table, confie Zemmour, mais c'est quand on affronte son père qu'on devient un homme. Aujourd'hui, les jeunes n'ont plus de père à tuer. » Sa mère encaisse, le protège, son Éric est le meilleur, le plus beau, même si les filles l'ignorent. Le plus fragile aussi, avec cette arthrite au genou qui… le dispense de service militaire après ses « trois jours ». « Lucette l'adulait comme la mère d'Albert Camus son fils, raconte un de ses proches. Elle faisait le silence pour qu'Éric puisse réviser son bac, puis Sciences Po, dans la cuisine de la rue Doudeauville. »

3 bis, rue Doudeauville. La nostalgie d'Éric Zemmour a une adresse, qui est aussi l'épicentre de son effroi. L'exacte place qu'occupe la rue Jean-Pierre-Timbaud, qui court le XIe arrondissement de Paris, dans la géographie sentimentale d'Alain Finkielkraut. L'artère qui abritait l'atelier de maroquinerie du père du philosophe a fait place à des vitrines pleines de « burkas » et « des librairies islamistes », si bien que « Finkie » ne reconnaît plus la rue où il a naguère grandi. « Pour éviter la polémique inutile », Finkielkraut avait préféré, dans un livre et dans un film, en rester à ce constat : « Effrayant. » Zemmour n'a pas ces prudences. « J'y suis retourné il n'y a pas longtemps. J'avais l'impression d'avoir changé de continent. Les trafics, les tissus, les coiffeurs afro, il n'y a plus un Blanc rue Doudeauville. Là, tu le vois, le "grand remplacement" ! » s'écrie-t-il, l'œil brillant, en citant sans complexe cette théorie identitaire de l'écrivain Renaud Camus – la disparition programmée du peuple blanc catholique au profit des musulmans – que même Marine Le Pen ne reprend pas à son compte. « Un grand Noir m'a reconnu et m'a dit : "Zemmour, t'es pas chez toi ici, va-t'en !" »

Il n'a pas attendu ce conseil. Zemmour a quitté Barbès bien avant d'épouser à 32 ans Mylène Chichportich, une juriste devenue avocate. Mariage à la synagogue des Tournelles. Trois enfants. La famille est installée dans un vieil immeuble XIXe, à l'ombre de l'église Saint-Augustin, ce phare du catholicisme pour temps obscurs. L'appartement d'Éric Zemmour est empli de livres, mais aussi de toiles de gentilshommes en pied et de tapisseries d'un autre âge. Un dédale de pièces dessiné « en 1840 », qu'il vante devant ses hôtes, comme si l'âge de cet immeuble préhaussmannien l'ancrait encore davantage dans ce Paris balzacien qu'il rêve barricadé, amidonné et corseté.

Il ne s'en évade pas, d'ailleurs, ou si peu ! « Je l'ai croisé un jour dans un avion pour la Tunisie », raconte Jean-Philippe Moinet, son ancien collègue du *Figaro* désormais, qui le raille régulièrement dans *La Revue civique*, dont il est directeur. « Je lui ai dit : "J'adore partir !" Il m'a répondu : "J'adore revenir." » Du monde, Zemmour ne connaît que les hôtels de Washington ou des capitales européennes qu'il fréquentait, il y a très longtemps, un pass autour du cou, avec ses collègues *embedded*. Les étés d'Éric Zemmour se déroulent toujours en France, dans le même hôtel de Provence, et ses hivers au Club Med aux Antilles –, un peu comme dans la chanson de Renaud. À cause de l'anglais qu'il parle mal, Zemmour fut d'ailleurs recalé à l'ENA. « Sa manière autiste, son côté célinien – la France en chaussons », s'amuse Franz-Olivier Giesbert, qui le repère dès ses premiers pas au *Quotidien de Paris*, chez l'ami Philippe Tesson.

Après un détour par la pub, antichambre alimentaire des enfants de son siècle, comme les écrivains Frédéric Beigbeder ou Grégoire Delacourt, Zemmour choisit la presse écrite, où il veut travailler à l'ancienne : du style, des idées, plutôt que des enquêtes et du reportage. Au *Quotidien*, Tesson se souvient d'un garçon cultivé mais « incroyablement individualiste et personnel ». Le titre sombre alors que s'ouvre la campagne Balladur-Chirac,

« la plus belle de la Ve », que Zemmour piaffe de chroniquer. *InfoMatin* lui ouvre ses portes. « Rousselet cherchait quelqu'un pour faire des éditos bien troussés et anti balladuriens, raconte Bruno Patino, alors directeur délégué du titre. Zemmour, contempteur absolu de la bourgeoisie libérale, était son homme. » Un solitaire qui sèche les AG, oublie les conf de rédaction et manque la photo de groupe du dernier numéro du quotidien, le 8 janvier 1996.

FOG l'accueille aussitôt au *Figaro*, où Zemmour étoffe son carnet d'adresses : à ses déjeuners avec les caciques socialistes et gaullistes, durant lesquels il parle souvent plus que ses convives, s'ajoutent les rendez-vous chez Jean-Marie Le Pen. Récompensant l'assiduité de son hôte, le chef du Front national lui offre le scoop de ses rencontres secrètes avec Jacques Chirac, lors de la présidentielle de 1988. Cette fois, le journaliste est bel et bien lancé.

Zemmour enchaîne les déjeuners en tête à tête, rue de Lille ou dans les bistrots proches de l'Assemblée nationale. Le monde politique est devenu le sien. Il le tutoie, l'embrasse, applaudit bruyamment chaque bon mot de Philippe Séguin – son « grand homme » – devant ses confrères stupéfaits. Bien avant que ne s'annonce le nouveau traité constitutionnel européen, il navigue aussi entre Charles Pasqua et Jean-Pierre Chevènement, tirant des bords entre les « républicains des deux rives ».

Au milieu des années 1990, il flirte avec la Fondation Marc-Bloch, où quelques journalistes, comme Élisabeth Lévy, dénoncent la « pensée unique » de *l'intelligentsia* française. Une petite bande souverainiste dont la trajectoire laisse rêveur. En 2002 (Zemmour vote pour Chevènement), ces « nationaux-républicains » commencent par dénoncer le front anti-Le Pen et l'antifascisme de salon qui fait descendre la jeunesse dans la rue. Puis décontaminent patiemment les idées du FN, quand ils ne rejoignent pas directement la formation d'extrême droite, tel l'ex-plume du « Che » Paul-Marie Coûteaux.

Zemmour, lui, investit les médias. « Je ne l'ai pas forcément théorisé au début, savoure le journaliste, mais oui, je fais de l'entrisme à la télé. J'y fais passer mes idées. » Un an avant que Catherine Barma ne le repère, il est invité sur un plateau avec Christine Boutin pour défendre le « non » au référendum européen de 2005. Face à lui, pour le « oui », François Hollande. Hollande, son ancien prof d'économie à Sciences Po, ce député drôle et bavard avec lequel il a partagé tant de pains au chocolat, le matin, au café de Flore. « Il avait déjà son scooter et ce même cynisme jovial que j'ai vu chez Chirac », raconte Zemmour. Cette fois, pourtant, le patron du PS fuit son regard et se dérobe durant tout le débat. « Pourquoi tu m'as évité comme ça ? » demande le journaliste après l'émission. « Parce que tu ne respectes pas les codes », répond Hollande.

« On fait mine de s'en apercevoir maintenant, confie aujourd'hui le chef de l'État, mais ça fait bien longtemps que Zemmour n'est plus journaliste, ne suit plus une réunion, plus un déplacement. » Idéologue, acteur politique, il sillonne désormais la France et l'Europe à son compte : « Avec mon livre, j'ai l'impression de faire plus de politique que la plupart des hommes politiques », avoue-t-il le 4 novembre aux sympathisants

UMP exilés à Londres. Et que dire de cette virée à Béziers, où son visage s'affichait en 4 × 3 dans toute la ville, et où une voiture avec chauffeur l'attendait à la sortie du train, comme un élu de la République ? Un pied dans le système, l'autre dehors.

Entrisme, encore ? Schizophrénie ? Pendant que le polémiste dénonce le conformisme et la bien-pensance des « technos », Éric Zemmour, le recalé de l'ENA 1980, est choisi pour faire passer le « grand O » à la promo 2006. Belle revanche. Deux ans plus tard, il fête en grande pompe ses 50 ans avec le Tout-Paris politique. Ce fan de l'Empire a loué pour l'occasion la Petite Malmaison, et c'est entre des grenadiers en costume qu'il reçoit ses invités : Catherine Barma, évidemment, ses copains du *Fig Mag*, Henri Guaino, compagnon du « non » devenu conseiller de Nicolas Sarkozy, sa grande amie Isabelle Balkany, mais aussi les bons vieux copains de gauche, Jean-Luc Mélenchon et Jean-Christophe Cambadélis. « Éric s'était payé le château de Joséphine de Beauharnais ! raconte Paul-Marie Coûteaux. J'étais stupéfait. Le monde tournait autour de lui : ce soir-là, il a changé de visage à mes yeux ».

La nuit tombée, on avait tiré le canon avant d'aller danser sur des vieux standards des Stones. Tubes, blockbusters, best-sellers, rien de ce qui appartient à la culture de masse n'est indifférent à Éric Zemmour : lorsque, dans son dernier livre, il revisite la Ve République, c'est à partir des charts et du box-office, cette mémoire populaire qui manque souvent aux élites. À l'instar des vieux routiers trotskistes lambertistes accourus à la Malmaison, il estime que la guerre se gagne sur le terrain des idées. « Gramsci est mon modèle », clame le journaliste en citant le théoricien italien. « Comme Louis Pauwels au *Fig Mag*, comme Patrick Buisson sous le dernier quinquennat, Zemmour juge que le combat est d'abord culturel », analyse Alexis Corbière, secrétaire national du Parti de gauche. « Il y a une “zemmourisation” de la société française », confirme Cambadélis.

Son nom est devenu plus qu'une marque : un argument de vente. *Fig Mag* ou *Valeurs actuelles*, chaque couverture consacrée au polémiste maison, un protégé du nouveau patron du *Figaro*, le catho traditionnel » Alexis Brézet, fait merveille. Qu'il est loin, le temps où les saillies de Zemmour lui faisaient craindre la porte ! En 2010, chez Ardisson, il lâche sa fameuse phrase : « Les Français issus de l'immigration sont plus contrôlés que les autres parce que la plupart des trafiquants sont noirs et arabes. C'est un fait. » Au montage, pour doper l'audience, la production avait incrusté deux mots en bas de l'écran : « Zemmour dérape », et Étienne Mougeotte, le prédécesseur de Brézet, convoqué le chroniqueur pour « un entretien préalable à licenciement ». En coulisses, Isabelle Balkany s'était agitée pour qu'on ménage son protégé. En avait-il besoin ? Des balcons de son immeuble, sur les Grands Boulevards, la rédaction du *Figaro* avait découvert à cette occasion un spectacle hallucinant : sur le trottoir, devant le journal, des cris et des banderoles, « Touche pas à mon Zemmour ».

Il est devenu Zemmour et plus rien ne l'arrête. Le 6 mars 2010, il affirme sur France Ô que les employeurs « ont le droit de refuser des Arabes ou des Noirs ». Il est à nouveau condamné un an plus tard. Puis, en mai

2014, il accuse sur RTL « des bandes de Tchétchènes, de Roms, de Kosovars, de Maghrébins, d'Africains » de « dévaliser, violenter ou dépouiller » la France. Le CSA le met « fermement en garde » ainsi que sa radio, RTL. Il continue pourtant à creuser le sillon de ses obsessions. Dans *Le Figaro*, il chronique *Les Petits Blancs*, d'Aymeric Patricot, un livre qui décrit « la misère sexuelle de [ces] jeunes prolétaires qui ne peuvent rivaliser avec la virilité ostentatoire de leurs concurrents noirs ou arabes ». Pour Zemmour, c'est le signe de « l'antique attrait des femmes pour le mâle vainqueur, à l'instar de ces Françaises qui couchèrent pendant la Seconde Guerre mondiale avec des soldats allemands puis américains ». La version mainstream, en somme, des *Années érotiques 1940-1945* de Patrick Buisson. Une histoire de la « collaboration horizontale » où les femmes n'ont pas souvent le beau rôle – comme dans le dernier livre de Zemmour, qui se dit de ceux qui « préfèrent prendre les femmes sans les comprendre plutôt que de les comprendre sans les prendre ».

Éloge du machisme et exégèse de « l'ambiguïté du viol » chez Soral (son complice Dieudonné a choisi pour totem une quenelle), complexe de l'homme blanc chez Zemmour… Le sexe obsède le trio – Soral, il y a quelques jours, se plaignait d'ailleurs de voir Zemmour s'intéresser « sept ou huit ans » après lui à ses sujets de prédilection. Chez le journaliste du *Fig Mag*, ça donne : « Les hommes sont sommés de devenir des femmes comme les autres. Ils n'ont plus le droit de désirer. […] Ils ne doivent plus qu'aimer. » Ou encore : « Seule la salope peut réveiller le désir fragile du mâle. »

Zemmour a aujourd'hui 56 ans. Malgré les longueurs de piscine et son jogging quotidien, il vieillit. Ne croit plus en rien, sauf en la médecine, pense que tout est foutu, sauf si advenait une guerre. Déjà, en 2010, il avait voulu baptiser sa *Mélancolie française* « Le Chagrin français », mais son ami Bruno Larebière, ex-patron de *Minute* et ancien pilier du Bloc identitaire, lui avait fait changer de titre : « Ça fait trop *Le Chagrin et la pitié.* » Quant à son *Suicide français*, Zemmour voulait le nommer « Cette France qu'on abat », mais Natacha Polony, autre chevènementiste révélée par la télé, autre déclinophile, lui a piqué l'idée, et Renaud Camus avait déjà préempté le *Suicide d'une nation*.

Le Monde, 8 novembre 2014

Le colt de Claude Lanzmann

« Si le portrait ne me plaît pas, je vous tue. » Sa main se crispe sur un colt imaginaire, comme un enfant braquant un pistolet en plastique. Il a des arguments, Claude Lanzmann : un permis de port d'arme à jour bien en évidence sur son bureau, des tas de Glock planqués dans ses tiroirs, des coutelas et des haches à viande dans sa cuisine. Il menace de sa grosse voix d'homme des cavernes, mais on ne voit que ses mains qui miment la position du tireur. Des mains solides, vivantes, des mains d'artisan ou de façonneur. Quatre-vingt-dix années y ont déposé quelques taches de vieillesse mais laissent imaginer ce qu'elles ont caressé, filmé, rudoyé, giflé, pétri – « la bergerade de mes cent vies », comme il dit.

Vertige devant un homme qui a tutoyé les géants d'un autre siècle ; partagé saucisson, œufs durs et Scotch (il continue d'appeler ainsi son Chivas-Perrier du soir) avec des mythes enturbannés. Claude Lanzmann est né en 1925, il a vécu sept ans, de 1952 à 1959, avec Simone de Beauvoir, passé près de trente ans en compagnie de Jean-Paul Sartre. Leurs photos veillent comme des icônes sur les rayons de la bibliothèque, dans l'antre du XIVe arrondissement de Paris où il vit, éternel locataire, entre livres et DVD. Cinéphile insomniaque, il est capable de regarder un épisode des *Sopranos* et un Tarantino effacé de sa mémoire à 3 heures du matin, de déclamer, dans le noir, des poèmes entiers de Victor Hugo ou des oraisons de Bossuet : « Je compte les pieds pour m'endormir. » Ses mains ont tout étreint : les armes, dans les maquis d'Auvergne, les reins du Castor. Elles ont conduit des heures dans les hautes forêts d'Europe à la recherche des derniers témoins des camps d'extermination nazis : Birkenau, Belzec, Sobibor, Majdanek, et bien sûr Treblinka. C'était pour *Shoah*.

Commencé en 1973, achevé en 1985, *Shoah* est plus que son grand ouvrage : un chef-d'œuvre, un mythe, financé à l'arrache comme un manteau d'Arlequin « sans un dollar américain ». Neuf heures et demie génialement montées qui lui ont attaché des admirations inconditionnelles. « Un film beaucoup plus grand que lui, que nous, réfléchit le cinéaste Arnaud Desplechin, chef de file de ses disciples français. Un film qui a changé le monde. Je ne m'en suis pas remis, très heureusement. » Qui aurait pu enfanter *Shoah*, sinon l'ogre Lanzmann ?

Il fut celui qui posa cinq lettres sur un non-dit et démonta la mécanique de l'extermination. Il fut cet homme obstiné, têtu, buté, qui, au milieu des années 1970, a inspecté les champs, gratté l'herbe pour dénicher les rampes d'où les victimes étaient poussées vers les chambres à gaz, retrouvé les paysans polonais vivants, les rescapés en Israël. « J'ai été celui qui s'est approché le plus près », dit-il. Pendant douze ans, il a consigné la parole des bourreaux et des miraculés, filmé comme avec des œillères pour mieux « tenir », sans surtout chercher à comprendre. Simone de Beauvoir l'avait encouragé. « Nous avons lu, après la guerre, des quantités de témoignages sur les ghettos, sur les camps d'extermination, écrira-t-elle à la "une" du *Monde* un an avant de mourir, en 1986. Nous nous apercevons que nous n'avons rien su. »

Ne pas connaître *Shoah*, c'est un péché. Le plus grave des crimes de lèse-Lanzmann, parmi d'autres bien plus véniels. Petite liste des erreurs à ne pas commettre face à la statue du Commandeur : ne pas reconnaître sa voix au téléphone, quand il grogne « allô ! » sans jamais se présenter – une Évidence ne décline pas son identité. Oublier dans un courriel universitaire un *n* à son patronyme : il sèche le colloque. Le confondre avec Jacques, ce jeune frère parolier et scénariste aujourd'hui décédé, « très connu en France, mais moi, je le suis dans le monde », glisse-t-il en privé. Choisir un restaurant où le vin tarde à être servi. Ou encore s'assoupir lors de la projection d'un de ses films, comme l'avait fait Thierry Frémaux, le délégué général du Festival de Cannes. Enfin, *last but not least*, parler mal, ou trop, de ce qu'il connaît mieux que personne : la Shoah.

François Hollande est président de la République. Claude Lanzmann raffole des honneurs et des décorations. Bon, il pardonne à ce puissant d'avoir parlé de la Shoah comme d'une « catastrophe humanitaire » en l'élevant grand-croix de l'ordre national du Mérite. Malheur, en revanche, aux simples notables, comme Anne Sinclair ou Alain Minc, qui ont écrit en 1994 dans *Le Nouvel Observateur* tout le bien qu'ils pensaient de *La Liste de Schindler.* « Comment [Steven Spielberg] peut-il dire ce qu'a été l'Holocauste en racontant l'histoire d'un Allemand qui a sauvé 1 300 Juifs, puisque la majorité écrasante des Juifs n'a pas été sauvée ? » gronde Lanzmann.

Autre *fatwa*, celle lancée contre Yannick Haenel. En 2009, le jeune romancier eut le malheur de se mettre dans la tête de Jan Karski, jeune courrier de la Résistance polonaise, interrogé face caméra dans *Shoah.* « Plagiat », « falsification »… Le lauréat du prix Interallié est copieusement insulté. Et Philippe Sollers, éditeur du jeune homme chez Gallimard, excommunié dans la foulée. La photo de l'auteur de *Femmes* trône pourtant sur les étagères de l'appartement de Lanzmann. Jamais il n'avouera combien lui manquent ses déjeuners avec l'écrivain, son humour et sa culture. « Ces brouilles, ces bagarres, c'est aussi une façon de rester en vie », excuse gentiment le diplomate Antonin Baudry, un ami cher de cinquante ans son cadet, jeune président de l'Institut français et auteur de la fameuse BD *Quai d'Orsay.*

Claude Lanzmann est l'homme des colères noires, des savons épiques, des gros caprices aussi – capable d'appeler le patron d'Air France s'il est mal accueilli dans l'avion. « Comment ne pas comprendre le poids et l'angoisse d'avoir fait un film comme *Shoah* ? Son film est d'une sobriété admirable, lui vit comme une légende », excuse Sollers. « Tout chez lui prend des proportions inhabituelles et devient cinématographique », explique en souriant son ami Franck Nouchi, du *Monde*.

C'était à Cannes, en mai 2013, lors d'un dîner à l'Hôtel Carlton. On avait oublié l'auteur du *Dernier des injustes*, film sélectionné hors compétition, à la table d'honneur. Furieux, Lanzmann déserte *illico* le dîner. On lui fait porter un mot. Il revient, placé face à Spielberg, cette fois. « *You despise me* », lui lance l'Américain. « Non, répond Lanzmann, je ne vous méprise pas. Nous avons juste un conflit ontologique grave et sérieux. J'aime beaucoup la plupart de vos films, mais vous n'avez pas réfléchi sur la Shoah et le cinéma. » En quelques jours, une correspondance s'établit, précieusement consignée et reliée par Sarah Streliski – « ma secrétaire », comme dit Lanzmann, une romancière élégante et cultivée qui publie dans la « Blanche » de Gallimard et lui a fait don de son art du rangement et de son temps.

Il y a toujours eu autour de ce monstre sacré des femmes solitaires et pleines d'abnégation. Lanzmann habite dans le même immeuble que Dominique, demeurée son épouse, une médecin auteure d'une *Diététique de la longévité* (Odile Jacob, 2002), la mère de leur fils Félix, 21 ans, dont la santé les hante. Rangés dans les boîtes et les cartons de Sarah, des films, des traductions, de vieux articles aussi, comme le « Curé d'Uruffe et la raison d'Église », un article écrit par Lanzmann en 1958 pour *Les Temps modernes*, et que Philippe Sollers a choisi de republier il y a quelques années dans *L'Infini*. Le regard d'un philosophe sur le procès d'un ecclésiastique installé en Lorraine, doublement coupable du meurtre de sa maîtresse qu'il éventra avant de tuer et défigurer l'enfant qu'elle portait, et de le baptiser. « Une prose magnifique », louait *L'Infini*, celle de tous les « papiers » du journaliste Lanzmann.

Il possédait déjà ce charme fou qui ne l'a pas quitté, visage de Falstaff coiffé d'une épaisse tignasse noire posée sur un corps robuste et sans cou. « Des yeux bleus, de jolis complets et de belles chemises blanches », se souvient l'actrice Judith Magre, qui fut sa première épouse. Lanzmann travaillait à « la rewrite de *France Dimanche* », un monde à part au sein du quotidien, une légende dans la presse. Au sixième étage de l'immeuble de la rue Réaumur, au-dessus de *France-Soir* et du bistrot Le Sordide, une équipe de jeunes mercenaires du style carrossaient les articles des reporters.

Sur la table de ping-pong, ils taillaient, repatouillaient, rallongeaient la copie, trouvaient l'accroche manquante. « On se tirait la bourre, raconte Pierre Bénichou, qui faisait partie de la bande. Claude était déjà plus douloureux que nous tous, il psalmodiait ses articles en se grattant les genoux », mime-t-il. L'ancien rédac-chef de *L'Obs* devenu grognard des *Grosses Têtes* peut aujourd'hui encore réciter par cœur une des attaques de Lanzmann : « Dans l'argot des joueurs décavés, des boxeurs à bout de souffle, cette chose a un nom. Cela s'appelle un come-back. »

À la « rewrite », on fait copain-copain avec les vedettes (on ne dit pas encore people), on fait travailler son imagination, aussi : Lanzmann invente de *a* à *z* une rencontre entre la reine Élisabeth d'Angleterre et le premier secrétaire du Parti communiste de l'URSS, Nikita Khrouchtchev. Il prête sa plume à ceux qui n'en ont pas, comme Gérard de Villiers, un baroudeur qui avait moins peur des armes que du stylo et s'écriait devant ses « nègres » : « Mes p'tits gars, les SS n'ont pas voulu de moi : trop cruel ! »

Les petits gars, c'étaient le journaliste Voldemar Lestienne, futur auteur de *L'Amant de poche*, le romancier Gérard Jarlot, et puis Lanzmann, donc. Le premier était l'amant de Sagan, le deuxième celui de Marguerite Duras, le troisième du Castor. « Quand on pense que la crème de la crème de la littérature féminine est aux mains de la rewrite de *France Dimanche*… », riait le philosophe Jean-François Revel. Lanzmann fréquente alors la petite troupe des *Temps modernes*, où il a pris la succession de Beauvoir. Aujourd'hui encore, le comité de rédaction se tient chez lui.

De Sartre, fondateur de la revue, l'ancien khâgneux de Louis-le-Grand rechigne aujourd'hui à parler. « Vous ne pouvez pas comprendre. Vous ne pouvez pas vous rendre compte aujourd'hui de la gloire formidable de ce type, de ce qu'il représentait pour des jeunes qui sortaient de la guerre, pas savoir comme nous étions fiers qu'il ait écrit *L'Être et le néant* en 1943. À 20 ans, la philosophie c'était Sartre, pas Camus. On était amis, comme "admiration" et "estime" sur la carte du Tendre. Il donnait tout, son temps, ses idées, son fric. » De Sartre, l'élève Lanzmann n'a pas conservé le dédain des médailles : le 9 avril, il recevait, avec sa nouvelle compagne Iris, qu'il retrouve dès qu'il le peut dans les montagnes suisses, l'insigne d'officier de l'ordre du Mérite allemand. Mais il a hérité de l'auteur des *Mots* un sens certain de l'engueulade, ainsi qu'un sympathique détachement du matériel, même si le réalisateur de *Shoah* peste régulièrement : « J'ai raté ma vie puisque je ne suis pas riche ! »

Aux *Temps modernes*, le jeune Claude fait la connaissance d'une écrivaine à turban. Il a 26 ans, elle en a 44. L'ancienne « jeune fille rangée » se croit morte à l'amour depuis qu'elle a choisi de s'éloigner de Nelson Algren, son amant américain. Un jour de l'été 1952, Lanzmann lui téléphone. « Je voudrais vous emmener au cinéma. – Pour voir quel film ? – N'importe lequel. » Dialogue à la Truffaut, nuit partagée rue de la Bûcherie, chez Beauvoir. Quelques jours plus tard, dans une des centaines de lettres postées à Algren, la jeune femme écrit : « Nelson, il m'arrive la chose la plus incroyable : il existe quelqu'un qui veut m'aimer, m'aimer d'amour », et « je suis amoureuse de lui ».

Elle lui trouve la même intelligence de feu que Sartre. Le couple emménage en 1955 rue Victor-Schœlcher, près du cimetière du Montparnasse, dans l'appartement qu'elle s'est acheté avec son prix Goncourt, *Les Mandarins* (c'est Lanzmann qui a trouvé le titre). « Un petit duplex plein de poupées et d'objets ramenés d'ici et là, d'un mauvais goût touchant, celui d'une enseignante soviétique », se souvient Bénichou. Rue Victor-Schœlcher, aujourd'hui, une plaque honore l'écrivaine, tout comme une passerelle sur la Seine. Lanzmann aura droit, lui, cet été, à sa promenade sur la mer, à Netanya, en Israël.

Le couple se régale de corridas en Espagne, « quand Franco est encore au pouvoir », traverse la Grèce, la Suisse, parcourt en Simca Aronde l'Algérie « avant l'insurrection », gravit l'Oberland bernois où Simone manque de crever d'une insolation. « La présence de Lanzmann à mes côtés me délivra de mon âge, a écrit Simone de Beauvoir. Grâce à lui mille choses me furent rendues : des joies, des étonnements, des anxiétés, des rires et la fraîcheur du monde. »

Chez Lanzmann, une étagère entière est dévolue aux biographies du Castor, entre deux étiquettes « philosophie », et « Jean-Paul Sartre ». On tremble d'évoquer devant l'ogre l'ouvrage, à l'américaine, d'Hazel Rowley – récit clinique des contradictions de l'auteur du *Deuxième sexe* et des mensonges de Sartre. « Ce que j'ai écrit sur Beauvoir, personne n'a fait mieux », tranche Lanzmann, avant même qu'on lui pose la question. Claude et Simone échangeaient, beaucoup. « Trois cents ou quatre cents lettres. C'était le moment de la conquête de l'Everest, elle m'appelait son sherpa, confie Lanzmann. Des vraies lettres d'amour, des lettres adorables, comme l'était le Castor : marrante, lyrique, généreuse. » Il rêve que la fille adoptive de l'auteure des *Mémoires d'une jeune fille rangée*, Sylvie Le Bon, les rende publiques. « La vie du Castor sans cette correspondance, c'est pire que les biographies staliniennes, bougonne l'auteur de *Shoah*. C'est mal. »

Lanzmann la raconte entre vénération et profanation – tour à tour madone de Giotto et femme dont l'haleine pouvait « empester » –, écrit-il dans *Le Lièvre de Patagonie*, autobiographie rare et flamboyante publiée à 84 ans. Sa grande œuvre littéraire, dont Lanzmann n'aurait – à nouveau – peut-être jamais accouché sans une femme. Cette fois, la muse est chercheuse en Belgique et son adjointe aux *Temps modernes*, rieuse et brillante : Juliette Simont.

La philosophe l'a forcé à dérouler ses souvenirs, attendant patiemment devant l'ordinateur qu'il forme les phrases dans sa tête – Lanzmann lui a entièrement dicté l'ouvrage. C'était en 2005. « Nous avions commencé par passer huit jours dans la maison de mes parents, dans les Ardennes, raconte gaiement l'universitaire. Rien à voir ni à faire. Après une semaine de paresse et d'angoisse, il a prononcé la première phrase. Mais dès qu'il faisait beau, c'était la catastrophe, il fallait retrouver son fils, partir, voyager. « L'obstacle, c'était sa flemme », rit-elle, le revers de sa fureur de vivre. « Je ne comprends pas qu'on puisse tenir à la vie à ce point-là. Il a toujours été comme ça, tout le contraire de moi », se souvient Judith Magre dans sa loge du Théâtre Montparnasse.

À 89 ans, Lanzmann veut encore plonger de dix mètres de haut à Positano, sur la côte amalfitaine, nager durant des heures – « pas comme les vieux qui longent la plage, parallèlement à la côte, non ; vers la haute mer ». Jouer avec son drone, caché sous la table basse du bureau, rouler à fond la caisse, comme avant : « Il n'y a que quand je conduis que je me sens vraiment libre. » Depuis qu'il a perdu tous ses points de permis, sa Saab patiente au garage, pendant que Claude repasse son code. En vain : six fautes sur le QCM de quarante questions lors de sa onzième tentative. « Je sens que mon auto-école me méprise », lâche Lanzmann l'œil noir.

Le réalisateur de *Shoah* a écrit une lettre sirupeuse à François Hollande, pour un coup de pouce, sans succès. A croisé Manuel Valls au dîner du Conseil représentatif des institutions juives de France (CRIF) et a quémandé un passe-droit, mais s'est fait renvoyer dans les cordes. « Je conduis depuis 1948 et je n'ai jamais eu d'accident. J'ai des réflexes d'acier », râle-t-il.

L'affaire du permis n'est pas l'unique objet de ses critiques contre le pouvoir en place. Le mariage pour tous et le projet de loi sur la fin de vie ne lui plaisent pas. Lanzmann préfère « la souffrance au néant », vient-il d'expliquer au *Figaro*. « Mourir dans la dignité, c'est une sottise [...]. J'étais en désaccord profond avec Simone de Beauvoir qui se réjouissait que tous les hommes soient mortels, sinon ils s'ennuieraient. Moi, je sais que je ne m'ennuierais pas. Je suis tellement contre la mort que si on me disait aujourd'hui que je vivrais encore mille ans, je dirais oui. »

Ce n'est pas hier qui lui manque, c'est le millénaire qui s'annonce, toutes ces « pistes noires » de la vallée Blanche qu'il voudrait encore dévaler à ski, comme naguère avec Jean d'Ormesson, né en 1925, lui aussi. À table, chez l'académicien, les deux hommes se racontent leurs années folles, Foucault, Deleuze, les caïmans et la khâgne philo – ne parlant que d'eux-mêmes, comme toujours, mais sans jamais jouer aux vieux cons. « Ils sont parmi les rares survivants du XXe, avec Edgar Morin », note l'écrivain Marc Lambron, jeune convive adoubé depuis peu. « Deux adolescents octogénaires, le baroudeur qui s'est promené dans le siècle et l'aristo de Neuilly, qui veulent chacun qu'on les aime. Sauf que Jean fait ce qu'il faut pour, tandis que Claude s'est adjugé le plaisir aristocratique de déplaire. »

Lanzmann ne dit jamais « de mon temps » et fuit les psychanalystes : « Il les tuerait de toute façon ! » s'exclame son médecin. L'homme est trop lucide pour ignorer pourquoi, au cinéma, il chiale comme un gosse, trop fin pour ne pas voir que sa quête frénétique des femmes vient venger ou réparer l'absence d'une mère partie un jour pour un autre en abandonnant Claude, son frère Jacques, sa sœur Évelyne, sublime actrice suicidée à 36 ans. « À toi, à toi seule, Paulette, éternellement » : le jour de l'enterrement de sa mère, en août 1995, au cimetière du Montparnasse, Claude, athée comme elle, avait lu un texte magnifique. « Maman, je me disais que si je réussissais à dresser ta vivante statue, à dire ce qu'il y a eu de passionné et d'inextricable dans notre relation, la question centrale de l'amour sans cesse nouée, dénouée, renouée, ce serait l'œuvre la plus difficile et celle dont j'aurais peut-être lieu d'être le plus fier. »

À coup sûr, il aurait quand même le beau rôle, comme ces récits à clé ou pas qu'il traverse en cavalier insatiable et infatigable. Dans *Un héros*, l'ouvrage que Félicité Herzog a consacré à son père alpiniste chez Grasset, en 2012, le réalisateur de *Shoah*, amant de sa mère, se nomme « Numéro 1 » : comme un super-James Bond de l'amour. Lanzmann aime la vie crue comme ce tartare de cheval qu'il continue de s'offrir une fois par semaine, « avec du sel, ma mère nous faisait manger ça », la vie bleue comme ces entrecôtes achetées aux meilleurs fournisseurs : Pierre Cebrian, Jean-Marie Charcellay, Hugo Desnoyer. Chacun d'entre eux a été convié à ses remises de décoration. « La coupe, la découpe, c'est un art, un métier, une culture. La France est en tête, les Parisiens sont les meilleurs. Les bouchers exercent le plus noble des métiers et sont les moins barbares des hommes. » Il aime l'image qu'il renvoie alors : celle de l'auteur de *Shoah* avec un couteau et un tablier blanc, sanglant.

Il lui faut sans cesse renouer les fils de l'enfance. « Quand il a reçu l'Ours d'or à Berlin pour l'ensemble de son œuvre, on aurait dit qu'il tenait une peluche. Il le prenait dans son cou comme un doudou », dit Thomas Rosso, qui, pour Why Not Productions, la maison de Jacques Audiard et d'Arnaud Desplechin, a numérisé *Shoah* en 4K – *le nec plus ultra* de la conservation. Il lui faut des projets qu'il mûrit chaque jour, « lent et impatient en même temps », détaille l'ami Desplechin. Et les rencontres qui vont avec. Quelle fierté d'avoir rencontré en novembre à Paris la grande « Sharrron Stone » (il prononce son prénom comme celui du général israélien) ! La star voudrait prêter sa voix au *Patagonian Hare* dans un livre audio, « mais avec les Anglais et les Américains, tout est très compliqué ». Il a posé avec elle, dans un grand palace parisien, comme pour un selfie d'adolescent.

Il y a quelques jours, il fut l'un des invités, avec Yann Moix, de la représentation de la Corée du Nord à l'Unesco : il rêve de tourner son prochain film dans la dernière dictature communiste, mais une nouvelle fois tout est « très compliqué ». Pierre angulaire du scénario, sa furtive rencontre, lors d'un voyage officiel à

Pyongyang, en 1958, avec une jeune infirmière coréenne, Kim Kum-sun : un amour fantasmé. Pour tenir le rôle de celui qu'il était alors, il a choisi Charlie Cox, jeune acteur anglais devenu le héros d'une série qu'il adore, *Boardwalk Empire*. « Il ne vous ressemble pas du tout… – Non, mais il me plaît. – Qu'en dit-il ? – Il ne sait pas encore qu'il sera moi. Il faut que je me dépêche, bientôt il sera très cher. »

Le scénario ? Il y a cinquante ans, le jeune Lanzmann avait emmené Kim Kum-sun sur le fleuve Taedong-gang. Surveillés depuis le chemin de halage par les brigadistes du régime, seuls leurs orteils s'étaient amoureusement « entrelacés » au fond du canot. Les mains robustes de Lanzmann n'avaient pas osé toucher la jeune Coréenne. Comme si elles n'étaient finalement faites que pour filmer, écrire, sculpter l'histoire et sa propre statue.

M Le magazine du Monde, 24 avril 2015

Laurent Wauquiez, le « bad boy » de la droite

Paramètres de course, performances, cadence, oscillations… La montre de Laurent Wauquiez, une Garmin, chronomètre la foulée des joggeurs. Une montre d'hommes pressés qui aiment « scorer », de marathoniens sans gras, nourris aux sucres lents. La vie politique est comme un long jogging, et Laurent Wauquiez la porte en toutes circonstances : le 30 mai, pour le congrès fondateur des Républicains, ou le lendemain, pour les Running days du *Figaro* – dont il a distribué lui-même le flyer aux dirigeants de son parti. Pour l'Urban Trail de Lyon aussi, qu'il vient de courir pour la première fois cette année.

Jamais de Rolex, pas de chauffeur, pas de cireur de Weston : dans son fief de Haute-Loire, où il est très populaire, chacun a remarqué, pas dupe, la montre de sportif et les « vieilles godasses » que porte Laurent Wauquiez. S'il tombe un jour, ce ne sera pas par là où la droite bling-bling ou la gauche caviar ont péché. Tout est calculé pour plaire, dans une tension maximale vers sa réussite politique. Le responsable de la mort de la petite Chloé, en avril, à Calais ? La « politique de désarmement pénal » de la garde des sceaux Christiane Taubira. L'hommage gouvernemental aux milliers de victimes algériennes de Sétif, en 1945 ? On aurait pu éviter : la France est « le seul pays à passer son temps à s'excuser de son histoire ». Lorsqu'il était ministre, sous Nicolas Sarkozy, le même avait aussi expliqué que l'homosexualité était incompatible avec ses « valeurs personnelles ». Et que l'assistanat était devenu « le cancer » de la société française.

« Quand j'entends Wauquiez, j'ai l'impression d'avoir Philippot du FN en stéréo », ironise le sénateur centriste de Paris Yves Pozzo di Borgo. « Tueur », « Judas », « narcissique obsessionnel », « Laval au petit pied »... Jamais peut-être homme politique n'a été autant détesté – et craint – que lui, notamment dans son camp. Pasqua, Millon, la droite française a toujours compté dans ses rangs des briseurs de tabous – son « salaud », diraient certains. Allié de Nicolas Sarkozy dans sa campagne contre Alain Juppé pour la présidentielle de 2017, Laurent Wauquiez incarne aujourd'hui ceux qui se barricadent face aux migrants, au mariage homosexuel, à l'islam. Génération « transgression » : ses traits de moins en moins poupins ont donné un visage à la droite dite « décomplexée ».

À 40 ans, il n'a pourtant ni l'âge, ni le profil, ni la circonscription de l'emploi. Sur le papier, Wauquiez est au pire un « techno », au mieux un clerc : major de l'agrégation d'histoire, de l'ENA, titulaire d'un DEA de droit public. « Son obsession : ne jamais ressembler à une tête d'œuf », explique Stéphane Israël, complice de l'ENA devenu patron d'Arianespace. Fautes d'accord, liaisons hasardeuses, Wauquiez parle simple et mal pour « faire oublier qu'il est bien né », sans hésiter à « surjouer sa syntaxe dyslexique », convient Marie de Gandt, amie de khâgne et ex-« plume » de Nicolas Sarkozy. Il glisse en revanche tout à son aise sur la glace lorsqu'il faut inaugurer une patinoire du Puy-en-Velay ; débarque en kimono dans la nouvelle salle de judo ou en maillot de bain pour un match de hockey subaquatique. Il est le plus baraqué de l'équipe qui pose autour du bassin pour la presse locale. « C'est Poutine », siffle, mi-moqueur, mi-admiratif, un proche de sa rivale Nathalie Kosciusko-Morizet, vice-présidente déléguée de l'UMP.

Depuis 2004, date de son élection comme député de Haute-Loire, cet as du *storytelling* peaufine sa statue et son curriculum vitae. À l'en croire, il est un pur enfant du plateau et du Chambon-sur-Lignon, cette terre protestante qui a sauvé un millier d'enfants juifs pendant la guerre. « Quand on est originaire d'un territoire comme celui-là, la politique ne se vit pas n'importe comment… » Laurent Wauquiez explique aussi qu'il est passé par le fameux Collège cévenol du bourg. Faux : « il était à Victor-Duruy », confirme sa mère, devenue en 2014 maire de la commune. C'est elle qui, lorsque son époux Philippe est muté à Lyon, en 1980, achète en Ardèche deux corps de ferme sur ce plateau, dans un hameau nommé Devesset, pour y passer les vacances. Y compris lorsque, contrainte au divorce, elle quitte Lyon pour Paris afin d'élever Laurent son « quatrième » et petit dernier.

« Lorsqu'il était petit khâgneux et que nous nous fréquentions, il parlait beaucoup de son ascendance industrieuse et dynamique du Nord », raconte l'historien Jean-Pierre Rioux, qui fit passer l'agrégation au chouchou de sa femme, Hélène, prof en prépa littéraire à Henri-IV. Les Motte sont une vieille dynastie du Moyen Âge, étudiée par les historiens. Textiles d'un côté, voiliers de l'autre, les Motte et les Wauquiez viennent de Roubaix, de Tourcoing et de Belgique. « J'ai remonté les deux branches jusqu'en 1678 : tout du Nord et du flamand », certifie la généalogiste Brigitte Dumas, qui a décortiqué pour le quotidien *L'Éveil* l'arbre des élus ou natifs de Haute-Loire. Dont la famille du maire du Puy, qui compte avant la guerre une flopée de députés et de sénateurs.

En khâgne, Laurent s'appelait Wauquiez. À l'ENA, il prend le nom de Wauquiez-Motte, comme s'il voulait faire payer à son père, par l'état civil, divorce et remariage. Un simple « employé de banque », raconte-t-il à ceux qui, en 2007, dressent le portrait du nouveau prodige : porte-parole du gouvernement à 32 ans, Philippe Wauquiez, diplômé de l'Essec et de l'Insead, est en réalité l'un des dirigeants d'Indosuez et le directeur de la banque à Lyon avant de devenir responsable de sa filière suédoise. Un intime du financier Marc Ladreit de Lacharrière, ce Laurent de Médicis de la Ve auquel le « numéro trois » de l'UMP continue de donner chaleureusement du « parrain », même s'il n'est pas son filleul. Les anciens conseillers du jeune homme se souviennent qu'il faisait lanterner son père dans le hall d'accueil de ses ministères : les politiques ont beau détester la psychanalyse, leurs carrières puisent souvent aux mythes qui la fondent.

À Paris, Laurent Wauquiez et sa mère logent dans le très bel appartement familial des Motte, rue Vaneau, en plein quartier des ministères : les fenêtres donnent sur les jardins de Matignon. Nicolas Jones-Grolin, un des anciens condisciples de « Laurent » à Sciences Po, devenu journaliste aux *Inrocks* et romancier (il est l'auteur de *Rose bonbon*, ce roman publié chez Gallimard qui avait tant affolé les associations de lutte contre la pédophilie), avait raconté en 2010 cet « autre monde » où « une femme en tablier faisait le service » pour les Motte. Sous les moulures, « Laurent parlait avec la désinvolture d'un Bruce Wayne, comme si ce luxe n'existait pas ». « *In bed with Laurent Wauquiez* », c'était le titre de l'article : l'un des rares à avoir échappé à l'efficace communication du secrétaire d'État à l'Emploi.

Il y mettait les moyens. Au point que la Cour des comptes s'est interrogée, en 2011, sur les 73 817 euros dépensés en 2008 et 2009 en sondages, via notamment la Sofres, pour interroger les Français sur « la notoriété et l'image du ministre (dynamisme, sympathie, courage, modernité, sincérité, etc.) ». L'administration de Bercy, où règne alors Christine Lagarde, se souvient aussi des dépenses en pure communication du secrétaire d'État entre 2008 et 2010. Parmi les prestataires, l'incontournable institut Giacometti-Péron (305 937 euros en 2009, selon les documents que *Le Monde* s'est procurés), ou encore Médiascopie, pour « débriefer » les prestations télévisées (36 477 euros en 2008). Mais également Nomen, chargé de trouver le nom et le logo de Pôle emploi (162 195 euros en 2008). Ou encore, en 2010, Alter et Coach BTC partners, mandatés par le ministre pour l'aider à « sortir de ses propres sentiers battus » et « prendre de la hauteur par rapport au quotidien » (11 840 euros). Laurent Wauquiez a même recours à un coach pour modeler sa voix (la cantatrice Dominique Wenta, devis de 15 000 euros TTC). Sans oublier l'ami Stéphane Fouks, patron d'Havas Worldwide (ex-Euro RSCG), qui obtient, en 2008, 89 700 euros (sur les 467 774 euros dépensés par le ministère) plus… une Légion d'honneur sur le quota du ministre de l'Emploi.

C'est en sa compagnie que Laurent Wauquiez assiste, en août 2008, à Denver, à l'investiture de Barack Obama. Avec eux, la journaliste Anne Sinclair et l'ex-grand maître du Grand Orient Alain Bauer, une fréquentation régulière de l'ambitieux ministre. C'était « Wauquiez saison I », l'époque où le futur secrétaire général des Républicains admirait les démocrates américains, les centristes européistes, le christianisme social. N'avait-il pas pris rendez-vous avec Raymond Barre, en 2002, pour envisager un parachutage, avant de comprendre que l'ancienne circonscription du Premier ministre était déjà réservée ? Il aurait même cherché à s'entendre avec des socialistes : « Faux, répond Wauquiez, c'est Manuel Valls qui, lorsque je l'avais croisé au Caire, où il accompagnait Lionel Jospin, m'avait fait des offres de services. »

Carte électorale à l'appui, il se trouve un autre père de substitution. Jacques Barrot n'avait jamais entendu parler du jeune homme lorsque le patron des chaussures André lui fait savoir que le fils d'Éliane Motte cherchait un stage. Laurent Wauquiez arrive au Puy à l'été 1997, une semaine avant les Jeux d'Intervilles, Guy Lux et ses vachettes – il se vantera souvent de les avoir organisés. Quand il revient en Haute-Loire, il est conseiller d'État : Ladreit lui avait recommandé l'inspection des finances, mais le jeune énarque a préféré ce corps dont on s'échappe plus facilement. Il fait un stage à l'ambassade de France au Caire, où il raconte « se mettre » à l'arabe (littéraire), commence un mémoire sur « l'Orient des lumières » et ne jure que par l'islamologue Louis Massignon.

Il en revient auréolé de sa plus belle légende : l'amitié de sœur Emmanuelle. « Avec elle, j'ai passé plusieurs mois en Égypte, raconte-t-il à la presse dès qu'il le peut. Je m'étais engagé dans un quartier du Caire, le Moqattam. Quand sœur Emmanuelle me voyait, elle me regardait droit dans les yeux et me disait : “Mon petit Laurent, qu'as-tu fait de bon depuis que je t'ai vu ?” » Problème : personne, sauf lui, ne se souvient de ces rencontres entre la fondatrice des Chiffonniers du Caire et le stagiaire de l'ENA. À chaque nouvel article qui évoque ces apartés fantômes, ses camarades du Palais-Royal scotchent, moqueurs, les détails de sa geste égyptienne sur les colonnes de la salle Parodi. Est-ce la peur de se voir un jour passé au crible du *fact checking*, ce cauchemar des approximatifs ? En décembre 2007, le tout frais porte-parole de Nicolas Sarkozy se rend avec son épouse dans une maison de retraite du Var où la religieuse, intubée, à moitié consciente, attend sa mort. Une photo est prise, qui trône sur son bureau. Il ne sera pas dit qu'ils ne se sont pas rencontrés.

En Haute-Loire, on croit Jacques Barrot immortel, ou presque. Le ministre veut pourtant organiser sa succession. Son fils, Jean-Noël, né en 1983, est trop jeune pour prendre sa suite. D'autres, des femmes notamment, ne lui semblent pas à la hauteur. Il met donc le pied à l'étrier du jeune Wauquiez. « Jacques a toujours accordé de la valeur aux diplômes », soupire Madeleine Dubois, sa collaboratrice de toujours, devenue aujourd'hui vice-présidente du département. Quand en 2004 Barrot est nommé commissaire européen, il lègue tout à son poulain : sa notoriété, ses collaborateurs de vingt ans, ses dossiers mis à jour, ses précieuses archives… jusqu'à sa maison d'Yssingeaux, dont le rez-de-chaussée abrite la permanence du député de Haute-Loire. Le nouveau venu remporte la circonscription haut la main. « Il ne me paie pas de loyer et il a même pris ma femme de ménage ! » note un jour Jacques Barrot, mi-amusé mi-agacé.

C'est à peine si on relève, au départ, la distance que le jeune protégé installe avec son « père ». Oh, ce ne sont d'abord que quelques mots. Pendant des années, il a serré les mains dans son sillage, à moins d'un mètre de lui. Et voilà que le nouveau député oublie désormais de citer Jacques Barrot dans ses discours et qu'il s'approprie ses réalisations. « Il est bien, Jacques, mais il se fait vieux… Ça va pas toujours le faire », glisse l'air de rien Wauquiez à la jeune garde locale de l'UMP. En 2008, il empêche le fils Barrot de devenir le suppléant de Madeleine Dubois aux cantonales. L'alerte devient plus sérieuse en janvier 2011, lorsque « Jean-Noël » brigue un autre canton, à 15 kilomètres de là.

Wauquiez et le jeune Barrot se retrouvent un jour dans l'ascenseur de l'hôtel du département. La phrase exacte n'a pas été consignée, mais le second entend clairement le premier lui parler de « balle dans la tête ». Une balle, comme cette « balle perdue » que Wauquiez promet, par texto, en 2012, à la députée européenne Françoise Grossetête, qui soutient Jean-François Copé dans sa guerre au couteau contre François Fillon pour prendre la tête de l'UMP. Une spécialité, chez Laurent Wauquiez, ces salves de textos, souvent nocturnes, qu'il envoie frénétiquement : « Tu m'as trahi »... « Tu me trouveras sur ta route »... « Je te briserai »... Des menaces qui se ressemblent toutes, et que leurs destinataires racontent à voix basse.

Jacques Barrot s'en inquiète désormais tout haut. « J'ai planté un arbre qui va vous faire durablement de l'ombre, prédit-il à Faraj Benoît Camurat, alors délégué de circonscription en Haute-Loire. J'ai fait entrer le loup dans la bergerie. » Le coup de grâce survient au printemps 2014, quand Laurent Wauquiez publie *Europe : il faut tout changer.* Au menu : l'Europe à six, la sortie de Schengen, la fermeture des frontières... Devant Arlette Arnaud-Landau, la mère de Bruno Julliard, qui fut la maire socialiste du Puy avant de se faire balayer par Wauquiez en 2008, le vieux Barrot s'épanche, plein de tristesse : « Si je pouvais changer quelque chose dans ma vie, cet homme ne mettrait pas les pieds en Haute-Loire. C'est mon grand remords, chère Arlette. » Beaucoup assurent l'avoir même vu pleurer.

L'Europe. La grande transgression. À Paris, les ténors de l'UMP qui préparent les européennes assistent sidérés à la volte-face de Wauquiez, qui peaufine son nouveau refrain eurosceptique. « Parler de protectionnisme, c'est une idée stupide », assène Alain Juppé.

« Un sparadrap dont on ne se défait jamais », renchérit Jean-François Copé, alors président du parti. « Irresponsable », peste Michèle Alliot-Marie. « Je trouve invraisemblable qu'un quadragénaire comme toi, sorti d'une grande école, veuille que la France se recroqueville sur elle-même », ajoute Jean-Pierre Raffarin. Même François Fillon rappelle son affidé à l'ordre : « Quand on est au pouvoir, on ne quitte pas Schengen comme ça. »

Avec l'aide de Jean-Marc Plantade, ancien communicant de Christine Lagarde, Jacques Barrot se fend d'une tribune aux *Échos* : « L'Union européenne mérite mieux que ce livre inspiré par je ne sais quel populisme en cours aujourd'hui. » Son poulain le rend fou. Quelques mois plus tard, le jour même où Laurent Wauquiez est nommé numéro trois de l'UMP, Barrot est foudroyé par une crise cardiaque et s'éteint dans le métro. Pour les obsèques, dans l'église Saint-Pierre d'Yssingeaux, le 9 décembre 2014, Jean-Noël prend seul la parole, selon les instructions laissées par son père. Il cite « les amis de toujours », mais pas le maire et député du Puy. Et rappelle que son père s'inquiétait de voir « l'Europe céder à la tentation du repli ».

Qui comprend alors que, dans l'ombre, un génie invisible dicte la nouvelle vulgate du ministre – le scénario du « Wauquiez saison II » ? La rencontre entre le jeune porte-parole et Patrick Buisson, l'ex-patron de *Minute* devenu conseiller préféré de Nicolas Sarkozy, date de l'hiver 2007. Un jour pluvieux de décembre, un sarkozyste de la première heure, aujourd'hui directeur général du groupe Arnault, Nicolas Bazire, vient déjeuner à hôtel de Cassini, rue de Babylone, à Paris.

Invité avec lui (Bazire assure ne pas s'en souvenir), le tout nouveau patron de la chaîne Histoire, qu'il a déjà rencontré, s'y trouve aussi. C'est le début d'une série de rencontres entre deux historiens, mais aussi deux cynismes. Buisson voit en Wauquiez un élève brillant capable de dérégler durablement le logiciel de la droite. De son côté, le secrétaire d'État à l'Emploi décèle, par-delà l'expertise sondagière et une connaissance pointue de la population française, l'homme qui peut pousser sa carrière.

Peu de temps après ce déjeuner, Laurent Wauquiez appelle Gérard Roche, ce fidèle d'entre les fidèles que Barrot a placé à la tête du conseil général de Haute-Loire : « Gégé, il faut absolument que tu rencontres Patrick Buisson. Je sais, tu ne le connais pas, mais c'est très important pour la suite de ma carrière. » Buisson et Roche se retrouvent dans une brasserie des Champs-Élysées. Le patron de la chaîne Histoire discourt longuement sur le président, peste contre cette Cécilia qui l'entravait, loue Carla, si facile à vivre, avant d'expliquer qu'il veut produire un film sur la Haute-Loire. À condition de « mettre le conseil général dans la boucle et de faire travailler des historiens locaux », finit par accepter Gérard Roche. Une convention, préparée par le fils de Patrick, Georges, salarié de TF1, est adressée à l'élu, en attendant un contrat. Jusqu'au jour où « Gégé » apprend que le tournage et le film sont achevés, et que seul « Laurent » y figure. « On ne paie pas ! » décide le patron du département, furieux. « C'est un couteau que vous me plantez dans le dos », hurle en réponse Wauquiez au téléphone. Seuls 15 000 euros sont finalement versés à la filiale de TF1, contre les 30 000 réclamés.

Wauquiez et Buisson continuent à pousser leurs pions. En juin 2011, le secrétaire d'État devient enfin ministre de l'Enseignement supérieur. « Grâce à moi », lui répète Buisson. Quelques mois plus tôt, Nicolas Sarkozy avait choisi pour étape de son tour de France historique la très pieuse ville du Puy, berceau de nombreuses croisades. « Buisson organise sur mesure le voyage pour son protégé », raconte dans ses *Scènes de la vie quotidienne à l'Élysée* Camille Pascal, chargé par le patron d'Histoire d'un discours sur « les racines chrétiennes de la France ». Pris par l'ambiance, Laurent Wauquiez dépasse le maître et, interrogé par la presse sur Dominique Strauss-Kahn, dérape en expliquant que les « racines » du patron du Fonds monétaire international sont ailleurs, « sur le [fleuve] Potomac », à Washington. « Il a foutu en l'air la journée, on ne lui en demandait pas tant », peste Buisson devant la « plume » de l'Élysée.

Même Mgr Brincard, l'évêque du Puy, est chagriné. Dieu sait pourtant si le jeune maire du Puy avait tenté d'entrer dans les bonnes grâces de cet agrégé de philo ! Laurent Wauquiez est en effet de ces politiques, un brin paranos, qui jugent qu'on doit compter des amis dans chaque camp, cultiver tous les réseaux. Après son mariage avec Charlotte Deregnaucourt (« Princesse », comme il l'appelle) et un voyage de noces sur le chemin de Saint-Jacques-de-Compostelle, il a inscrit ses deux enfants à l'école Saint-Louis du Puy, et fréquente les messes de tout le canton. Il est aussi aux premiers rangs de la Manif pour tous, en parka rouge, non loin de

Madeleine Bazin de Jessey, porte-parole du mouvement Sens commun, et qu'il a fait nommer secrétaire nationale de l'UMP.

Mais ce fidèle disserte aussi devant les francs-maçons du Puy. Devant les frères de sa ville, en septembre 2011, il critique sans ménagement l'épiscopat français et explique que la maçonnerie, c'est « comme le chocolat : on peut tout savoir de sa couleur, de son terroir d'origine, on peut connaître le prix et l'emballage, mais tant qu'on n'a pas eu du chocolat dans la bouche, on n'en connaît pas le plaisir ». À Paris, il change d'obédience et « planche » sur l'enseignement supérieur rue Cadet, au siège du Grand Orient de France, avant de dîner avec quelques ex-grands maîtres.

C'est Emmanuel Goldstein, de Morgan Stanley, qui l'a convié à ces agapes. Il est l'un des nombreux amis banquiers d'affaires (comme Grégoire Chertok, associé-gérant de la banque Rothschild, ou André François-Poncet, le fils du ministre). Goldstein est aussi sa tête de pont vers un autre réseau, celui du pouvoir gay. On croise Laurent Wauquiez dans le duplex du banquier à Beaubourg lors de ces soirées « *goldies* » où se retrouve deux fois par an, autour d'un buffet au champagne, l'élite homosexuelle de la capitale. « Un jour, j'ai tweeté qu'il était passé, raconte le journaliste Frédéric Martel. Il en a été très mécontent. Sans doute n'était-il pas opportun qu'on sache qu'un anti-mariage pour tous courtise le milieu gay… »

Contradictions, volte-face, reniements, de tout ça, Wauquiez semble n'avoir cure. « C'est simple : il est tellement rapide que le coq n'a pas le temps de chanter une première fois qu'il s'est déjà renié », lâche le nouveau patron de l'AP-HP Martin Hirsch, qui l'avait accueilli naguère dans la commission chargée d'inventer le RSA. « Je sais ce qu'il disait de moi avant et ce qu'il dira de moi après », explique aussi Nicolas Sarkozy, qui n'a pas oublié comment, en 2013, Wauquiez avait rendu ses « réformettes » responsables de la défaite. Sait-il que, avant que n'explose publiquement la bombe Bygmalion, Laurent Wauquiez donnait rendez-vous à des journalistes dans des bars, expliquant, avec des airs de conspirateur, qu'une brûlante affaire pourrait mettre la Sarkozie en feu, en les incitant à mettre leur nez dans « les affaires du Qatar » ?

Le Monde, 21 mai 2015
(avec Alexandre Lemarié)

Michel Houellebecq, la tour et le territoire

Et si on prenait un peu d'altitude ? Si l'on s'envolait de quelques étages pour raconter Houellebecq ? Une tour haute comme un gratte-ciel, dans le XIIIe arrondissement de Paris. De ce sémaphore *seventies*, l'écrivain a fait son refuge. À son pied, des vendeurs de courges, de melons d'eau, de bouquets de ciboulette et d'aneth. Pas très loin, Tang, ses nouilles chinoises, ses fruits bizarres ; puis le supermarché du boulevard Auriol où le plasticien Jed échange avec la caissière de *La Carte et le Territoire* la seule parole « sociale » de sa journée – « non » –, lorsqu'elle lui demande s'il a la « carte Club Casino ». Au bout de l'avenue, le centre commercial Italie 2, ses magasins de lingerie et son repaire de geeks, L'Homme moderne, où l'écrivain achète ses cadeaux et où flâne François, le prof de *Soumission*.

Du haut de sa tour, l'écrivain pourrait dominer Paris. Profiter d'un « panorama exceptionnel », comme disent les agences immobilières, petites annonces et autres notices qu'il aime tant décortiquer. Mais l'appartement regarde davantage vers le périphérique que vers la capitale. « Il m'a expliqué qu'il ne voulait apercevoir aucun monument parisien », raconte le journaliste Sylvain Bourmeau, qui fut longtemps le confident de l'écrivain. En Irlande, il s'était installé dans un lotissement sans âme, plein d'étranges sens giratoires, près de l'aéroport de Shannon. De son autre logement, un ancien *bed and breakfast* (« The White House »), on apercevait à peine la mer. En Espagne, où il a poursuivi ses douze années d'exil, « son bureau était installé au sous-sol » de l'appartement, confie Marie-Pierre Gauthier, sa seconde épouse, dont il est séparé.

Dans le monde, hors du monde : Houellebecq raffole des contradictions. Houellebecq aime les paysages de la banalité. « Il est le seul à les raconter et en voir le romantisme, comme Tarkovski au cinéma ou Caspar Friedrich dans ses peintures », dit Arielle Dombasle, son amie. À son retour en France, il y a trois ans, il a écumé les Citadines de la capitale. Les appart-hôtels sont des logements pour sédentaires-nomades un peu perdus, les palaces de la post modernité ou de ces artistes qui hésitent entre marge et intégration. Ceux de la place d'Italie et de la rue Esquirol toute proche lui avaient particulièrement plu. « Le bord du périph, c'est pratique : je prends ma bagnole et je file », explique le romancier à ses amis. À l'image du héros de *Soumission* après l'élection présidentielle de 2022.

« J'ai voulu revenir en France sans avoir l'impression d'être en France. » Sa tour n'est ni d'ivoire ni de verre ; plutôt une tour de Babel, la « tour des Chinois riches », dit-on dans le quartier. « J'aime ce quartier, je n'ai pas envie de loger à Saint-Germain-des-Prés », a rapporté Michel Houellebecq à la feuille municipale du maire du XIIIe, le socialiste Jérôme Coumet, qui l'a aidé à trouver son logement. « Je suis définitivement “classes moyennes” dans mes aspirations. » Il est le plus houellebecquien de ses personnages : au plus près d'eux, il a créé un *Homo houellebecquus*. C'est son talent, son génie.

Du haut de son donjon, Houellebecq possède un large champ de vision d'où il exerce sa vue d'aigle. Mélancolie de la vie en entreprise (*Extension du domaine de la lutte*), exotisme cafardeux des campings New Age (*Les Particules élémentaires*), misère du tourisme sexuel (*Plateforme*), utopie du clonage humain (*La Possibilité d'une île*), finition de l'art et muséification de la France (*La Carte et le Territoire*), aporie du christianisme (*Soumission*)… La liste de ses livres embrasse le monde moderne et sa moisson de peurs. « J'ai plus de dix à chaque œil : le monde m'apparaît donc de manière très nette », confiait-il il y a quinze ans au magazine *Lire*. À près de 60 ans, il doit chausser des lunettes pour lire, mais garde un sens du détail photographique qui fait sa patte et son essence. Fidèle à sa formation d'ingénieur agronome (comme Alain Robbe-Grillet), il raconte l'époque à la manière d'un scientifique. « Je suis le Perec d'aujourd'hui. J'ai besoin de vous » : c'est avec ces mots qu'il s'était présenté à l'éditeur Maurice Nadeau, en 1994.

« J'aime les citadelles qu'on bâtit dans l'azur / Je veux l'éternité, ou au moins ses prémisses », dit un de ses poèmes, écrit bien avant qu'il se perche avenue de Choisy. En contrebas de son XIIIe et de la place d'Italie se trouve un restaurant basque où l'écrivain aime emmener André Velter, le maître de la poésie chez Gallimard. Au mur, un portrait de Victor Hugo, en face, un autre de Pierre Jean de Béranger, chansonnier prolifique, son contemporain, mais que tout le monde a oublié. « Attention ! Les gens connus de leur vivant ne sont pas forcément ceux qui le sont après leur mort ! Au XIXe, ce n'est pas Hugo qui tenait la corde, mais Béranger ! » raconte André Velter, qui dès 1991 invita Houellebecq à réciter sa poésie sur France Culture. Houellebecq le sait, et veille au grain.

Poésie/essais/chanson/cinéma (il s'est révélé acteur génial dans *L'Enlèvement de Michel Houellebecq* (2014), de Guillaume Nicloux, et dans *Near Death Experience* (2014), de Gustave Kervern et Benoît Delépine) : Houellebecq laboure tout, jusqu'à la photo, sa dernière passion. Il est un artiste de la « slash génération », comme on dit dans ces magazines féminins qu'il dévore. « La prochaine fois, je veux une sortie mondiale », a-t-il dit à son éditeur, Flammarion, lors de la parution de *Soumission*, le 7 janvier. Une promo unique, universelle, toutes les traductions de son livre en simultané, comme pour le nouvel iPhone d'Apple.

Pourquoi pas ? Il est aujourd'hui l'écrivain pour adultes le plus emprunté dans les bibliothèques parisiennes, l'auteur contemporain français le plus lu et étudié à l'étranger. En Allemagne, ses livres sont des best-sellers. Aux États-Unis, les universités lui consacrent depuis longtemps des cours de littérature française – la traduction américaine de *Soumission* paraîtra le 20 octobre. En Espagne, à Molina de Segura, petite ville célèbre pour la chute de météorites qui l'a frappée au milieu du XIXe siècle, il existe même une « plaque Michel Houellebecq ». Dans cette même province de

Murcie, lors de rencontres de “Philosophie et Humanités”, en 2004, l’écrivain a reçu des mains de son amie Catherine Millet le prix Schopenhauer. Schopenhauer, l’anti-Nietzsche, cette « vieille pétasse », la référence de Houellebecq dans la désespérance, l’amour et l’absurde de la condition humaine.

L’université française, elle, a longtemps été sur ses gardes. Les jurys de thèse consacrées à l’écrivain difficiles à réunir. Mais les honneurs aujourd’hui s’accumulent. Un *Cahier de L’Herne* se prépare pour 2016, confié à deux spécialistes, la dix-neuviémiste Agathe Novak-Lechevalier (Paris-X), universitaire préférée de « Michel », et le jovial prof écossais Gavin Bowd. L’écrivain a confié des photos, ses compositions de jeune élève. Tout le monde veut en être, mais Houellebecq choisit personnellement chaque intervenant de ces mélanges, écartant les épisodes de sa vie et les auteurs qui l’indisposent. Le point de vue d’un critique de cinéma ? « Tous des cons ! » Tel contributeur ? « Pas lui. Dans dix ans on n’en entendra plus parler. » Houellebecq tisse sa toge.

À l’automne 2014, Antoine Gallimard lui a proposé (en vain) de préfacer dans la « Pléiade » un futur volume Huysmans. La rencontre est reproduite à l’identique ou presque – à moins qu’elle ne l’ait précédé ? – dans *Soumission.* « Ce n’est pas un hasard s’il a placé cette scène dans son dernier roman, sourit Sylvain Bourmeau. Lui dans la “Pléiade”, on en parlait souvent en plaisantant... » Mi-joueur, mi-sérieux, Houellebecq évoquait aussi dès les années 1990 « l’Académie française » avec l’écrivain Dominique Noguez. Je pense que je pourrais être utile sur certains mots, lâche-t-il en janvier sur RTL. Je pourrais être un candidat valable. »

Avec quelle force malicieuse d'ailleurs Houellebecq a renouvelé le genre si français de la « visite-à-l'écrivain » ! Dès 1998, François Nourissier, grand faiseur de prix devant l'Éternel, pense à lui pour le Goncourt. En 2005, le pape des lettres bataille pour couronner *La Possibilité d'une île*. Nous avions rencontré alors Nourissier à Auteuil, dans son hôtel particulier avec jardin. À chaque escale à Paris, racontait-il, Houellebecq lui rendait visite avec son chien Clément, un welsh corgi à poil roux et blanc. Nourissier allait choisir quelques bonnes bouteilles dans sa cave. Parfois, le maître et l'animal s'endormaient sur le canapé, incapables de retrouver le chemin du retour. « Je papote, il boit, le chien court », nous avait résumé avec humour le vieux pape des lettres. Une photo de l'auteur d'*Un petit bourgeois* et de Clément, posée sur une étagère de l'appartement de Michel Houellebecq, a immortalisé l'ambiance de l'époque.

Le Goncourt lui échappe en 2005, mais Houellebecq se rend, fair-play, chez Drouant, où François Weyergans est adoubé. « Michel » déjeune juste en face avec Éric Altmayer, le producteur de son film *La Possibilité d'une île*, fiasco artistique et financier dans lequel Houellebecq, ancien élève de l'école Louis-Lumière, a investi personnellement 500 000 euros (il est rare qu'il perde de l'argent). Qu'importe : toute la France connaît désormais son nom, Houellebecq, emprunté par Michel Thomas à sa grand-mère Henriette, qui l'a élevé. Que de chemin parcouru ! En 1996, lorsqu'il avait remporté le prix de Flore, une coquille s'était nichée sur le verre gravé à son nom…

Le voilà « phénomène de société », *dixit* son ami et meilleur intervieweur Frédéric Beigbeder. Le personnage (médiatique, romanesque) a pris le dessus sur la personne, gommant même un peu l'écrivain. Michel Houellebecq, sa parka informe, ses chemises de bûcheron à carreaux l'hiver, ses chemisettes pastel de cadre informatique l'été… Houellebecq, ses cheveux filasse, cette manière si gracieuse de tenir sa Philip Morris entre son majeur et son annulaire, après s'être cassé tout jeune l'index au basket et avoir été mal soigné à l'infirmerie, explique-t-il aux journalistes. L'écrivain a compris que dans un monde postmoderne, sans gloires ni héros, on doit se contenter de mythologies minuscules.

Il a beau loger en altitude, à chaque nouvel opus, le tumulte le recouvre. *Soumission*, déjà vendu à plus de 600 000 exemplaires, a contraint le président de la République et Manuel Valls à évoquer son livre. Sur RTL, Houellebecq s'est dit « consterné » par le mot du pape François (« la liberté d'expression ne doit pas insulter la foi d'autrui »), qu'il a pris pour lui autant que pour *Charlie Hebdo*, dont la rédaction a été victime d'un assaut mortel le jour de la sortie de son roman. Depuis, des policiers de l'ancien Service de protection des hautes personnalités se relaient à ses côtés, rendant ses sorties encore moins fréquentes. « Pour ne pas les faire se déplacer pour rien, ça oblige à faire des listes de courses », dit-il. La liste de courses, comme Véronique dans *Extension du domaine de la lutte*, son premier roman (1994).

Le 22 juin, il dînait sous la protection de ses deux gardes du corps dans la grande Salle ovale de la Bibliothèque nationale de France, qui consacrait « l'ensemble de son œuvre ». Un délicieux écrin. À sa table, le banquier Jean-Claude Meyer, le patron d'Europe 1, Denis Olivennes, l'ancien ministre Jean-Pierre Chevènement, tous fans de lui. Au-dessus de sa tête, sous la verrière, les noms de Ninive, Washington, Byzance, Athènes, Florence, Berlin, Paris, Alexandrie, Jérusalem, Carthage, Rome, Thèbes, Vienne, Babylone, le monde en lettres d'or. Il était le prince au milieu de 800 mécènes, entré de son vivant dans le patrimoine national au milieu de tous les notables des lettres, de la politique, de la finance.

Il se vit pourtant comme un maudit. C'était en novembre 2007. Bernard-Henri Lévy reçoit un texto du recalé du Goncourt : « Je me suicide ce soir », affiche le SMS. « Je ne l'avais vu qu'une fois, avec Beigbeder, raconte BHL. Je lui réponds : “Prenons avant le temps d'aller dîner”, et je l'invite au restaurant du Ritz, pas le bar, mais dans la salle où il n'y a que des Japonais. Nous sommes seuls, ou presque. Il m'explique : “ma femme m'ennuie, mon chien est malade, il n'y a plus personne avec qui parler.” Je réponds : “Votre femme je n'y peux rien, votre chien je m'en fous, en revanche, pour la dernière chose, ça peut peut-être s'arranger.” »

Un livre, coédité par Grasset et Flammarion, *Ennemis publics* (2008), naît de ces rencontres, prolongées par des vacances au bord d'une piscine. Leur conversation croisée est un ouvrage mille fois plus intéressant que l'idée – marketing – et les ventes (catastrophiques au regard d'un à-valoir faramineux, dit-on) pourraient le laisser croire. Une même forme de paranoïa les habite, comme le titre l'indique. « Il serait [...] juste de parler de guerre d'extermination totale dirigée contre moi », y assure Houellebecq à Bernard-Henri Lévy. Et à l'ami Beigbeder, la même année, dans le magazine masculin *GQ* : « Je suis un cas historique [de haine]. Depuis Rousseau, on n'avait jamais vu ça. »

« La célébrité, nous y sommes, se résigne-t-il devant BHL. Il va falloir que je supporte jusqu'au bout d'être Houellebecq. » Houellebecq, l'homme et l'écrivain, indissociablement liés, tant le second a fait des dédoublements sa marque de fabrique : ses livres sont pleins de ses clones et de ses avatars qui s'appellent même parfois « Michel », voire carrément « Houellebecq ». Inextricablement lié aux contradictions de l'époque, par un pacte du diable qui l'oblige à offrir en direct une blouse hongroise à Alessandra Sublet sur la 5 ou à répondre gentiment sur Europe 1 à la question « Premier baiser ».

« Je déteste les biographies et les biographes », dit-il souvent. En 1991, dans un essai éclatant de désenchantement sur Lovecraft, Houellebecq distinguait dans sa bibliographie finale Lyon Sprague de Camp, qui, malgré son manque de vraie sympathie pour Lovecraft, [avait] fait très bien son travail ». Mais ce qui est vrai pour les autres ne vaut pas pour lui. Tout est fait pour décourager les bonnes volontés. « Ma biographie [...] est vraiment banale », explique au *Figaro Magazine* du 31 juillet cet adversaire farouche de la psychanalyse. Et à une radio barcelonaise : « Je mens dans mes livres comme dans la vie. »

« C'est lui qui crée son personnage, personne n'a le droit de le faire à sa place », décrypte l'éditeur Léo Scheer qui, encouragé par l'intéressé, a publié le *Houellebecq, écrivain romantique* (2010) d'Aurélien Bellanger. « Il est désormais entouré d'une cour d'empereur chinois, souffle à voix basse un écrivain que Houellebecq admire. Il se pose en victime, en être douloureux et souffrant que la littérature a permis de hisser au-dessus de son destin ; il est en réalité devenu un tyran. Dès qu'on décide à sa place, il devient fou. Il n'y a plus de rapports normaux avec les gens. L'affaire est autant d'ordre symbolique que financier. » Pas question de se fâcher avec un auteur dont le « transfert » de Flammarion à Fayard, en 2005, avant le trajet retour, a été mis en scène devant les barons du groupe Lagardère réunis en séminaire à Deauville – et a largement dépassé le million d'euros. Pas question non plus pour les médias de se brouiller avec la rock star de la littérature. « Dans la presse, l'accès à Houellebecq vaut cher », décrypte Sylvain Bourmeau. Dire à son chef qu'on a le contact avec Houellebecq vous pose un homme.

« Pourquoi écrivez-vous ? » a demandé un jour un journaliste espagnol au romancier. « Parce que je suis vaniteux et que j'aime le regard et les applaudissements des gens », avait-il répondu avec une belle franchise. Cet été, il est pourtant resté enfermé à Paris, occupé à travailler sa statue, son futur *Cahier de L'Herne*, ses interviews au *Fig' Mag'* et au *New York Times*, prêt à flinguer et à parer chaque coup, plus parano que jamais. « Tu vis comme dans *Blade Runner* ! », s'est étonné

Beigbeder après une visite dans ses hauteurs de Chinatown. « Je contrôle tout, j'ai la situation bien en main », avait répondu le romancier. La « tour Houellebecq » lui permet de traquer les faux ennemis, de suivre la danse des pions à ses pieds, de s'échapper grâce à la diagonale du fou vers le « périf », comme disent ses poèmes. Houellebecq surplombe les lettres françaises et personne ne doit le mettre échec et mat.

Le Monde, 17 août 2015

La ferme des djihadistes

D'ordinaire, quand un ballet d'hélicos et de caméras de télé balaie le ciel de ce coin tranquille de la vallée de la Lèze, à une soixantaine de kilomètres au sud de Toulouse, on pense plutôt à des ministres en vacances. Le petit bourg d'Artigat, au pied des Pyrénées, se trouve à trois kilomètres à vol d'oiseau de la résidence d'été du ministre des Affaires étrangères, Laurent Fabius, dix en voiture du château où Tony Blair aime passer ses vacances, vingt de Cintegabelle, l'ancien fief de Lionel Jospin : terres roses, berceau du socialisme. Le 24 novembre, c'est sur le hameau perdu des Lanes, sur les hauteurs d'Artigat, que fondent une cinquantaine d'hommes en cagoule et de voitures aux plaques d'immatriculation maquillées de blanc. Plus précisément autour de la maison d'un couple de salafistes revendiqués, Olivier Corel et sa femme Nadia.

Le coin n'est pas le plus beau du « Piémont ariégeois », et la maison, acquise et retapée en 1991, n'a rien d'une ferme de charme : seules les tuiles sont du Sud-Ouest, réparées par le maître des lieux, le reste est de parpaing. Devant l'entrée végètent des sièges en plastique, une voiture bleu canard, un Butagaz, des stères et des branches coupées : le bois est la sève économique de cette région de couvreurs, de charpentiers et de bûcherons. Six chevaux et quelques brebis paissent dans une torpeur toute rurale sur les 20 hectares qui coulent vers la vallée. Entre la maison et la propriété des voisins, on remarque une yourte de style mongol, très tendance en Ariège.

Le couple est assigné à résidence : un fusil de chasse sans munitions mais sans permis a valu à Olivier Corel un jugement en comparution immédiate à Foix. Depuis les attentats du 13 novembre à Paris et l'état d'urgence, il pointe désormais trois fois par jour à Artigat, une bourgade minuscule de 600 habitants à peine, mais un nom écrit en majuscules, depuis 2007, sur les épais dossiers à sangles des juges antiterroristes. Au prétexte de cours de Coran, de conseils matrimoniaux ou de randonnées au grand air dans les bois alentour, le couple Corel a en effet reçu ou hébergé depuis le début des années 1990 les plus tristement célèbres djihadistes du moment. Dont Fabien Clain, 37 ans, l'accent toulousain qui a revendiqué « l'attaque bénie » au Bataclan et au Stade de France, et son jeune frère Jean-Michel, qui, sur la même vidéo, entonne le *nashid*, un de ces hymnes religieux devenus la bande-son des films de l'État islamique.

Yeux noirs et vifs, peau claire à peine ridée malgré ses 69 ans, chaussettes et tatanes en plastique aux pieds, longue barbe laineuse… Le petit homme sans charisme apparent s'est assis sur l'une des rudes banquettes du séjour, entre un buffet de bois sculpté et le coin « ordinateur » (où des tas de CD-ROM sur Oussama Ben

Laden, Zacharias Moussaoui, ce terroriste condamné à perpétuité après les attentats du 11-Septembre ou encore de al-Zarkaoui, l'ex-responsable d'al-Qaida en Irak, ont été retrouvés lors de perquisitions antérieures). Dans son dos, la bibliothèque aligne des reliures vert, rouge et or : du droit, des encyclopédies, la « jurisprudence du Coran », des *hadiths* aussi, ces faits et paroles du Prophète, résume son épouse de 63 ans, dévoilée. Elle se l'autorise, seule une femme est présente dans la maison.

La barbe du berger, les livres saints, l'ordinateur : combien se sont assis face à cette imagerie à la fois antique et moderne, dans le silence pastoral de la campagne alentour ? Combien ont posé leurs questions, prié avec le couple, bu le thé sur le balcon, partagé le méchoui ou fêté l'Aïd dans le four de pierres, face à la chaîne des Pyrénées, avant de dormir dans l'une des chambres d'amis ? Toute une filière, estiment les magistrats spécialistes du djihad. « J'ai toujours ouvert ma porte. J'ai reçu des Français non convertis, comme je vous reçois, sourit Olivier Corel, dans un français presque coulant et de cette voix doucement sereine que possèdent tant de salafistes. Ils viennent, ils montent à cheval. Quand j'étais petit, mon père avait un local pour les passants. Il envoyait l'ouvrier pour dire : “Est-ce qu'il y a des gens qui veulent manger ?” »

C'était en Syrie, quand Olivier Corel s'appelait encore Abdel Ilah Al-Dandachi. Fils d'une grande famille sunnite de propriétaires terriens de Tal-Kalakh, dans l'ouest du pays, il voit le jour le 29 novembre 1946, un an après les bombardements de la France sur Damas, qui réclamait l'indépendance. « Je suis plus vieux qu'Israël, on ne peut pas me faire avaler la pilule », lâche mystérieusement le propriétaire du lieu. Bon élève, il passe son bac scientifique et révèle très jeune un fort tempérament religieux. « J'ai toujours été pratiquant. En Syrie, j'étais le premier dans ma petite ville à porter la barbe. C'était interdit. J'avais 17 ans, l'imam de ma mosquée me demandait de faire la lecture coranique et de le remplacer. J'ai appris là-bas. »

En ce début des années 1970, la Syrie n'a pas encore engagé ses grandes campagnes contre les Frères musulmans. Mais le parti Baas, qui prône la laïcité, a pris le pouvoir à Damas. Après trois ans de service militaire dans l'armée, entre 1968 et 1971, et un « coup de foudre, comme on dit » pour une Syrienne tout en rondeur, Nadia Chammout, cette épouse souriante et amène qui prépare ce matin le café, Abdel Ilah décide de rejoindre la France afin, dit-il, de « poursuivre sa pharmacie ». Il lui faut de solides études scientifiques, comme souvent chez les Frères musulmans.

Le pouvoir l'a-t-il chassé de Syrie ? Olivier Corel assure qu'il quitte son pays de son plein gré, mais n'y remettra jamais les pieds. Son « meilleur copain de fac », dont il perd la trace et reste sans nouvelles, a sans doute « été liquidé à Palmyre » à la fin des années 1970, glisse-t-il. Le couple arrive à Toulouse le premier jour de janvier 1973, avec un visa long séjour étudiant. Nadia ne parle pas un mot de français, lui l'a « un peu » étudié à l'école, mais peine à la fac. « Au début mes parents nous aident », dit-il, mais le couple « galère comme tous les étudiants », poursuit-elle. Tout en « continuant à suivre à la fac du Mirail des cours de français pour étrangers », Abdel Ilah Al-Dandachi aligne une longue série de petits boulots. « J'ai tout fait. Mon épouse, je voulais jamais qu'elle travaille, mais je pense que pour les hommes il faut pas être une larve. »

Ramassage des ordures à bord d'un camion poubelle, cueillette de pommes, nettoyage de cabines téléphoniques, récupération de ferraille... Olivier Corel déroule son C.V. mais commet quelques omissions. Il oublie de raconter que, imam agréé, il a égorgé, un temps, des poulets à l'abattoir du village de Carla-Bayle. Et ne se « souvient pas » d'avoir travaillé pour l'usine chimique AZF, qui a explosé en septembre 2001, comme son épouse l'indiquait pourtant aux enquêteurs de la filière Artigat : selon Olivier Corel, son « dossier de retraite » – il touche 900 euros mensuels mais plus le RMI – ne le mentionne pas.

En 1983, le couple est naturalisé. Et décide, curieusement, d'adopter des noms français : « Les noms imprononçables, ici, on n'aime pas », argumente Olivier Corel pour justifier ce souci remarquable de se fondre dans le paysage. *Chammout*, en arabe, veut dire « Aurore » : le traducteur assermenté de l'état civil toulousain offre ce nom à Nadia. Abdullah, lui, choisit « Olivier » pour premier prénom – « l'arbre de la paix », sourit sa femme –, et « Philippe » en second, littéralement « Celui qui aime les chevaux », en hommage à ceux qu'il monte depuis toujours (elle-même a passé son Galop 3 et s'entraîne au manège du coin). Et puisqu'il possède une ascendance turque et a le souci de respecter sa religion, le traducteur lui offre « Corel », pour « coreligionnaire ».

À Toulouse, « Olivier Philippe Corel », ce musulman pratiquant débarqué en terres chrétiennes, fréquente la mosquée Bellefontaine, au Mirail, une des cités dures de la ville. « Le seul lieu de culte, à l'époque », dit-il. Après avoir présidé « un an » l'antenne toulousaine de l'Association des étudiants islamiques de France, l'ex-Frère musulman syrien y dirige la prière et donne jusqu'en 2003 des cours de récitation coranique. Il délivre aussi – brièvement – des heures d'enseignement à la mosquée Es-Salam, surnommée Le Château, tandis que son épouse y dispense le catéchisme des musulmans, « l'école arabe ». Aujourd'hui, Nadia Corel étudie la naturopathie par correspondance, mais naguère, diplôme d'enseignement de « français langue étrangère » en poche, elle enseignait aussi à la mosquée, traduisait des textes, publiant même, en 2004, une *Histoire des prophètes*, aux Éditions Okad.

« L'imam, c'est celui qui dit la prière en étant devant, rien de plus », explique Olivier Corel. Lui possède beaucoup plus d'atouts que les autres : un passé syrien, un frère professeur d'arabe en Arabie saoudite, de l'instruction, des relations dans des facultés coraniques, et cet attrait pour la jeunesse de tant d'hommes qui n'ont pu devenir pères. Il a enfin pas mal de temps pour surfer sur Internet et courir les marchés. Sur les étals toulousains, il vend des poteries mais répond aussi aux questions de ceux qui viennent le trouver lorsqu'ils l'ont raté à la sortie de la mosquée. « Bellefontaine, je n'y vais plus, parce que sinon je passe une heure à dire bonjour à tous les gens que je connais », dit-il souvent.

Il y a acquis sa réputation de « théologien » et de « savant », mais aussi celle de pur et dur, qui va jusqu'à effrayer, parfois, la jeunesse du Mirail, à la recherche de guides capables de répondre à ses interrogations religieuses, identitaires, et surtout géopolitiques. « La première fois que l'on m'a parlé de M. Corel, beaucoup de gens disaient qu'il était un *takfiri*, un extrémiste sunnite adepte de l'excommunication d'autres musulmans », a expliqué Sabri Essid, le demi-frère de Mohamed Merah, lors de son interrogatoire devant le juge, en 2007. Mais « lorsque j'ai pu vérifier personnellement, il n'était pas monstrueux comme les gens le disaient », ajoute Essid. En mars 2015, sur une vidéo de l'EI, il fait exécuter un Arabe israélien accusé d'être un « espion » du Mossad à un gamin de 12 ans.

Quand Corel atteint ses 60 ans et décide de prendre sa « retraite », il s'installe à Artigat, au pied des Pyrénées. Le couple a commencé par louer quatre ans un appartement à la Pomarède : « Le château de Martin Guerre », ce paysan du XVIe siècle qui dut se battre pour retrouver son identité usurpée et exécuta le coupable, signale Nadia Corel. Puis ils migrent vers les Lanes. C'est alors une terre quasi vierge, aux fermes inhabitables servant d'enclos pour les chèvres. Beaux-frères, belles-sœurs, neveux des Corel, venus de Syrie, d'Arabie saoudite et d'Algérie, se partagent les 62 hectares du hameau pour 800 000 francs. « J'ai racheté ma maison à un vieux paysan ariégeois, elle ne valait rien », a expliqué le vieil homme aux gendarmes qui l'interrogeaient.

Les voilà au bout d'une route en cul-de-sac, à 400 mètres d'altitude. Le coin a hébergé les toxicos du Patriarche, cette association à scandale, et caché pendant onze ans, à Massat, un père de famille et ses deux « enfants sauvages ». « Dans des régions formatées, des gens comme les Corel auraient alerté les villageois. Pas ici », résume l'ex-sénateur de l'Ariège Jean-Pierre Bel. Babas cool soixante-huitards, néo-ruraux anticapitalistes, originaux de tout poil, rien ni personne ne choque dans son département ou en Haute-Garonne. Artigat, c'est « Retour à la terre », comme dans la BD de Manu Larcenet et de l'Ariégeois Jean-Yves Ferri. Et, pour le couple Corel, bienvenue dans ce petit phalanstère auquel personne, hormis les Renseignements généraux, ne prête d'abord attention.

La demande de travaux pour transformer une vieille bâtisse du hameau, dont Olivier Corel veut faire obturer les fenêtres, est refusée. Mais, jusqu'en 2007, année où la sous-direction de l'antiterrorisme commence à enquêter sur les départs de djihadistes toulousains vers l'Irak, et le procès, en 2009, d'une certaine « filière Artigat », personne ne s'intéresse au ballet de voitures immatriculées dans le Sud-Ouest ou en Belgique qui gravissent le coteau jusqu'à la modeste maison de « l'émir blanc » : c'est ainsi que la presse commence à surnommer le mystérieux Olivier Corel, lui inventant même une fille, qui grandit d'année en année dans les articles, alors que le couple n'a pas d'enfants.

Ses visiteurs sont encore de parfaits inconnus. Ils portent souvent la barbe et parfois le kamis, cette longue chemise pour homme, comme Fabien Clain. Clain, *alias* Omar, est un Réunionnais, élevé dans une famille catholique. Il a grandi à Toulouse, où, devenu adulte et converti, il vend de la littérature coranique sur les marchés. Le couple Corel l'héberge durant plusieurs mois, à l'hiver 2004-2005, avec ses deux enfants et sa femme Mylène, une convertie qui porte la burka. Clain est l'un des chouchous d'Olivier Corel. Il s'évapore de

France début 2015, mais son nom apparaît en filigrane dans au moins trois attentats déjoués ou ratés depuis le début de l'année 2015.

Il y a aussi Thomas Barouin, un Albigeois de 34 ans, l'un des derniers à avoir rejoint la Syrie, en février. Un autre copain de Sabri Essid, rencontré à l'été 2006. Lui a suivi deux ans d'études religieuses à l'université de Médine, en Arabie saoudite, et s'entraînait au *close-combat.* « Olivier Corel avait un grand projet de traduction auquel il voulait m'associer, le commentaire en 25 volumes du *Fath El-Bari* [un des ouvrages clés des musulmans sunnites] », avait-il raconté aux enquêteurs pour justifier cette proximité. Moins connus, Mohamed Megherbi, qui a étudié dans une école coranique et épousé une sœur Clain, ou encore Laurent Lelièvre rendent aussi visite au retraité. Entre chômage, petits boulots d'entretien dans la région toulousaine et questionnements existentiels, tous ou presque se sont rencontrés à la mosquée Bellefontaine, tous montent jusqu'à la ferme d'Artigat.

Dans leur portable, les « disciples » enregistrent Olivier Corel sous le simple nom d'« Abdullah » ou de « Cheikh ». « Cheikh, ça veut dire leader, ça veut dire « vieux » aussi, mon maître de Coran je l'appelais Cheikh », commente Olivier Corel sur son canapé. Aux enquêteurs et aux juges d'instruction, la petite bande parle de « savant », ou de « référent ». « Ces jeunes me respectent et me considèrent », expliquait Olivier Corel en 2007 au juge Marc Trévidic – un « homme intelligent et instruit », complimente-t-il. Se souvient-il que le jeune juge, qui découvrait alors la matière antiterroriste avec son aîné Jean-Louis Bruguière, lui avait demandé si le surnom d'« Abou Qatada », que les « élèves » donnent parfois à leur « maître », était celui de ce Palestinien considéré comme une référence du salafisme djihadiste ?

« Ces jeunes ont tous beaucoup de questions », sourit doucement l'imam Corel. Et lui toujours des réponses, à tout. Ensemble, ils s'indignent des enfants tués par Tsahal en Palestine, de « l'invasion » américaine en Irak. Ils reviennent aussi longuement sur les « mensonges » du 11-Septembre : « Si on écoute les uns, on nous dit que c'est les Américains, si on écoute les autres, on nous dit que c'est Ben Laden ! Moi je n'ai jamais entendu Ben Laden revendiquer cet attentat. Ce qu'il a fait, c'est qu'il a rendu hommage aux auteurs de ces attentats, c'est tout », a dit Corel aux enquêteurs – version édulcorée, sans doute, de ce qu'il explique à ses « élèves ».

Mais le sujet sensible, celui qui suscite les conversations les plus interminables et où chacun se sent obligé de baisser la voix, c'est le djihad, cette guerre sainte qui occupe des rayonnages entiers de la bibliothèque des Corel. Dans quels cas faut-il partir ? Où ? Comment ? À qui s'en ouvrir ? « Je leur disais comme le Prophète : tout musulman doit faire le djihad », assume Corel. « Je ne pense pas que j'aie incité qui que ce soit. Mes réponses n'étaient pas faites pour inciter ni pour donner l'envie, répète-t-il aussi. Mes réponses, on les trouve dans les livres, partout. »

Pour la majorité des musulmans, le djihad est pacifique et « intérieur ». Mais pour Olivier Corel, quand « l'Irak est envahi et si les musulmans ne suffisent pas pour combattre les envahisseurs, d'autres musulmans doivent les aider », explique-t-il. Prudent, habile, jamais l'ancien imam de Bellefontaine ne donne la preuve que lui-même a mis ses visiteurs sur la route de Bagdad, la grande terre de djihad du milieu des années 2000. « Il glorifiait le djihad, il m'a dit que c'était possible de me marier et de partir ensuite [l']accomplir », a pourtant assuré Sabri Essid aux enquêteurs.

Ambiguïtés et double jeu… À l'entendre, Olivier Corel connaît à peine Mohamed Merah, l'auteur, en mars 2012, des tueries dans une école juive de Toulouse et de l'assassinat de militaires à Montauban. « Je ne l'ai vu qu'une fois, quand il est venu avec son frère Abdelkader me chercher pour célébrer son mariage », raconte le retraité en ce début décembre. Fin 2011, le jeune homme était monté en voiture chercher l'imam à Artigat pour qu'il célèbre ses noces religieuses avec Hizia, une jeune fille de 17 ans qui pratiquait un islam rigoureux. « C'est vrai. Mais on a dit que je m'étais rendu au mariage de la mère de Mohamed Merah, c'est faux, nous étions invités, mais nous n'y sommes pas allés », précise l'imam.

« Corel est un gourou, a confié dans un reportage de M6 Abdelghani Merah, un autre frère de Mohamed. Mon frère était obnubilé par lui, il buvait ses paroles. S'il avait dit qu'il était un prophète, il l'aurait considéré comme un prophète », expliquait-il. Le 5 décembre 2012, le jeune fils d'Abdelghani a aussi détaillé devant la juge Nathalie Poux, qui instruit le dossier Merah, les manières de faire du « mentor ». Ses oncles « Kader et Mohamed [lui] téléphonaient souvent. Ils disaient que c'était un savant. Olivier Corel me parlait de l'islam. Il me demandait comment ça se passait avec mes parents.

Il me disait d'aller prier dans les toilettes par exemple… Ça pouvait être n'importe quand, quand je posais une question à Mohamed ou à Kader et qu'ils n'étaient pas sûrs, ils l'appelaient », raconte le neveu de Mohamed Merah, entendu par les enquêteurs. « Une fois, j'ai vu Olivier Corel sur le parking de la mosquée de Bellefontaine. Il m'a dit que, comme mes parents n'étaient pas musulmans, j'avais le droit de les détester, de les haïr, et que s'ils essayaient de m'interdire l'islam je pouvais les quitter », ajoute l'adolescent, qui avait à l'époque 15 ans.

Au bout de quelques semaines passées à regarder ensemble Les Simpson ou à jouer à la PlayStation, Mohamed Merah raccompagne sa jeune épouse, le 2 janvier, chez ses parents, à Blagnac, près de Toulouse. Ils se séparent. Prélude de son passage à l'acte ou incompatibilité d'humeur, comme le dira Mohamed Merah ? À moins de trois mois des attentats, il est en tout cas pendu au téléphone avec son « référent » d'Artigat. « Les coups de fil passés à Corel correspondent à cette décision prise de se séparer de sa femme, j'ai vérifié », assure Me Christian Etelin, l'ancien avocat de Merah.

Jamais Olivier Corel n'a condamné les actes du jeune homme. « Les enfants sont maintenant au paradis… », lâche-t-il au journaliste de *La Dépêche du Midi* qui l'aborde le 16 novembre 2012 sur le pas de sa porte, et à quelques autres encore. Filmé en caméra cachée par Abdelghani Merah pour M6, il parle de simple « bêtise », une phrase qu'il prononce de cette même voix sage et douce, sans signe d'émotion. Pas un mot de plus. Les traits restent impassibles et énigmatiques, comme toujours.

« Il est garé des manivelles. Je ne le vois pas en train de fomenter des projets djihadistes », veut croire Me Etelin. Le presque septuagénaire consulte un kiné pour son dos et s'est fait « opérer des glandes surrénales » le… 13 novembre 2015, raconte le Franco-Syrien. Pendant les attentats du Bataclan, il se trouvait à la clinique des Cèdres, près de Toulouse. En janvier 2015, ce mois d'émotion française, pendant les attentats de *Charlie Hebdo* et de l'Hyper Cacher, le couple avait choisi d'aller skier. Ils étaient aux monts d'Olmes, une station de cette chaîne des Pyrénées qui, depuis quelques jours, face à la ferme des Lanes, s'est couverte de neige.

« Le Bataclan, je ne l'ai appris que le 14 dans ma chambre, après être sorti de la salle de réveil. J'entends une infirmière qui dit : "C'est un carnage." J'étais encore tout endormi », raconte-t-il trois semaines après les massacres qui ont fait 130 morts. Mais encore ? On insiste. « Vous pouvez imaginer le sentiment que j'ai », ajoute-t-il, évasif. Puis : « Si ce jour-là on était venu tuer mon médecin, je serais horrifié, car je serais mort aussi. Être tué pour rien en France ou là-bas, en Syrie c'est pas bien. » Olivier Corel tourne autour des mots, puis finit par donner toute la mesure de son goût du complotisme. « J'ai lu dans la presse arabe, sur Internet, que le propriétaire du Bataclan, un Juif, avait vendu un mois avant tout ça. Est-ce qu'on l'a prévenu ? C'est comme le 11-Septembre, il faut être à l'intérieur, ou vous ne savez pas. » De condamnation ferme des auteurs des attentats, kamikazes ou en fuite, il n'y aura pas : « D'un côté ou de l'autre, ce qu'on dit pourrait être récupéré par une tendance », lâche l'imam d'Artigat, comme si on pouvait être pour ou contre la terreur et le mal.

Le Monde, 5 décembre 2015

Faut-il enterrer l'assassin de Bernard Maris ?

Monsieur le sous-préfet de la Marne ouvre son agenda à la semaine du 12 janvier 2015. Celle qui suit les tueries de *Charlie Hebdo* et de l'Hyper Cacher. D'ordinaire, la mi-janvier sonne le temps des vœux pour la République : uniformes, visites aux corps constitués et tralala protocolaire. Dans son journal de bord strictement professionnel, Michel Bernard ne consigne jamais, en principe, ses activités personnelles. Mais en ce début d'année 2015, l'ordonnancement des jours a explosé. Tout s'affole, tout s'emmêle.

Dans la colonne du jeudi 15 janvier, à 11 h 30, il est noté : « Obsèques Bernard Maris ». Le vendredi 16 après-midi, après les vœux au tribunal de commerce, aux prud'hommes, et au tribunal de grande instance, un rendez-vous fixé *in extremis* à 14 h 30 à la sous-préfecture n'a eu revanche pas été signalé : il s'agit d'une rencontre pour préparer l'inhumation du Rémois Saïd Kouachi à la dérobée et à la nuit tombée. « Voyez, je ne me souvenais pas que c'était si rapproché, dit le sous-préfet en refermant d'un coup le gros cahier, que tout s'était passé en moins de deux jours. »

Lunettes cerclées d'intello, crâne chauve et corps sec de cycliste chevronné, le haut fonctionnaire modeste a hésité avant d'abandonner sa réserve et de raconter, douze mois plus tard, cette collision vertigineuse qui a fait saigner son cœur et sa République : la mort de son cher ami Bernard Maris, auquel il a rendu hommage en Haute-Garonne ; les obsèques de son assassin, qu'il a supervisées en personne à Reims. Mais il aime la presse, la liberté, l'écriture. Alors il a accepté.

Metz, Saint-Dizier, Charleville-Mézières, Bar-le-Duc… Hormis quelques allers-retours parisiens, notamment pour préparer la loi de prévention de la délinquance au ministère de l'Intérieur, en 2007, cet énarque diplômé de philosophie n'a jamais quitté longtemps les collines inspirées de l'est de la France, où il est né il y a cinquante-sept ans. Il se passionne depuis toujours pour les traces que la Grande Guerre a semées dans le paysage et l'imaginaire – *Le Corps de la France*, claque le titre de l'un de ses ouvrages. Ce mélomane raffole des chansons gaies et insouciantes de Trenet mais son esprit n'oublie pas les champs de bataille et les ossuaires : sans doute ce qui lui permet de réfléchir si bien à ce qui s'est joué en moins de 48 heures, les 15 et 16 janvier 2015.

Tout dans la somptueuse sous-préfecture respire le temps solennel de l'embaumement et de l'histoire. Ces phrases de la Déclaration universelle des droits de l'homme que Michel Bernard a fait dessiner sur le verre dépoli des isoloirs où sont reçus les candidats à la naturalisation française. Ce bureau aussi, face à la place Royale, « la chambre où a dormi le chancelier Adenauer le 7 juillet 1962 » – la veille de sa rencontre avec le général de Gaulle pour sceller la réconciliation franco-allemande. Le 7 janvier 2015, le sous-préfet y travaille en écoutant France Musique, lorsqu'il apprend qu'il se passe « un truc grave » à Paris. « Tout s'est mêlé, la catastrophe politique, sociale, ce trou béant dans l'actualité, et les souvenirs de mon ami, avec un sentiment d'irréalité. Je me suis dit : c'est quand même incroyable que Bernard se fasse descendre alors qu'il était enfin content du titre de son prochain livre, *Et si on aimait la France*– sans point d'interrogation. Le soir, tout s'est mis en place, j'ai compris qu'il n'y avait pas de coïncidence. »

L'ombre tutélaire qui, de manière posthume, a forcé l'amitié entre les deux hommes, c'est Maurice Genevoix. Genevoix, le gardien des « poilus » de « la der des der » auquel le sous-préfet voue depuis toujours un culte. Genevoix, dont l'économiste avait épousé Sylvie, sa fille, une productrice, éditrice et écrivain – son grand chagrin, quand elle meurt en 2012. Un amour si entier que Maris avait embrassé l'aventure de sa belle-famille tout entière, consacrant un livre à l'académicien oublié, portant à son doigt la chevalière offerte au jeune normalien par son école à l'issue de la guerre… Il cherchait aussi, à l'approche du centenaire du premier conflit mondial, comment sortir son beau-père de l'oubli et du mépris : certains intellos ne voyaient en lui qu'un bourgeois et un « écrivain pour mulots ».

En 2007, Michel Bernard publie de son côté à la Table ronde *La Tranchée de Calonne*, où Genevoix fut grièvement blessé en avril 1915. Le livre séduit le couple Genevoix-Maris, qui invite son auteur dans un petit restaurant parisien. « Ils étaient arrivés à scooter, raconte le sous-préfet, elle, de cette grâce indépassable des femmes qui sont à la fois belles et intelligentes, lui, dont, honte à moi, je n'avais jamais entendu parler. J'avais trouvé cet inconnu formidable. »

L'un, Michel Bernard, est un enfant de l'Est, l'autre, Maris, du Sud-Ouest. Un croyant et un agnostique. Un homme de devoirs et un ex-soixante-huitard libertaire, mais deux « patriotes », amoureux de la province et somme toute des mêmes livres : « Dans *Ceux de 14*, ce sont les scènes d'intimité de Genevoix qui me bouleversent. Lui, c'étaient les scènes de combat, par nostalgie de l'héroïsme : un trait de sa génération, il était né en 1946 et avait fait Mai 68. »

Cette veille de Noël 2014, lorsque les deux copains se retrouvent pour déjeuner à Reims, ils parlent chacun de leur prochain ouvrage. Le sous-préfet doit publier le 8 janvier 2015 *Les Forêts de Ravel*, où il explique que « l'énorme concerto du front » de 1914 n'a jamais cessé de résonner dans les oreilles du compositeur-ambulancier de Verdun. « Je le chroniquerai dans *Charlie*. Ce n'est pas du tout le genre de la maison, mais je m'en fous, ça les changera », rit Bernard Maris. Lui, de son côté, a du mal à terminer le sien. Il s'inquiète pour la France, dont les capacités d'intégration s'essoufflent, et du coup pour son livre, qui manque d'optimisme. « Tous les deux mois, je vois des gens en train de devenir français, tu devrais venir voir, tu peux pas savoir comme c'est réconfortant, c'est l'oxygène du pays », lui a raconté un jour son ami. C'est la raison du voyage de Bernard Maris à Reims.

Dès le café avalé, il accompagne le sous-préfet en uniforme dans la salle basse de la crypte du palais du

Tau, adossé à la cathédrale, où se tient la cérémonie de remise des décrets de naturalisation. « Nous ne sommes pas dans la sous-préfecture, mais nous sommes dans un bâtiment de l'État, un palais prestigieux où après leur sacre les rois de France recevaient les vassaux qui leur prêtaient serment, explique le sous-préfet à l'assistance d'une soixantaine de personnes. C'était le signe de l'unité du roi et du royaume, c'est un peu ce qu'on fait à notre petite échelle : vous reconnaissez la France et la France vous reconnaît. »

Sous la voûte à l'acoustique merveilleuse, Bernard Maris avait chanté *La Marseillaise* à l'unisson des familles. « Les tranchées, Genevoix… Ça sonnait pour lui mieux que pour personne », soupire le sous-préfet. Au milieu des porte-drapeaux et des médaillés en tout genre – Légion d'honneur, ordre national du Mérite, réquisitionnés pour l'ambiance –, entre deux selfies et trois photos de groupe à envoyer au pays, Bernard avait levé son verre. « Il était enchanté. Il en aurait fait une scène de son livre, peut-être même la dernière s'il avait eu le temps… »

Le temps a manqué. Le 7 janvier, deux Français, Saïd et Chérif Kouachi, nés à Paris au début des années 1980 de parents algériens, lancent l'assaut contre *Charlie Hebdo* et arrosent la salle de rédaction de leurs fusils d'assaut. « Oncle Bernard » se trouve parmi les victimes. Le 14 janvier à 16 h 45, l'heure est consignée dans le grand agenda, Michel Bernard atterrit à Toulouse pour assister aux obsèques de son ami, qui se tiennent le lendemain en la chapelle Notre-Dame de Roqueville, au bord du canal du Midi. « Tu n'avais pas imaginé que tu mourrais ainsi, tué par une arme de guerre et des fanatiques qui haïssent ce que tu incarnais, déclame Michel Bernard dans l'église. Tu n'aurais pas imaginé cette fin, celle d'un combattant désarmé. Tu pensais, à 68 ans, que la vertu du sacrifice en toi resterait inemployée, alors tu parlais de ton grand-père, ancien combattant de la Grande Guerre, tu parlais de ton père, résistant valeureux de 1940-1945. Tu es maintenant tout étonné d'être à côté d'eux, avec des blessures de guerre dans ton corps. »

C'est « vers midi », le lendemain 16 janvier, à son retour à Reims, qu'il reçoit le coup de fil de son supérieur, le préfet de la Marne : « Michel, il faut préparer l'inhumation de Kouachi. Bien, vite, discrètement. » Michel est « effaré ». L'aîné des deux frères djihadistes abattus par le GIGN résidait dans le quartier de Croix-Rouge, au sud de la ville. Sa femme avait voulu, cinq ans plus tôt, se rapprocher de sa famille de Charleville-Mézières. « Le couple était logé par un bailleur social depuis 2012 » lorsque naît leur fils, raconte Me Antoine Flasaquier, commis d'office après les attentats, dont le récit prend ici opportunément le relais de celui du sous-préfet, tenu à son devoir de réserve. Désormais veuve, Mme Kouachi a fait savoir qu'elle souhaitait que Saïd soit enterré dans la ville. Le permis a été délivré le mardi 13 janvier.

À la radio, Arnaud Robinet, maire républicain de Reims, a protesté : « Qu'ils aillent se faire inhumer là où ils voulaient tant partir ! » Il se reprend un peu plus tard pour expliquer que « l'État [l]'a rappelé à [s]es obligations ». Les édiles ne peuvent refuser un corps si le défunt habitait dans la ville, y est mort ou compte dans la cité un caveau familial. Reste à organiser l'enterrement. « En m'appelant, le préfet avait eu cette délicate attention : "Dites-moi si ça vous gêne", raconte Michel Bernard. Je me suis dis : je vais faire mon travail. Je pourrais le justifier "parce qu'on est en France", "parce que je suis chrétien", mais non, je ne réfléchis pas à ça. Je sais seulement que Bernard m'aurait dit : bien sûr, il faut que tu fasses le boulot. On peut trouver beaucoup de critères pour distinguer le civilisé du barbare, cet enterrement en est un. J'ai eu le sentiment qu'agissait sur moi une éducation. »

Le haut fonctionnaire réunit dans une salle de la sous-préfecture les pompes funèbres musulmanes (celles qui, loin de Reims, et après plusieurs refus concurrents, ont fini par accepter la mission), avec les services de la mairie, la police et la gendarmerie, la sécurité intérieure et, enfin, l'ex-avocat de la veuve de Saïd Kouachi. Celle-ci a accepté de ne pas se rendre à l'inhumation, pour éviter que la tombe, repérée, ne puisse devenir un lieu de pèlerinage. « Un moment délicat, commente sobrement le sous-préfet, dans lequel j'ai pris soin de ne mettre aucun affect. » Il ne fera pas d'objection à l'observation des rites religieux, comme le lavage du corps et la prière des morts, avant l'enterrement prévu après minuit. « J'ai affaire au corps d'un homme qui est mon ennemi, il a tué un de mes meilleurs amis, mais c'est le corps d'un homme, il doit être traité dignement et il faut que ça se passe bien. »

Ce soir-là, Michel Bernard n'a pas manqué de penser aux milliers de dépouilles allemandes, celles qu'après 1918 les familles voyaient arriver d'un mauvais œil dans les cimetières, « mais devenues aujourd'hui un trait d'union entre les pays, ce que ne sera jamais la tombe de Kouachi », observe le représentant de l'État. Les pompes funèbres creusent la tombe sans pelleteuse, pour ne pas alerter le voisinage, prolongeant les obsèques jusqu'à 3 heures du matin tant le sol a gelé dans le carré du cimetière que le sous-préfet refuse de citer : « C'est facile à trouver, je ne veux plus savoir, je ne veux pas le dire », lance-t-il.

C'est le seul moment où un haut-le-cœur, vite maîtrisé, crispe son visage et secoue son récit républicain. Comme les « poilus », il n'a mis aucun lyrisme inutile dans le récit objectif de son chemin de larmes. Dans ce précipité contemporain où l'amitié dévastée bouscule la rigueur de l'État, le préfet-philosophe ne voit pourtant aucun hasard. « Bernard avait une longue fréquentation d'Homère et une densité rare, souffle-t-il. Le meurtre a fait de sa vie une tragédie pure, lui donnant un sens qu'il n'attendait pas. »

Le Monde, 4 janvier 2016

Joseph Nadanowska a perdu sa maman

Levallois-Perret, 15 juin 1942. Bientôt l'été, malgré la guerre et l'Occupation. Bientôt la fin des classes. Comme tous les jours à l'heure du goûter, un petit garçon de quatre ans attend sa mère à la sortie de l'école. La maman de vingt-huit ans à la chevelure brune et bouclée tarde à venir. On la cherche dans l'hôtel misérable, proche de la porte de Villiers, qui l'héberge avec son enfant. C'est leur dernier domicile connu, comme disent les films en noir et blanc. Le meublé est vide, et le restera le lendemain et les jours suivants. Le 17 juin, un gardien de la paix conduit le petit garçon au 74, avenue Denfert-Rochereau, à Paris – l'hospice des Enfants-Assistés, devenu aujourd'hui hôpital Saint-Vincent-de-Paul. Le jeune écolier est déclaré « enfant abandonné », un de ces colliers accrochés au cou des pupilles de l'Assistance publique.

Ce pourrait être une triste histoire d'abandon d'enfant, il y en a eu 55 000 à Paris entre 1940 et la Libération. Ou un récit d'orphelin ordinaire et de son lot de souffrances intimes, comme on les enregistre depuis la création de l'Assistance publique en 1849. Le petit Joseph Nadanowska est envoyé dès le mois de juillet en Saône-et-Loire, un département rural tel que la « Grande maison des pauvres » les affectionne : on y respire le bon air, les paysans ont besoin de bras et de revenus complémentaires. À 9 ans, le jeune garçon est hébergé dans l'Allier par une seconde famille nourricière, selon l'expression de l'époque, et scolarité sans accroc jusqu'au certificat d'études. Les fiches de surveillance consignées dans son « livret de pupille » relèvent que le jeune garçon « ne joue pas aux récréations » et reste souvent « seul dans un coin », mais elles racontent aussi un « enfant doux », un « bon petit élève » puis un « jeune homme honnête et consciencieux ». Joseph ne manque de rien, sauf de caresses dans les cheveux et de câlins.

À l'âge du service militaire, il est devenu un bel homme grand et costaud aux yeux bleu clair. Un cheminot qui, en 1969, épouse à la cathédrale de Moulins Monique, une fille du coin employée aux Mutuelles Auvergne. Sa seule famille, son unique confidente dans sa vie sans enfants. « Mon mari était très sensible, raconte la coquette dame de 65 ans. Dès qu'il y avait des films où des enfants perdaient leurs parents, ça le faisait souffrir. » De sa mère, son mari se souvenait qu'elle avait de « très beaux cheveux » tout doux, et qu'elle était « gentille ». Pourquoi, pourquoi donc l'avait-elle abandonné ? « Je lui disais : elle a disparu, et après elle ne pouvait plus te récupérer, elle ne savait pas où te trouver », raconte Monique.

Dans l'ambulance qui le conduit à l'hôpital, après l'AVC qui finit par l'emporter, en 2004, à 66 ans, Joseph, à moitié paralysé, n'a lâché que ces trois mots :

« Et ma mère ? » Dieu sait pourtant s'il avait tenté de raccommoder cette mémoire trouée. Avant même sa majorité, pendant son service militaire en Algérie, il commence par poster une lettre au responsable de l'agence de l'Assistance publique de Moulins. « Monsieur le directeur, je viens vous demander s'il serait possible qu'à mes 21 ans révolus, je puisse savoir mon origine et ma situation de famille, tente-t-il le 4 janvier 1959 après avoir présenté ses vœux… Si cela est possible je vous demanderais de m'en informer », écrit-il en lettres rondes d'écolier appliqué.

Réponse cinq jours plus tard : « Mon cher Joseph, en ce qui concerne tes parents, je ne connais absolument rien sur eux, et même si j'avais su quelque chose, je ne pourrais te le dire. À ta majorité, [je] te délivrer[rai] un certificat d'origine. Tu sauras ton lieu de naissance. » Il apprend à 21 ans que c'est à « Paris X^e^ » qu'il a vu le jour, le 17 janvier 1938, de Szajndla Nadanowska et de père inconnu. Jusqu'à sa mort, aucune autre réponse à ses lettres, pas d'autre codicille pour remplir les pages blanches du livre de sa mère.

Sans « Manou », comme la veuve de Joseph appelait son mari, pour noyer son chagrin et son ennui, Monique se met à « l'ordinateur ». Elle surfe sur Internet, et entre un jour le nom de « Szajndla Nadanowska » dans la barre de recherche de Google. Sans succès. Quelques mois plus tard, en 2007, elle visite de manière virtuelle les galeries du Louvre, quand un lien la dirige vers le Mémorial de la Shoah, ce lieu du souvenir du génocide des Juifs de France. « J'avais vu un reportage dessus pour le 60e anniversaire de la libération d'Auschwitz. Je ne connaissais pas. Avec mon mari on n'allait jamais à Paris. » Joseph et elle n'ont jamais parlé déportation et extermination. Sans vraiment réfléchir, elle tape à nouveau le nom de la mère de son époux dans la barre du site dédié aux victimes des camps. « Et là, d'un coup, très vite, une réponse apparaît : "né(e) le 15/06/1914 à OSTROWICZ déporté(e) par le convoi nº 3 le 22/06/1942 à Auschwitz". »

« J'ai regardé, regardé encore. "C'est pas possible", je répétais. Un choc. La mère de mon mari a été déportée et il est mort sans savoir. Tout se bouscule dans sa tête. Pourquoi ils ne le lui ont pas dit ? Pourquoi ils le lui ont caché ? Il aurait su qu'il n'avait pas été abandonné. Je répétais ça sans bouger. Je savais pas quoi faire. » Elle demande conseil à son frère, un ancien combattant responsable de la fédération départementale André-Maginot de l'Allier, contacte la communauté juive de Vichy, qui l'adresse au président de l'association Fils et filles de déportés juifs de France. Au téléphone, elle raconte son histoire à Serge Klarsfeld. « C'est quelqu'un que je n'oublierai jamais. Il m'a poussée à entreprendre des recherches. »

Commence pour elle un nouveau chapitre de ce roman des origines que son mari n'a pu écrire. Après quelques atermoiements administratifs (les archives de l'Assistance à l'enfance dépendent aujourd'hui de la Mairie de Paris), Monique accède enfin, grâce à Serge Klarsfeld, au précieux dossier du « pupille Joseph Nadanowska ». Surprise : si rien n'est indiqué sur les raisons de la disparition de sa mère, une mention datant du 17 juin 1942 figure noir sur blanc sur la page : « nationalité polonaise, juive ». Une hypothèse que le petit catholique, baptisé à 11 ans à l'église de Gannay-sur-Loire pour sa communion solennelle, n'aurait jamais imaginée. « Le nom de famille de la mère est polonais, mais le prénom est pourtant typiquement juif », soupire Klarsfeld. L'aventure de Joseph est aussi celle d'une « méconnaissance, une histoire de garçon de province qui a quitté l'école très tôt », se désole l'historien. D'un pays où, après guerre, on ne raconte pas les persécutions des Français juifs.

« L'histoire de sa mère, on la devine facilement, poursuit aujourd'hui l'avocat de la cause des déportés. Szajndla Nadanowska ne portait sans doute pas son étoile juive », rendue obligatoire par les Allemands le 7 juin 1942 pour les plus de 6 ans. La maman de Joseph est arrêtée près de la gare Saint-Lazare, sur la voie publique, comme souvent avant la grande rafle du Vél'd'Hiv. « D'abord enfermée à la caserne des Tourelles, la mère de Joseph a été déportée dans le fameux convoi numéro 3, parti de Drancy, raconte Klarsfeld. Elle fait partie des 66 premières femmes juives emmenées jusqu'au camp d'extermination d'Auschwitz. Si j'osais, poursuit l'historien, je dirais que Joseph a eu de la chance dans son malheur : quelques jours plus tard, les rafles emmenaient 4 000 enfants à Pithiviers ou Beaune-la-Rolande », ces camps de transit du Loiret où des enfants furent parqués en masse avant leur déportation en convois.

Monique veut davantage : une photo de la maman disparue, Szajndla. Comme tant de petits « assistés », Joseph n'a jamais possédé de portrait de lui enfant : personne n'a pensé à le photographier, lui qui n'avait pas d'argent pour la photo de classe. Si elle pouvait conjurer le mouvement de l'histoire et coller la photo de la jeune polonaise à côté de cette mauvaise image du jeune Joseph de 11 ans, détouré sur une photo de groupe que vient de lui offrir un de ses anciens camarades ! Aux archives de la Préfecture de police de Paris, elle finit par trouver l'objet de sa quête fiévreuse : deux photos glissées dans le dossier, l'une de face, l'autre de profil, prises après l'arrivée en France, en 1936 ou 1937. « Si vous saviez ! La même bouche, les mêmes lèvres, les mêmes yeux clairs que mon mari… J'ai du mal à la regarder, car j'imagine cette femme dans le convoi, son enfant laissé derrière elle, tout seul à Paris… »

Serge Klarsfeld exige en 2010 une autre réparation. « Il n'y a pas forcément eu de mauvaise volonté de la part de l'Assistance publique, mais au moins de la négligence, justifie-t-il. Joseph aurait pu bénéficier du titre de pupille de la nation, aurait perçu des indemnités, n'aurait pas fait son service militaire… Il aurait pu vivre heureux dans le souvenir de sa mère martyre. » La direction générale de l'Assistance publique-Hôpitaux de Paris commence par lui répondre en 2011 qu'elle est favorable à l'ouverture des archives et des enquêtes historiques, mais pas à la reconnaissance du « préjudice » réclamé. Pire : l'AP-HP exhume quelques détails d'une enquête de juin 1942 versée au dossier de l'enfant : la « saleté repoussante » du meublé, la réputation de « prostitution » flottant autour de l'établissement… Joseph Nadanowska n'aurait-il pas pu recevoir « douloureusement » de tels informations si on lui avait ouvert le dossier, ose plaider l'institution ? Klarsfeld enrage. Quel « outrage fait à la mémoire » de la jeune Polonaise démunie, rétorque, furieux, l'historien de la Shoah. Comment l'AP-HP peut-elle donc accorder du crédit à un rapport policier rédigé dans le Paris occupé de 1942 ?

En 2014, il reprend contact avec le nouveau directeur général, Martin Hirsch, qui décide de financer un rapport sur les enfants de confession juive recueillis par l'Assistance publique de Paris entre 1940 et 1944. « Cent quatre-vingt-quatre mineurs ont été retrouvés dans les archives », y révèle l'historien Antoine Rivière, spécialiste de l'enfance abandonnée, qui a coordonné cette recherche pionnière sur un point aveugle de l'histoire de la Shoah. Parmi eux, « un tiers ont été recueillis à la suite de la déportation de leurs parents, comme Joseph, d'autres à cause de la misère ou de la famine, souvent aggravées par les mesures antisémites prises par Vichy ; d'autres enfin semblent avoir été confiés dans l'idée de les protéger ». Mais à l'Assistance publique, tout le monde est logé à la même enseigne, avec la même blouse et un matricule. « Les enfants juifs sont devenus des enfants de l'Assistance. De ce fait, ils ont été plutôt protégés, sans que cela soit le résultat d'initiatives concertées, mais n'ont rien su de leur origine. »

L'étude historique a été rendue publique jeudi 21 janvier, lors d'une cérémonie dans la cour de l'AP-HP, avenue Victoria, en face de l'Hôtel de Ville de Paris. Une plaque a été dévoilée. « Joseph Nadanowska s'est heurté au mur du silence qu'a cru devoir dresser l'Assistance publique entre lui et sa mère déportée, explique Martin Hirsch. Ce n'est que justice que le mur de l'Assistance publique honore sa mémoire, malheureusement de manière posthume. » Gravé en lettres d'or dans le marbre gris s'y trouve le mea culpa de l'institution française envers Joseph Nadanowska, cet homme qui n'aura jamais su pourquoi sa mère n'était pas venue le chercher à l'école, le 15 juin 1942.

Le Monde, 21 janvier 2016

Et Jean d'Ormesson décrocha sa Pléiade

« Rien ne pouvait lui faire plus plaisir. » Malcy Ozannat appuie sur le premier mot, comme pour le dire en majuscules. L'éditrice et égérie de Jean d'Ormesson, la « Marie » de ses livres, répète en articulant : « Rien, vous comprenez ? Rien. » À l'autre bout du rien, le tout – toute la vie de l'écrivain pour une « Pléiade », son nom sur la fameuse couverture brune, au milieu des *happy few* que Gallimard consacre depuis 1933. Cet embaumement en papier bible et peau de mouton qui s'annonce apaise aussi une brûlure intime : le prix Nobel attribué à Patrick Modiano, auquel plusieurs intimes ont entendu « Jean d'O » rêver à voix haute.

« Avec la Pléiade, j'ai mon Nobel », frime le nouvel écrivain national à l'annonce de sa consécration. La prestigieuse Bibliothèque de La Pléiade – le Parnasse des lettres ! Jean d'Ormesson n'a eu qu'une seule ambition dans sa vie, malgré tous les hochets accrochés : devenir un classique. La Pléiade le comble davantage encore que l'Académie française, cette assemblée de « notables immortels durant leur vie, mais qui à leur mort se transforment en fauteuils ». À la question :

« Rien ne vous manque ? », posée en 1989, l'écrivain répondait déjà : « Envoyer un service de presse de la Pléiade [à mes] amis. » Neuf ans plus tard, il confesse : « D'un bout à l'autre de ma longue existence, ce qui m'aura fait rêver – lâchons le mot – c'est le grand écrivain. Mieux encore : le dernier des grands écrivains. » Jean d'O siège désormais aux côtés d'« Homère et de Montaigne », il le dit dans un rire humain, forcément humain, mais le dit tout de même.

« Je vous ai raconté comment ça s'est passé ? » Il était une fois un écrivain qui ne s'attendait pas du tout à se voir entrer dans la prestigieuse collection vert et or. La surprise se serait jouée en quelques heures, si on en croit l'intro de « sa » Pléiade. « Un beau jour, le téléphone sonne chez moi. Antoine Gallimard veut me voir. Je me rends au 5 de cette rue Sébastien-Bottin où je m'étais présenté, le cœur battant, il y a un peu plus d'un demi-siècle. Il me propose d'entrer dans La Pléiade. La boucle était bouclée. » C'est la version simplifiée, sur papier bible – l'Évangile selon saint Jean.

La réalité est un peu différente. Son album ne s'est pas fait en un jour. Février 2014, Neuilly. L'écrivain est assis dans le canapé en velours de son salon : son nid, son bureau. Sur une console, à sa droite, le téléphone se met à sonner. C'est dans ce même combiné qu'un soir de 1973 Paul Morand, le maître, avait questionné son ami Jean : « As-tu envoyé ta lettre de candidature à l'Académie ? » C'est ce même numéro qu'avait composé François Mitterrand, le 16 mai 1995, pour convier, le lendemain, l'écrivain à l'Élysée, juste avant la passation de pouvoir à Jacques Chirac. Un « téléphone rouge » qui le relie à Dieu et qui, tous les vingt ans, le met en contact avec l'un de ses apôtres.

« C'est Antoine, dit cette fois la voix au bout du fil. Je voudrais vous voir.

— La semaine prochaine ?

— Non, cet après-midi. »

Le patron de Gallimard nous assure qu'il évoque déjà La Pléiade au téléphone, Jean d'Ormesson nie formellement – qu'importe. Quelques heures plus tard, voilà en tout cas l'impétrant chez le grand timonier de l'édition. Il s'assied sur la banquette pour entendre – réentendre ? – ces mots aussi sucrés qu'un bonbon au miel : « La Pléiade, ça vous va ? ».

Dans son dos, le jardin à la française de la maison Gallimard. Face à lui, une tapisserie de reliures dorées pleine peau, des noms gravés à l'or vingt-trois carats sur les tranches – mur des Lamentations sur lequel tant d'écrivains se sont fracassé le nez par la seule décision d'Antoine. De monument à son nom, Jean d'O ne compte pour l'instant qu'« une médiathèque à Marignane, une autre à la Ferte-Bernard, une troisième au Plessis-Robinson, et une école à Asnières ». Passer de la province à la capitale, ça lui va, évidemment ! « Je n'aurais pas aimé être en Quarto » (une collection qui joue parfois les antichambres de La Pléiade), confesse dans un murmure l'auteur de *La Gloire de l'Empire*.

On ne refait pas Jean d'O. Aussitôt rentré chez lui, il prépare ses bons mots, qu'il distille aux uns et aux autres : « La Pléiade n'est pas faite pour être lue, elle est faite pour être là ! » Ou encore, citant Groucho Marx : « Je n'accepterai jamais d'entrer dans un club qui m'accepte comme membre. » Comme les grands princes de l'orgueil, il reprend aussi son rôle de faux modeste : « Je me sens déguisé en grand écrivain », lâche-t-il en maniant son art avec une grâce patinée par le temps qui continue de désarçonner. « Malcy, mon éditrice, m'a dit : Vous auriez dû trouver ça tout naturel. » Il cite aussi le patron de La Pléiade, Hugues Pradier : « Nous ne prenons pas de reines d'un jour. » La Pléiade n'est pas *Gala*.

Le voilà « pléiadisé », comme son maître Chateaubriand ! Pléiadisé avant le double prix Goncourt Romain Gary, Thomas Mann et tant d'autres, pléiadisé de son vivant, à l'instar des sphinx du XXe siècle, Gide, Malraux, Claudel, Char ou Gracq ! Secrétaire perpétuel de l'Académie française, Hélène Carrère d'Encausse se rappelle que « lorsque Lévi-Strauss y était entré, Jean en avait été bouleversé ». Antoine Gallimard sourit : « Jean était aussi heureux que Vargas Llosa, pléiadisé un an après lui, alors que Michel Tournier, ce qui l'intéressait, c'était le succès de son *Vendredi* en Folio. »

L'opération s'est forgée bien avant le fameux coup de fil. En juillet 1999, Antoine Gallimard, petit-fils de Gaston, qui a pris les rênes de la maison onze ans plus tôt, est interrogé par *Le Figaro Magazine* sur une liste de « pléiadisables ». La *short list* est attendue comme la fumée blanche. Le Clézio : « oui », lâche Antoine Gallimard ; Modiano : « oui » ; Tournier : « sûr » ; d'Ormesson : « oui ». Son « oui » est aussi un ballon d'essai, une façon de sonder le cœur du Paris littéraire. « Je fais la Pléiade d'Ormesson. Tu en penses quoi ? », lance-t-il dans la foulée aux écrivains et critiques qu'il croise.

Jean d'O se prend du coup à rêver devant quelques intimes. Il est « l'éternel optimiste » des unes des magazines mais n'ose pas encore y croire tout à fait. Jamais réclamer, toujours suggérer : c'est depuis toujours sa botte secrète d'homme d'épée bien élevé. Le procédé évite les refus trop humiliants, comme celui de Paul Morand qui s'était défilé au moment de prononcer le discours de réception de Jean d'O sous la Coupole, en 1973. Morand consigne la manœuvre dans son *Journal inutile*.

Pour le *blitzkrieg* de la Pléiade, un autre général de la garde d'ormessonnienne joue les *missi dominici* : c'est Jean-Marie Rouart, l'ami de vacances, le chroniqueur-académicien de *Paris Match*, qui doit tout à l'auteur d'*Au plaisir de Dieu.* « Il a joué son rôle », confirme, laconique, Antoine Gallimard. En privé, Rouart explique à Antoine que son ami va sur ses quatre-vingt dix ans et que rien ne lui ferait plus plaisir qu'une Pléiade de son vivant. Il insiste sur les avantages de ce coup d'éclat éditorial : l'assurance, pour Gallimard, d'avoir le prochain Jean d'O. Pour les bénéfices commerciaux qu'en tirerait la collection, le patron n'a pas besoin d'un dessin. « Antoine voulait ouvrir à des contemporains qui se vendaient une collection qui s'essoufflait », confirme l'académicien Pierre Nora, directeur chez Gallimard de la revue *Le Débat*.

Il n'a échappé à personne que Jean commence à s'éparpiller. Ses premiers livres ont été publiés chez Julliard, mais ses grands succès sont l'œuvre de Gallimard. La maison lui octroie dix-huit pour cent sur les ventes de ses livres – des droits d'auteur sans équivalent. Il multiplie malgré cela les escapades buissonnières chez Jean-Claude Lattès, chez Nil, chez Robert Laffont et même, en 2007, chez sa fille, Héloïse d'Ormesson, qui a vendu 100 000 exemplaires d'*Odeur du temps*, un recueil de ses chroniques culturelles au *Fig Mag*. « J'ai suivi Malcy, s'excuse Jean d'Ormesson. J'ai quitté Gallimard à cause d'elle. Malcy officiait chez Lattès, puis de Nil est passée chez Laffont, donc je suis passé chez Laffont. Je suis fidèle. »

« Il n'y a pas de deal autour de la Pléiade, juste un *gentlemen's agreement* », admet Antoine Gallimard. Le patron de la NRF aime ces écrivains avec qui on discute d'homme à homme, sans agent, sans conseil : bref, à l'ancienne. À toi la Pléiade, à nous ton prochain livre, *Je dirai malgré tout que cette vie fut belle*. Le nouveau volume des mémoires d'avant-tombe de l'écrivain à succès n'est pas sans rappeler *Le Lièvre de Patagonie* de son ami Claude Lanzmann ou *Loués soient nos seigneurs* de son copain Régis Debray. Tope-là. Antoine a tranché. L'académicien a toute sa place dans ce mémorial qu'est la Pléiade.

« On n'est jamais assez prudent », c'est une des leçons que Jean d'O a retenues de la vie. Il a entendu dire que les éditions Gallimard ne tenaient pas toujours leurs promesses : la maison avait ainsi annoncé à Hervé Bazin, l'auteur de *Vipère au poing*, une Pléiade qu'il n'a jamais vue sortir. Le diplomate de haut vol convie Anne Fulda, pétillante journaliste du *Figaro*, à déjeuner à Neuilly : « Vous ne savez pas ? J'ai une bonne nouvelle : Antoine Gallimard m'a annoncé qu'il allait me publier dans La Pléiade », dévoile-t-il. Bonne info.

« Jean d'Ormesson, mieux qu'Immortel », titre le lendemain *Le Figaro*. C'est écrit dans le marbre de son ancien journal, daté du 2 février 2014. Ça vaut publication au *Journal officiel*. Cette fois, l'affaire est dans la poche.

Quelle revanche sur les mauvais coucheurs, les esprits sérieux, les journaux qui le dédaignent, les élitistes de l'édition ! Jean d'O aime se recouvrir d'un sac de cendres, mais n'admet pas que l'opprobre soit jeté par d'autres que lui ; il affiche un détachement de sage mais reste à l'affût de la moindre entaille dans sa statue de cire. Une Pléiade devrait enfin faire taire les fâcheux. L'exquis Jean d'O est capable de jeter le gant et de régler ses comptes en duel. Deux personnes au moins en ont fait les frais.

Le premier collabore au *Figaro littéraire* – sa maison –, admire Port-Royal et Bernanos, se montre volontiers provocateur : il se nomme Sébastien Lapaque. Début 2010, le journaliste-écrivain a amicalement dédicacé à Jean d'Ormesson *Au hasard et souvent*, un petit essai publié chez Actes Sud où il décrit notamment sa bibliothèque. « Cela se bouscule aux lettres M, N, O et P (...). Non que j'affectionne particulièrement Katherine Mansfield, Frédéric Mistral, Jean d'Ormesson ou Jacques Pradon : aucun titre de ces gens-là. Mais il y a Mauriac et Modiano. Il y a Molière, Nabokov et Orwell. Il y a Pasolini, Perros et Proudhon. Proust et Péguy. Nimier, Nietzsche et Nerval. Et de grandes dames, écrit Lapaque. Hélas, une bibliothèque n'est pas extensible à l'infini. » Quel affront, venant de quelqu'un de la maison.

Ils se croisent aux cinquante ans de l'ancien ministre Hervé Gaymard, le 31 mai de la même année, à la questure de l'Assemblée nationale :

« Vous m'avez insulté, lance d'Ormesson à Lapaque, en évoquant le livre.

— Non, cher maître, j'ai été insolent, répond Lapaque. C'est ce qu'aurait fait Nimier avec Sartre.

— Vous méritez d'être giflé. »

Jean d'O lui donne un soufflet, façon Ancien Régime. « Allons, la forme est là ! », félicite quelques jours plus tard Bertrand de Saint-Vincent dans son billet du *Figaro*, « Sur invitation », sans nommer la victime. Il le fera un an plus tard, dans son livre *Tout Paris*, traitant le malheureux Lapaque de « double de Léon Daudet » coupable d'un crime sans nom : avoir « insulté » d'Ormesson.

« Si t'as pas écrit dans *Le Figaro* qu'il est Chateaubriand, ta carrière est branlante », soupire Lapaque, que Bernard Maris se chargea de venger, en vers, dans *Charlie Hebdo :*

L'autre jour dans un salon
Se pointe le vieux d'Ormesson
Sur Lapaque il se jeta
Que croyez-vous qu'il arriva ?
Son dentier il avala.

L'autre affront est resté secret, mais non moins sévèrement puni. Antoine Compagnon est professeur au Collège de France. Spécialiste de Montaigne, de Baudelaire et de Proust, auteur d'une somme sur *Les Antimodernes* pour Gallimard en 2005, il a contribué – pour le

XXe siècle –, sous la houlette de Jean-Yves Tadié, a une somme publiée en 2007 chez… Gallimard : *La Littérature française : dynamique et histoire*. Malheur ! Lui non plus n'a pas retenu dans l'ouvrage l'œuvre de Jean d'Ormesson. « De ce moment, Jean l'a barré Quai de Conti », assurent deux académiciens qui tiennent à leur anonymat. Le 13 juin 2013, lors de l'élection au fauteuil de Pierre-Jean Remy, Compagnon n'obtient que sept voix. Xavier Darcos, ancien ministre de l'éducation nationale, est élu.

Fin juin 2014, le « tope-là » qui scelle l'entrée de Jean d'O dans la Pléiade est fêté en grande pompe au 17, rue de l'Université, dans l'appartement qui fut celui des Gallimard après la guerre. Antoine Gallimard y reçoit encore de temps en temps dans sa bibliothèque personnelle – un véritable musée de reliures Bonet (chacune porte un décor original) et de grands papiers (des tirages de tête), ou autour de cette table en acajou qui permit, quarante ans plus tôt, la rencontre de Malcy et de Jean. Gallimard veut voir le volume paraître au plus vite. On parle de 2017, puis de 2016, et puis finalement de début 2015, à l'occasion des quatre-vingt dix ans de Jean.

Quatre titres sont retenus : *Au revoir et merci* (Julliard, 1966) *La Gloire de l'Empire* (Gallimard, 1971) *Au plaisir de Dieu* (Gallimard, 1974), *Histoire du Juif errant* (Gallimard, 1990), « discrètement reliés par la problématique du temps ». Ne manquent plus que préface et appareil critique. « Je voudrais faire comme Kundera, une Pléiade nue, sans rien », tente Jean d'O devant Pradier. « C'est une mauvaise idée, c'est très mal passé dans le milieu », lui répond le responsable de La Pléiade, qui le laisse en revanche – privilège des vivants – choisir son préfacier. Ce sera Marc Fumaroli. Comment rêver mieux, pour parler de sa vie et de ses livres, que cet ami si cultivé, fidèle invité, chaque été, de la résidence corse de Saint-Florent ?

Reste l'appareil critique. « Dans l'université, il n'y a pas d'études sérieuses sur d'Ormesson, explique Pradier. Les universitaires vingtiémistes n'ont pas dirigé de travaux sur son œuvre comme sur celle de Kundera, grand théoricien du roman. » Les traductions sont d'ailleurs quasi inexistantes, contrairement par exemple à Michel Houellebecq. Fumaroli, heureusement, a l'homme qu'il faut : un certain Bernard Degout, qui règne sur le splendide domaine de la Vallée-aux-Loups, à Châtenay-Malabry, dans les Hauts-de-Seine, où furent entrepris les *Mémoires d'outre-tombe* et où Chateaubriand reçut un peu plus tard Juliette Récamier.

« Cela va être difficile, répond Degout. Je ne suis pas un spécialiste de Jean d'Ormesson et il n'y a aucune variante sur ses textes », donc aucune archéologie de l'œuvre possible. Fumaroli ne se laisse pas fléchir : « Vous allez appeler Hugues Pradier. Je compte évidemment que vous acceptiez. » Degout imagine alors de tourner autour de Chateaubriand, le grand homme de Jean, son domaine. Mais non. « On vous propose de travailler sur un dossier de réception de l'œuvre », lui indique le responsable de la Pléiade. Deux piles de documents ont été préparées pour lui chez Gallimard. Aspiré par cette « conspiration amicale », le charmant docteur en lettres n'a d'autre choix que d'accepter, malgré les délais beaucoup trop courts. « Pas question d'aller à la Bibliothèque nationale, le temps manquait, j'ai travaillé sur Internet. »

Le 17 avril 2015, le numéro 605 de La Pléiade sort en librairie. « La plus rapide de l'histoire », s'amuse *L'Express*, rappelant qu'il faut d'ordinaire entre cinq et sept ans pour boucler un tel projet. Gallimard commande un premier tirage de 12 000 exemplaires, le double de l'ordinaire. Une opération commerciale est organisée avec *Le Figaro* : 2 000 exemplaires envoyés dans un coffret pour les nouveaux abonnés. « J'espère qu'il ne va pas se vendre trop, sinon on va comprendre pourquoi on m'a mis dans la collection », pouffe Jean d'O devant son ami Pierre Nora.

« Ce qui m'amuse devant le succès de Jean d'Ormesson, ce ne sont pas les ennemis – il n'en a pas –, mais les méchants : ils n'arrivent pas à mordre », disait Paul Morand dans son *Journal inutile*. On ne peut rien en effet contre le charme de Jean d'Ormesson. L'annonce de son entrée dans le panthéon en cuir des lettres françaises ne soulève que de minuscules vaguelettes. Un tweet de Pierre Assouline – pourtant auteur Gallimard –, en février 2014 : « La Pléiade Jaccottet dont on nous enchante nous console de La Pléiade d'Ormesson dont on nous menace. » Une chronique de Patrick Besson dans *Le Point*, le 13 mai 2015, où l'écrivain s'amuse à donner quelques « propositions pour de prochaines Pléiade : François-Marie Banier, *Écrits financiers* (un tome), Jean-Marie Rouart, *Anecdotes complètes sur l'Académie française* (tomes 1, 2, 3, 4, 5 et 6), Alexandre Jardin, *Discours et messages contre l'illettrisme* »… « Victor Ego » (le surnom que lui donne Besson) n'est pas cité, et tout le monde comprend qu'aux yeux du chroniqueur il vaut encore moins que les autres.

« Quarante ans de bagarres ou presque avaient précédé l'entrée de Georges Bataille dans La Pléiade… », rappelle l'écrivain Philippe Sollers. Seule la presse francophone, moins frileuse que la française lorsqu'il s'agit de toucher aux monstres de la littérature, s'étonne. « Jean d'Ormesson : le choix mondain de La Pléiade » : le 15 avril 2015, *Le Temps* publie un article remarqué du sociologue Jérôme Meizoz, professeur de l'université de Lausanne. « Jean d'Ormesson va certainement faire naître des travaux, mais en sociologie, s'amuse l'universitaire. Ce qui en effet est intéressant chez lui, c'est l'accélération du processus de fabrication du "classique", qui fait écho, par exemple, au projet de *santo subito* [le processus accéléré de canonisation] de Jean-Paul II, raconte-t-il. Ce calendrier profanateur a suscité la polémique, car il dévoilait que le temps ne fait rien à l'affaire : ce sont désormais les hommes qui fabriquent les saints et les grands écrivains. »

Jean d'O s'en fiche. Il est déjà parti pour son tour de France des librairies, courant chercher les lecteurs à chaque étape, comme le font les politiques, ne mégotant ni gentillesses ni sourires, courageux et dur à la tâche – un rêve pour un éditeur. « Mon père a toujours fait attention au public et aux libraires. Pour sa génération, c'est assez rare », souligne sa fille Héloïse. Il se rend même dans les grandes surfaces, dédicaçant sa Pléiade « comme on signe un poche », raconte Pierre Gestède, du service de presse de Gallimard. Car on n'achète pas

Jean d'Ormesson au rabais ; ce qu'on veut, c'est son autographe. « Je me souviens qu'à ma communion, à Saint-Thomas, il avait signé un missel à une dame », rit Pauline Baer, filleule de Françoise d'Ormesson, fille du grand ami Philippe Baer et sœur d'Édouard.

« Il est un cas intéressant d'auteur qui se vend mieux en grand qu'en petit format », souligne aussi Héloïse d'Ormesson. Quelque 20 000 exemplaires de la Pléiade, à soixante euros pièce, sont écoulés en un peu plus d'un an. L'écrivain est pourtant malade, en ce printemps 2015. Un cancer qui l'oblige, au moment même de sa consécration, à suspendre ses signatures et à passer de longs mois à la Salpêtrière. Jean d'O serre courageusement les dents et continue de noircir des feuilles de son lit d'hôpital. Miracle : il guérit, et ressuscite. « Il y a une sorte de grâce autour de lui, dit Hélène Carrère d'Encausse. Quand il a su qu'il était malade, il m'a appelée. Il a tout de suite ajouté : "Je vais m'en sortir." Pour Jean, il n'est pas possible que la vie ne lui sourie plus. Il lui est en revanche apparu encore plus important de modeler sa statue. »

Ce n'est pas la mort qui le hante, mais le purgatoire, et la postérité. À part Michel Déon ou Michel Butor, qui écrivent moins ou plus, il est le dernier de sa génération. « Où serons-nous dans cinquante ans, dans vingt ans… C'est la grande question », interroge l'écrivain dans son salon de Neuilly. Sa conversation s'émaille de plus en plus souvent d'expressions comme « cet écrivain injustement oublié ». Il s'interroge aussi sur ceux qui ont parfois trop confondu la vie littéraire et la littérature et assure que la seule chose qui l'intéresse « désormais, c'est écrire ».

« Est-ce qu'il n'est pas un peu oublié, François ? interroge-t-il un jour de juin, au cours d'un de nos rendez-vous.

— François ?

— François Nourissier.

— Un peu…

— *À défaut de génie*, ce n'était pas mal. Mais il a sans doute un peu trop joué les papes, les…

— Les parrains ?

— Les faiseurs de prix… Et Houellebecq, il va durer, vous pensez ?

— Oui. Il raconte bien le XXIe siècle. »

Les « yeux de Michèle Morgan » avaient soudain pris une teinte plus dure, entre bleu laser et acier. Ce jour-là, une ombre passagère était venue assombrir la gloire et le beau visage de l'empereur d'Ormesson.

Le Monde, 20 août 2016

Anne Pingeot, « nanour » caché de Mitterrand

Comme une sylphide, elle s'est évaporée de la vie publique en mai 2008, mois de ses 65 ans. Anne Pingeot a décroché du parvis du musée d'Orsay son mythique vélo à panier d'osier : il y stationnait depuis 1986, à quelques mètres des *Six continents*, demi-douzaine de statues sauvées d'une décharge proche de Nantes par la conservatrice en silence, comme toujours.

Son ombre discrète est réapparue fugitivement quelques mois plus tard à l'École du Louvre, pour un cours sur la sculpture de la seconde moitié du XIXe, sa spécialité. Elle a encore surgi, le 2 juin 2016, en l'église Sainte-Clotilde, dans le VIIe arrondissement de Paris, pour saluer la mémoire d'André Rousselet, le fondateur de Canal+ et l'exécuteur testamentaire de François Mitterrand. Le 25 septembre 2016, lors du vernissage de l'exposition « *Spectaculaire Second Empire* », on a aussi vu arriver sa longue silhouette de « dame blanche, divinité tutélaire qu'on était tous heureux de revoir trente ans après l'inauguration du Musée », raconte un de ses collègues.

En ce début octobre 2016, on la dit en voyage loin de la France, comme si son destin de clandestine la rattrapait à nouveau alors que Gallimard publie le journal intime que tenait François Mitterrand entre 1964 et 1970, ainsi que les lettres écrites par l'ex-président de la République jusqu'à sa mort à son « animour », son « Nannou », son « Nanour », surnoms donnés à Anne Pingeot, cette femme de vingt-sept ans sa cadette. Une correspondance conservée dans des boîtes à chaussures, entre des portfolios et des éditions rares du XIXe encrées du timbre « FM » – une habitude de conservatrice : « Anne » ne quittait jamais son petit Instamatic et collectionnait les photos de sculptures souvent pompières dénichées dans des mairies, des réserves ou des dépôts.

« Ma mère est l'héroïne d'un film que personne ne verra jamais », écrivait il y a dix ans Mazarine Pingeot. Seul le journaliste Pierre Favier, ancien chef du service politique de l'Agence France-Presse, avait gagné sa confiance. L'album de photos de famille avec François Mitterrand (trente-deux ans d'amour, entre 1964 et 1996, d'abord à deux, puis avec leur fille, Mazarine, née en 1974) n'avait illustré jusqu'ici que le documentaire *Mitterrand, albums de familles*, diffusé en janvier sur France 3 : aucune autre image en mouvement d'Anne Pingeot, hormis un entretien à la chaîne Equidia. Par délicatesse, le grand amour de François Mitterrand a attendu la mort de l'épouse officielle, Danielle Mitterrand, pour la mise à nu de ses secrets d'alcôve : des lettres publiées brutes, comme un marbre du musée d'Orsay, sans préambule ni introduction de la conservatrice.

Anne Pingeot reste l'absente-présente de ces deux livres, comme elle l'a été tout au long de la geste mitterrandienne. Ce n'est en effet qu'à la mort de François Mitterrand, en janvier 1996, que le nom et le visage de cette jeune femme brune à la peau claire s'étaient dévoilés au public au cimetière de Jarnac, en Charente. Mal protégée par une voilette de dentelle noire, telle une héroïne de François Truffaut, la conservatrice avait offert aux Français endeuillés et émus ses yeux rougis et ce maintien un peu bourgeois et raide que François Mitterrand appréciait tant.

Dix ans plus tard, Mazarine Pingeot avait brisé un second tabou. Les Français venaient d'apprendre, en suivant la chronique du procès des écoutes clandestines de l'Élysée, que François Mitterrand n'avait reculé devant rien pour préserver sa « seconde famille ». La jeune agrégée de philosophie avait choisi ce moment particulier pour raconter dans un livre inouï, *Bouche cousue*, « l'autre vie » du président socialiste de la République. Et on comprenait que c'était… la vraie.

Adieu histoire officielle, place à l'autre, officieuse. Un exemple ? La légende a longtemps raconté que le 10 mai 1981 de François Mitterrand s'était achevé rue de Bièvre devant une tasse de camomille ; en fait, le vainqueur était aussi passé à « Saint-Germain-des-Prés », le nom de code utilisé pour désigner l'appartement d'Anne et de Mazarine Pingeot, rue Jacob, dans le VIe arrondissement de Paris. Elles avaient ensuite déménagé quai Branly, dans un appartement de fonction, juste au-dessous de celui de François de Grossouvre, homme de confiance du nouveau président.

C'est toute la géographie mitterrandienne qui se trouve d'un coup à revoir. Après la bergerie de Latche, si médiatisée lors de l'élection présidentielle de 1974, on découvre qu'un autre refuge, une bergerie de Gordes, dans le Luberon, abritait le couple illégitime. Sans oublier, dès l'automne 1982, Souzy-la-Briche, près de Paris, une résidence de la présidence de la République dénichée par André Rousselet, et que « l'autre famille » occupe le week-end sans les paparazzis ne songent à l'espionner.

C'est à la fin des années 1950 que François Mitterrand a croisé au club-house du golf d'Hossegor, dans les Landes, la fille de son ami Pierre Pingeot, un industriel auvergnat proche des Michelin, catholique et conservateur, qui préside l'Automobile Club et le Rotary de Clermont-Ferrand. Anne Pingeot a été élevée entre l'école privée et la messe à l'église catholique. L'hiver, en Auvergne, la jeune fille à la jupe plissée bleu marine semble comme échappée de *Ma nuit chez Maud*, le film d'Éric Rohmer. L'été, à Hossegor, elle abrite souvent ses robes longues d'une ombrelle. « Anne ressemble à ce qu'elle étudie », disait François Mitterrand en songeant sans doute aux figures impressionnistes de Caillebotte ou de Monet.

Il l'aperçoit quand elle a 14 ans, la remarque quand elle en a 18. Elle a 20 ans quand ils s'aiment ; lui, 47. « Ce n'était pas le schéma qui était prévu. C'est une affaire qui m'a dépassée », a raconté en 2015 Anne Pingeot à l'ancien correspondant de la BBC à Paris Philip Short. « Je n'ai jamais connu personne d'autre. Ni avant ni après », aurait-elle confié aussi au journaliste britannique, qui le rapporte dans *François*

Mitterrand, portrait d'un ambigu (Nouveau Monde éditions, 2015). Anne Pingeot, femme d'un seul homme.

À cette « fille-fleur-fruit-beau soleil », François Mitterrand répète chaque jour ou presque son amour éternel, mais il refuse de divorcer : la morale bourgeoise et catholique de l'époque, a-t-on toujours expliqué. Ce n'est pas la version d'Anne Pingeot. « Il n'abandonnait jamais un choix. Danielle, c'est un choix qu'il avait fait », a confié la conservatrice. Au milieu de la correspondance publiée le 13 octobre chez Gallimard, on lit ce petit mot griffonné sur un bout de nappe en papier d'un bistrot, à l'été 1966, par le futur Président : « Le péché commence au confort. » Le pacte passé entre Danielle et François Mitterrand ne prévoyait pas néanmoins la naissance d'un enfant. Le candidat à l'élection présidentielle de 1974 cache la grossesse à sa femme. Anne Pingeot la cache elle-même à sa grand-mère, s'enfuit en Angleterre, et accouche sans « François » dans une clinique d'Avignon. Seule sa sœur est venue lui tenir la main.

Elle a fini son droit, l'École du Louvre, devient conservatrice. Plusieurs fois, leurs vies professionnelles se croisent. Mitterrand président engage ses « grands travaux » et, loin d'abandonner le chantier de la gare d'Orsay lancé par son prédécesseur Valéry Giscard d'Estaing, en triple les crédits, détaille Anne Pingeot, règle à calcul en main, dans son livre *Orsay. La sculpture* (1995). Elle sait de quoi elle parle : la conservatrice y travaille. Le « M'Orsay » est inauguré le 1er décembre 1986, en pleine cohabitation, par le chef de l'État, son Premier ministre Jacques Chirac et… Giscard. L'« ex » reconnaît évidemment dans cette guide en châle rouge et longue jupe blanche la « fille des Chaudessolle », les voisins clermontois de ses parents. Depuis plusieurs années, il n'ignore de toute façon rien de la double vie de son rival.

Du musée d'Orsay, Anne Pingeot se rend à pied tous les midis sur le chantier de la Pyramide de Louvre, pour en suivre les travaux, qui démarrent en 1985. Qui le sait ? Le polyèdre de verre est le cadeau secret du Président à la conservatrice. L'architecte Pei prévoit d'ériger une grande sculpture sous sa base. La conservatrice propose *Le Penseur*, de Rodin. Un essai est organisé, auquel assistent, un soir très tard, à l'abri des regards, Anne Pingeot et sa fille, alors enfant. « Vu de l'extérieur et de la terrasse d'accueil, c'était magnifique. En revanche, à partir du sol de la pyramide, [...] l'image scatologique qu'elle pouvait donner ruina le projet », raconte l'ancien directeur du Louvre Michel Laclotte dans le livre publié pour Anne Pingeot à l'occasion de son départ à la retraite. Ces mélanges laissent en revanche deviner qu'on doit à la Clermontoise la restauration du pont Alexandre-III, et mille autres choses encore.

Certains disent que son amour interdit a peut-être aussi empêché Anne Pingeot de diriger le musée d'Orsay. Cette érudite appartient en effet au petit nombre des grands historiens qui ont inventé leur domaine de recherche. C'est elle qui sort du purgatoire cet âge d'or méconnu de la sculpture, le XIXe siècle, que les conservateurs tenaient jusqu'alors pour un « grand désert kitsch », rappelle le président du musée d'Orsay Guy Cogeval. La conservatrice a redécouvert des bronzes d'hommes célèbres – ou plutôt leurs plâtres, puisque les

Allemands les avaient fondus pour fabriquer des armes. Avec elle, bibelots ou dessus de pendule que personne n'avait jamais considérés sont devenus des œuvres d'art, tout comme les bustes ou les portraits en pied de « grands hommes ». « Sans le sourire et l'attention d'Anne Pingeot, s'intéresserait-on encore à la statuaire monumentale des places publiques en France ? » interroge Judith Kagan, conservatrice en chef du Patrimoine.

Elle reste pourtant dans l'ombre, loin de toute gloire. « Les gens supérieurs vous multiplient la vie par leur savoir, a confié Anne Pingeot à Philip Short. Admirer la personne qu'on aime, c'est un immense bonheur. Admirer tellement, ne jamais s'ennuyer, avoir tous les centres d'intérêt… C'était… le renouvellement permanent. Trente-deux ans de vie intense de bonheur… et de malheur ! Parce que c'était dur… François avait une phrase que j'ai trouvée merveilleuse : “Il n'y a d'amour éternel que contrarié. Quand c'est difficile – quand c'est tout le temps difficile –, l'amour ne s'éteint pas.” »

En politique, ils sont parfois en désaccord, comme en 1984, lorsque la droite descend en masse à Versailles puis à Paris pour défendre l'école privée. « Tiens, tes amis sont dehors… », ironise son président-amant, embourbé dans une belle crise politique. Elle se rend à la messe et se signe lorsqu'elle franchit le parvis des églises où, le week-end, elle va contempler les gisants avec François Mitterrand. Jean Lacouture, le voisin de Gordes, a raconté que c'est à Anne Pingeot, et à elle seule, que le président avait confié le secret de son cancer, en décembre 1981. La scène s'est jouée rue

Jacob, dans l'appartement où reposaient ses fameuses lettres aujourd'hui réunies en un livre.

À la mort du président, quinze longues années plus tard, la famille officielle s'était offusquée de voir publiée la photo de l'homme politique volée sur son lit de mort par le photographe Patrick Amory. Pas Anne Pingeot. Dans le catalogue de l'exposition *Le Dernier portrait*, organisée en 2003 par le musée d'Orsay, elle racontait sa fascination pour ces masques mortuaires et confiait que François Mitterrand admirait la photo (anonyme) de Léon Blum, yeux fermés sur son lit de mort.

À l'époque, la Mitterrandie avait hurlé au sacrilège. Aujourd'hui que Danielle Mitterrand n'est plus, les mêmes, vieux amis et mémorialistes de l'ancien président socialiste, saluent celle qui, grâce à ces lettres, révèle un « autre » Mitterrand, plus complexe, plus aimant, plus humain. Anne est revenue en grâce. Ainsi va la cour chez les rois de France.

Le Monde, 6 octobre 2016

François Hollande
et les cendres du rocardisme

En Corse, on réserve toujours les plus beaux panoramas aux défunts. Voilà pourquoi les cimetières y sont marins ou tournés vers la mer. Sur les dernières marches de celui de Monticello, joli village perché de Haute-Corse, on embrasse toute la Balagne du regard : le sémaphore de l'Île-Rousse, le désert des Agriates et, quand il fait beau, les rives du Cap. Belle vue pour les caveaux des familles Mattei ou Taddei, mais aussi pour l'urne funéraire de Michel Rocard que François Hollande doit venir déposer à l'ombre d'un olivier, ce jeudi 2 mars 2017.

Depuis la mort de son mari, le 2 juillet 2016, Sylvie Rocard attendait le président de la République à Monticello. « Pourriez-vous passer honorer Michel avant de quitter l'Élysée ? » demandaient les dernières lettres de la troisième épouse de Michel, une Corse d'adoption. L'ancien maire de Quimper, Bernard Poignant, rocardien de toujours, s'était permis d'insister. Deux mois avant l'élection présidentielle, François Hollande a trouvé un moment pour saluer la mémoire de l'ancien Premier ministre socialiste. « Je voulais respecter le dernier vœu de celui qui a toujours été fidèle à son premier engagement », explique le président.

Il a choisi le cimetière de Monticello. « Un jour qu'on s'y promenait, Michel m'a dit : "Je laisse le caveau du cimetière Montparnasse, je reste avec toi, ici." » raconte Sylvie Rocard. « J'irai dormir en Corse » : dans un texte écrit deux ans avant sa mort et lu par son fils aîné lors d'une cérémonie au temple protestant de l'Étoile, à Paris, l'ancien négociateur des accords de paix en Nouvelle-Calédonie donnait également à son choix un sens politique. Jeune militant du Parti socialiste unifié, il avait passé sur l'île, en 1968, des étés enfiévrés. De là était née sa passion pour le passé de la Corse, des « droits de suzeraineté rachetés à Gênes » jusqu'au rapatriement des pieds-noirs d'Algérie en 1962. « Je n'ai pas une goutte de sang corse mais je n'aime pas qu'on me raconte des histoires, fût-ce au nom de mon pays », répétait souvent ce Girondin convaincu.

Pierre Soulages a été chargé par Pierre Encrevé, ancien conseiller « culture » du défunt et auteur du livre *Les Peintures* consacré au maître de l'outrenoir, de sculpter un tombeau. Mais l'affaire a pris du retard. La pierre brute coûtait plus de 60 000 euros et était si massive qu'il aurait fallu un hélicoptère pour la livrer au cimetière. « Monticello, c'est pas le Père-Lachaise. Il faut rester modeste », sourit Sylvie Rocard. L'œuvre monumentale s'est donc muée en projet de « livre ouvert », future stèle sculptée dans la pierre blanche qu'est invité jeudi à imaginer le petit cercle des vrais amis de « Michel » : Pierrot le facteur, Mimi du bar des Platanes et Jojo de la Pastourelle, Edmond Simeoni, le père de l'autonomie corse, son fils Gilles, le nouvel homme fort de l'île, Jean-Guy Talamoni, président nationaliste de l'Assemblée de Corse…

L'avocat et ex-secrétaire d'État Tony Dreyfus est venu de Paris représenter les « rocardiens historiques ». Manuel Valls, le battu de la primaire à gauche, n'a pas été convié. Quant à Emmanuel Macron, il « présente ce même jour son programme », excuse Sylvie Rocard, membre du conseil d'administration de la Fondation Brigitte-Bardot, qui a accepté il y a trois jours de « travailler sur la cause animale » pour le mouvement En marche !

C'est la version officielle. En réalité, Macron ne voulait pas croiser François Hollande. Mme Rocard croit savoir que « Michel aurait bien aimé les propositions de Benoît Hamon sur la réduction du temps de travail », elle hésite à le convier, mais bon, elle n'en peut plus de ces histoires de politiques et d'héritage. Des cendres du rocardisme, en ces temps si confus, elle ne sait trop quoi faire. Alors elle les trimbale dans une poche en plastique qu'elle a fourrée dans son sac à main, et les déposera avec le président devant la mer.

Le Monde, 2 mars 2017

André Bercoff, la VF de Trump

Mercredi 18 janvier 2016, 26e étage de la Trump Tower, à New York. Le frenchie André Bercoll a rendez-vous avec Donald Trump, le futur candidat des Républicains : vingt minutes chrono, pas une de plus. Un coup d'œil aux balles de base-ball et aux trophées de golf alignés sur les étagères du bureau, à la flopée de « unes » de magazines encadrées et consacrées au tycoon, un regard encore sur les frondaisons de Central Park au travers de la baie vitrée, et Bercoff se lance : « Vous êtes l'un des premiers à faire de la politique postmoderne… »

Les deux hommes s'étaient déjà croisés en 1988, lorsque Bercoff préparait pour Fayard son *Mémoire des palaces*, un tour du monde d'hôtels mythiques, et rencontrait le nabab de l'immobilier au Plaza, sur la 5e Avenue. « Je connais le prix de tous les hôtels de New York au dollar près », lui avait glissé le magnat. C'était vrai. Cette fois, ce n'est plus de Manhattan qu'ils parlent, mais de la planète et de ses dirigeants, Barack Obama, Vladimir Poutine… « Il a dit que j'étais brillant, ça prouve chez lui une certaine lucidité », lâche le candidat américain à propos du président russe.

« J'ai beaucoup d'amis musulmans qui sont d'accord avec ma politique d'immigration », explique encore Trump à Bercoff. Au bout de vingt minutes, l'homme grommelle un « OK » pour signifier la fin du rendez-vous, et commence à signer chèques et parapheurs. Trop heureux de cette aubaine, le *Frenchie* le lance sur les attentats du Bataclan à Paris. « Pas une balle, pas un projectile tiré en direction des tueurs ! C'était open bar pour le massacre, c'était le tir aux pigeons. J'ai en permanence une arme sur moi, je peux vous dire que si j'avais été là ou dans l'un des cafés, j'aurais tiré », s'anime Trump sous son casque orangé.

La rencontre a finalement duré une heure, assure Bercoff. Le polémiste a même visité les appartements privés des Trump : déco et ambiance « à la Penthouse » propices à « des envies, voire des fantasmes de maître du monde », note-t-il sur son carnet. Il risque une dernière question pour savoir pourquoi le Républicain évite tout alcool – un buveur de vodka ne se refait pas – et la porte se referme. De ces soixante minutes, le journaliste a tiré son 44e livre, *Donald Trump, les raisons de la colère*, publié chez First deux mois avant l'élection américaine, et sa *medal of honor* : il reste à ce jour le seul-journaliste-français-à-avoir-rencontré-le président-des-États-Unis. En quelques jours, Bercoff, natif de Beyrouth, qui a des cousins dans l'Oregon, s'est mué en spécialiste des États-Unis. Depuis novembre 2016, sur les plateaux des chaînes d'info en continu, il est sacré expert en trumpisme.

Ce n'est pas un hasard si Bercoff a tant voulu rencontrer Trump. En 1986, il a coécrit *Gagner*, le livre de

Bernard Tapie, puis pris la défense du patron de l'Olympique de Marseille dans *Comment ils ont tué Tapie*, douze ans plus tard. C'est son fil rouge politique : défendre les victimes supposées du « système », comme on ne dit pas encore. Un milliardaire américain se lançant avec « l'Amérique périphérique » contre la candidate des « élites », l'exploit lui plaît. « Trump n'est pas l'antéchrist ni le crétin tellurique qu'on dit », martèle Bercoff. Éternel tee-shirt à la Poutou sous sa veste, Nike aux pieds comme ces hommes qui ne veulent pas vieillir, le polémiste s'est même mis à twitter frénétiquement et avec vulgarité, comme Donald Trump : « Pourquoi nos couards bavards politico-médiatiques haïssent [ce président] avec autant de zèle ? »

Mais est-ce l'élection américaine qui lui a offert cette renaissance ? Ou simplement air du temps franchouillard pour ne pas dire “réac” ? Le journaliste dicte encore ses papiers comme Philippe Bouvard, mais, à 76 ans, vit une seconde jeunesse. Les années 2000 voulaient qu'on commente les coulisses politiques et rêvaient de « l'envers du décor », les années 2010 brisent les « tabous » et réclament des agitateurs « décomplexés », bons fournisseurs de *clashes* et de *punchlines*. Radios et télés tout info doivent remplir leurs talk-shows et raffolent de ces grandes gueules intello-poujadistes qui font craquer leur costume sur les plateaux. « Le retour du balancier après tant d'années de gauche divine ! », se réjouit André Bercoff.

La voix énorme d'« André » passe par les *Informés* de France Info, prend des détours réguliers par le FigaroVox, repasse sur BFM… Depuis septembre 2016,

Sud Radio lui a aussi confié une heure et demie d'antenne chaque matin, pour commenter, entre autres, « l'élection la plus passionnante qu'on ait connue depuis quarante ans, s'enthousiasme Bercoff. Tout est sur la table. C'est le retour du refoulé ». Dès qu'il a la parole, lui-même dénigre les sondages, « crotte du peuple », moque ces journalistes dont la devise est « bobo, boulot, dodo », torpille Emmanuel Macron, « le transgenre » ou « la maquerelle », et n'hésite pas à comparer « l'agonie » de Benoît Hamon au « Rwanda du PS ». François Fillon échappe au jeu de massacre, comme Nicolas Sarkozy il y a cinq ans : deux masques de cire tragiques qui se décomposent, devenus d'un coup des héros « bercoffiens ».

À *Valeurs actuelles*, Bercoff est chargé des idées et des débats dans un cahier baptisé « L'incorrect », autre euphémisme pour autoriser les transgressions. Arnaud Folch, un ami du couple Louis Aliot-Marine Le Pen (deux fêtards comme lui) et directeur adjoint de la rédaction, a recommandé le polémiste à Yves de Kerdrel, le directeur de l'hebdomadaire depuis 2012. Ils partent ensemble interroger Bachar Al-Assad, à Damas en novembre 2015, avant que Bercoff y retourne l'année suivante avec des parlementaires du parti Les Républicains (LR). C'était juste après l'interview de Trump, dont il est bien seul à prédire la victoire. « Depuis, Kerdrel l'appelle "le devin" » ; d'autres préfèrent « le sorcier ».

Bercoff possède une grande qualité : le flair. Dans *Les 180 Jours de Mitterrand*, publiés en 1977 chez Belfond sous pseudonyme (« le premier livre de politique-fiction », dit-il), André Bercoff avait nommé Jack

Lang ministre de la Culture. Chargé du feuilleton d'été de *Valeurs actuelles* trois années durant, il imagine en 2015 une dissolution qui n'a pas eu lieu, mais prédit la démission de Christiane Taubira et surtout la défection de… François Hollande. Il la situe le 22 février 2017 et rédige même le texte de l'allocution télévisée : « Pourtant j'ai décidé, après une longue réflexion, de ne pas solliciter un second mandat à la tête de notre pays… » On croirait entendre le président.

Il le connaît si bien… Fut un temps, en effet, où André Bercoff était de gauche. « Mon père était un bolchevik, sourit-il. Il lisait *Démocratie nouvelle*, une revue du Parti. Elle était ouverte sur la table de la cuisine, j'étais enfant, je lisais Thorez et Duclos. Après je suis passé à Prévert, Sartre et Boris Vian. » Il a 13 ans, en 1953, quand, dans la salle de cinéma Roxy de Beyrouth où le fils unique s'est assis avec son père, les actualités annoncent la mort de Staline. « Nous nous sommes levés tous les deux, en hommage », raconte-t-il.

À Paris, en 1967, il devient « libertaire, underground, copain avec les gens d'*Hara-Kiri*, raconte son vieil ami Jean-Pierre Tuil, conseiller en relations publiques. Cavanna était son pote. » Ses blagues et son bagout en font un convive de choix. Sa plume rapide, ses formules alertes séduisent les patrons de presse. Après un an à *Jeune Afrique*, il fait la tournée des grands, *L'Express*, *Le Nouvel Observateur*, *Le Monde*. « Vous avez vocation à travailler ici un jour », lui promet André Fontaine. Françoise Giroud lui confie les pages société de *L'Express*. « Il les révolutionne. On y parlait enfin des mœurs en toute liberté ! » se souvient Jean-Pierre Tuil.

« Sexe, drogue et rock and roll », c'est à l'époque le viatique de Bercoff.

Le journaliste aime les laisses longues et les vies sans contraintes. Il quitte l'hebdomadaire et devient éditeur, pige à droite, à gauche, *Le Matin*, *Elle*, *Lui*, des tribunes au *Monde*, deux ans à *France-Soir*, 500 émissions sur France 3... Pour *Actuel*, ce parfait arabophone loue, sous une fausse moustache, une suite dans un hôtel bordelais et devient Mohamed Zahker : un riche homme d'affaires du Golfe venant acheter des châteaux en pétrodollars. Les élus défilent à ses pieds. « J'ai montré comment une ville pouvait céder à la tentation de l'argent. »

François Mitterrand adorait se faire raconter le coup fumant de Zahker. De l'ex-président, Bercoff dit aujourd'hui : « Un homme qui peut recevoir à un quart d'heure d'intervalle René Bousquet et Elie Wiesel ne peut être complètement mauvais. »

Il avait commencé par rencontrer Jacques Attali. En 1982, une année après l'élection de François Mitterrand, le conseiller spécial le sonde : « Le président songe à toi pour un projet sur les municipales de 1983. » Bercoff n'est pas chaud pour se présenter, ni pour écrire un pamphlet contre Giscard. Il a une autre idée : se glisser dans la peau d'un ténor de la droite observant lui-même la gauche après un an et demi de pouvoir. « On me demandait un livre pour contrer la droite, j'ai mis en scène un de ses dirigeants expliquant anonymement : "Ne vous inquiétez pas, nous ne pouvons pas gagner, la gauche saura gérer le capitalisme." J'ai fait un détournement de commande. »

Écrit en un mois, le livre sort en deux tomes sous le pseudonyme de Caton. Pour la promo, il faut préserver la mystification littéraire et politique. « Attali m'avait présenté un jeune conseiller élyséen, François Hollande, qui m'avait fourni des notes économiques. Comme il était alors moins connu que moi, on a décidé qu'il irait à la radio : Elkabbach et Levaï m'auraient reconnu. » Les noms de Raymond Barre, Raymond Soubie, Michel Jobert bruissent dans Paris. Le bal masqué prend fin au bout d'un an sur le plateau d'*Apostrophes*. Le vrai et le pseudo-Caton continuent de se fréquenter une dizaine d'années avant de se perdre de vue, et surtout d'idées.

Loin de la gauche, Bercoff dialogue désormais avec trois militants de Riposte laïque et du Bloc identitaire qui livrent une croisade obsessionnelle contre l'islam dans *Apéro saucisson-pinard* (Xenia, 2012). Et se produit aussi dans le cycle de conférences « Béziers libère la parole », un vrai « facho-tour » qui voit défiler tous les auteurs identitaires conviés par Robert Ménard – ce maire que le « devin » Bercoff voit forcément réélu.

« J'ai connu un Liban pacifié, je ne veux pas voir la France se communautariser », justifie invariablement l'ancien complice des socialistes. Marine Le Pen le séduit, mais elle reste « trop protectionniste : sortir de l'euro serait une véritable aberration », estime-t-il. « Ce n'est pas le cas de Trump. Il est riche, c'est sa chance. Il, n'est donc ni achetable ni vendable. Voilà ce qui nous manque en France ! »

Le Monde, 13 avril 2017

Qui est vraiment Jean-Luc Mélenchon ?

Chambre 523 du St Christopher's Inns, une auberge de jeunesse proche de la gare du Nord, dimanche 23 avril 2017. « Jean-Luc » s'est replié au dernier étage de cet hôtel pour routards, badges à tous les étages et tarifs spécial « *backpackers* », juste au-dessus du Belushi's, le bistrot qui accueille les invités.

C'est le premier tour de l'élection présidentielle et les résultats tombent bureau après bureau. Seuls les bulletins des grandes villes, celles qui votent davantage pour lui que pour le Front national, restent à dépouiller. « Est-ce que ça va encore bouger ? » demande de temps en temps le candidat de La France insoumise aux rares intimes présents dans la pièce. Sur son grand téléphone, par le biais de la messagerie cryptée Telegram, il consulte le groupe que forme son équipe rapprochée.

Ce sont ses seuls mots, ou presque, jusqu'à son intervention télévisée. Au St Christopher's Inns, Jean-Luc Mélenchon reste « calme et impénétrable », raconte Gilles Perret, le réalisateur des *Jours heureux* (2013) et de *La Sociale* (2016), qui a filmé toute la campagne de La France insoumise. Pas de colère noire ou blanche, feinte ou sincère, pas de « vermine », de « parasites », de « crevards ». Pas de « show », comme il dit. « Tout s'est passé dans sa tête », raconte l'un de ses plus anciens amis.

Personne ne connaîtra jamais la force de la tempête qui s'est alors levée sous le crâne du candidat, la collusion des sentiments muets qui produira une réaction chimique bizarroïde : refuser de choisir entre Emmanuel Macron et Marine Le Pen. Ce soir-là, « Méluche » prend un masque de samouraï. Il est comme François Mitterrand dans la chambre 15 de l'hôtel du Vieux Morvan, à Château-Chinon, dans la Nièvre – 10 mètres carrés où, depuis 1959, le candidat du PS a accusé les coups jusqu'à la victoire de 1981.

Le chef des Insoumis voyait déjà son portrait sur les murs de toutes les mairies de France. Ses fans étaient prévenus : « Je suis prêt pour la qualification. » Mélenchon président ! Il en parlait à voix haute et avait tout prévu. Le chef de son gouvernement aurait été également garde des sceaux. Au-dessous, treize ministres, mais aussi « des hauts-commissaires en mission, comme Martin Hirsch au temps de Nicolas Sarkozy », raconte sa conseillère en communication Sophia Chikirou. Mélenchon avait même trouvé son secrétaire général de l'Élysée : le conseiller d'État Bernard Pignerol, ancien président de la commission des conflits du PS et ex-conseiller diplomatique de Bertrand Delanoë.

Partage des richesses, planification écologique, sortie des traités européens, renforcement de l'ONU, sortie de l'OTAN, entrée dans la fameuse Alliance bolivarienne, taxes solidaires et protectionnisme, fin du nucléaire… L'utopie était en marche. Ils y croyaient tant qu'une « chaîne du président », interactive, était à l'étude. Le nouveau chef de l'État, Jean-Luc Mélenchon, 65 ans, s'y serait exprimé une fois par semaine, comme le président du Venezuela, Hugo Chávez le dimanche à 11 heures dans *Aló Présidente*, ou encore Evo Morales en Bolivie et Rafael Correa en Équateur, avait expliqué Sophia Chikirou.

Après la présidentielle de 2012, la jeune femme a passé quatre ans à l'étranger, dont plusieurs mois en Espagne auprès du mouvement Podemos de Pablo Iglesias. C'est elle qui a poussé Mélenchon à se multiplier en hologrammes, ringardisant soudain les communicants aux mille campagnes, ces champions olympiques de la discipline, Anne Méaux et Stéphane Fouks. De son tour du monde de la nouvelle résistance, la fée de la com' est revenue avec un slogan : « Une révolution citoyenne, ça se fait en trois ans. Après, on gère les acquis. »

L'ancienne militante socialiste a retenu une autre leçon de son séjour aux États-Unis auprès des équipes de Bernie Sanders. Durant la primaire, le candidat démocrate-socialiste avait ignoré les grands médias, cette « seconde peau du système ». Et réciproquement. « L'affrontement du Front de gauche avec les journalistes, en 2012, c'était pensé, organisé, théorisé. Je mettais en œuvre "le bruit et la fureur" : on partait de 3 %, c'était notre seule chance d'exister. Il faut désormais les contourner », explique Sophia Chikirou.

Apothéose de cette stratégie digitale : le 19 février 2017, le chiffrage du programme du candidat est présenté en direct d'un studio télé. Cinq heures de décryptage sur la fameuse chaîne YouTube, clé de son succès : 371 000 abonnés, plus d'un million de « *like* » sur la page Facebook – trois fois plus que François Fillon, presque autant qu'Emmanuel Macron. Le chef des Insoumis n'était apparu qu'à la fin de l'exercice, après les experts de son équipe. Car, dans cette campagne-ci, Jean-Luc Mélenchon devait *a priori* tenir un rôle à contre-emploi.

« À l'origine, le candidat ne devait être que le porte-parole du mouvement de La France insoumise, confie un collaborateur. Mais sa prestation parfaite sur TF1, lors du débat du 20 mars, notamment face à Marine Le Pen, a modifié la donne. Mélenchon n'a pas disparu des médias "dominants", comme Bernie Sanders s'était effacé lors de la primaire démocrate ; la campagne est devenue la sienne. » L'ex-sénateur socialiste est désormais dans le jeu, incontournable.

Lorsqu'il quitte la chambre 523 du St Christopher's Inns, ce soir du 23 avril, la bouche de Jean-Luc Mélenchon tombe un peu plus que d'habitude. À « chacun de faire son devoir », finit par lâcher le candidat sur les écrans de télévision où paradent marinistes et macronistes, les vainqueurs de la soirée. Pas de consigne de vote. Autour de lui, les militants de La France insoumise ne veulent pas entendre parler de Macron. Certains dirigeants refusent même de prononcer son nom. Alors que, pour la première fois dans l'histoire de la Ve République, le Front national constitue un réel danger dans les urnes, le chef ergote, tournicote, se débine. Puis se met aux abonnés absents.

On guette ses mots comme autant d'oracles. Il ne réapparaît que cinq jours plus tard sur sa chaîne YouTube. Pas de « ni-ni », mais pas non plus d'appel à voter Emmanuel Macron, mais long « tuto » à la Ponce Pilate, pour ne pas se trouver noyé dans le magma d'un front républicain et s'autoproclamer seul opposant à Macron. Sur son blog, des rivières de mots racontent que la « farce » électorale était écrite « de longue main » et que le nouveau président est « désigné par les 9 milliardaires qui contrôlent 90 % des médias ». Le reste du temps, Mélenchon compte et recompte les « 600 000 voix » (variante : « sept par bureau de vote ») qui lui manquent pour accéder au second tour.

Les artistes croquent l'humanité mieux que personne, mais les caricaturistes ont souvent du mal à imiter ceux qu'ils aiment trop. C'est le cas de Gérald Dahan. Il a demandé à rencontrer Mélenchon il y a deux ans : au téléphone, le député européen avait cru à un canular. Le contact s'est établi. D'un « groupe d'appui » l'autre, l'humoriste a décidé de suivre l'élaboration du programme des amis de Mélenchon. Aujourd'hui, Dahan est le candidat de La France insoumise dans les Hauts-de-Seine (Vanves, Issy-les-Moulineaux, une grosse partie de Boulogne, un petit peu de Meudon).

« Je n'ai jamais réussi à imiter Mélenchon, raconte-t-il en fan assumé. Il y avait trop peu de distance entre l'homme que je connaissais et l'homme public, trop de cohérence entre l'image perçue et l'image voulue. » Après le second tour, pourtant, Dahan a trouvé la voix de Mélenchon. Elle ressemble à celle du général de Gaulle, et fait irruption dans son spectacle pour réclamer ses 600 000 bulletins. « C'est pas fini, c'est pas fini ! Tout commence ! Il m'en manque que 600 000 ! » Comme si, sans se l'avouer, l'humoriste – qui a voté Macron au second tour – avait eu enfin besoin de se moquer du *Luder máximi.* »

Quelle relation étrange, presque perverse, entre Mélenchon et les élections présidentielles ! En avril 2012, le candidat du Front de gauche, qui a quitté le PS six ans plus tôt, réunit 11 % des votes et près de 4 millions de voix sur son nom. Un exploit. Place Stalingrad, Mélenchon, pourtant, fait la gueule. Cinq ans plus tard, le candidat séduit 7 millions d'électeurs, explose le Parti communiste, écrabouille le PS, trouve les moyens financiers de présenter des candidats dans chaque circonscription. Et pourtant, le 23 avril, il boude, ronchonne. « Le résultat annoncé depuis le début de la soirée n'est pas celui que nous espérions... » Il est si déçu, qu'il oublie même de fêter ses 19,6 %.

En avril 2002, il ne s'agissait pas de lui, mais il avait pourtant touché le fond. Son candidat, c'était Lionel Jospin. Un ancien trotskiste lambertiste comme lui ; le chef du gouvernement qui, en 2000, l'avait nommé ministre délégué à l'Enseignement professionnel. Depuis des semaines, « Méluche » passe son temps à rassurer ceux qui s'inquiètent pour ce candidat du PS qui a expliqué que son programme « n'[était] pas socialiste ». Le score du 21 avril le fait mentir. Le soir, au local de campagne du candidat, il tourne blême. « J'ai revu une photo de moi à cet instant : je suis couleur de craie », raconte-t-il dans *Le Choix de l'insoumission*, un livre d'entretiens paru au Seuil en 2016, et devenu l'une des bibles des jeunes militants. « Je n'ai plus de sang dans le corps. »

À cette époque, Jean-Luc Mélenchon n'a pas de mots assez durs contre ceux qui n'appellent pas à voter Jacques Chirac. La percée de l'extrême droite ferme la parenthèse de « l'un des moments les plus heureux de

[sa] vie », son passage rue de Grenelle. Sa nostalgie croise aussi un chagrin personnel. Une grosse déprime le saisit. « Il avait arrêté de fumer et dressait des listes de choses à faire dans la journée pour se maintenir, faire des courses, creuser des fossés dans sa maison du Loiret, et il cochait », raconte un ami. Plus des séances d'acupuncture et quelques vitamines, le remède qu'il administrait, en 2009, à son ancien camarade Julien Dray, quand le député de l'Essonne, mis en cause dans une affaire de fonds secrets, pleurait chaque fois qu'il ouvrait la bouche.

On s'endurcit, en vieillissant. « Ma santé est bonne. Je ne me retire pas de la vie politique, je ne pars pas à la retraite, je ne suis pas dépressif », lâche-t-il cette fois cinq jours après sa défaite. Le lundi et le mardi suivant le premier tour, tandis que Macron et Le Pen s'échauffent avant le grand duel, il ne passe que deux jours chez lui, à Paris, au lit, mais parce qu'« il avait attrapé une grosse grippe lors de son dernier meeting », explique son équipe. Le mercredi, il était debout, prêt pour les législatives.

En 2012, il était candidat à Hénin-Beaumont, face à Marine Le Pen. Cette fois, il se présente à Marseille, chez Patrick Mennucci – l'une des meilleures circonscriptions, celle dont on ne sort que « les pieds devant », disent les vieux militants socialistes. En mai 2017, Mélenchon s'installe au cœur du Marseille rose, comme s'il était né là. Son CV parle pour lui : au PS depuis 1976, conseiller municipal de Massy en 1983, conseiller général de l'Essonne, puis plus jeune sénateur en 1986, pilier de la Gauche socialiste jusqu'au congrès de Reims, en 2008… « Mélenchon fait partie de notre patrimoine national », sourit son lieutenant Alexis Corbière.

Qui le connaît, pourtant ? « J'appartiens à une culture où on ne parle pas de soi. Et si on parle de soi, on ne parle pas des siens », explique Mélenchon à Karine Le Marchand dans Une ambition intime (une émission où Sophia Chikirou l'a poussé à se rendre). Il procède de la culture communiste, celle des moines-soldats. La sphère privée se confond avec l'action publique ; le militantisme s'emmêle insidieusement dans la vie personnelle. « Je ne crois pas que ce serait possible [d'avoir une amoureuse de droite] », a soufflé « Méluche » autour d'un verre de vin jaune et d'un comté du Jura dans la fameuse émission. On est loin de la philosophie œcuménique d'En marche !.

Chez Karine Le Marchand, seul Gabriel Amard, un des cadres du Parti de gauche, candidat dans la 1re circonscription du Jura, accepte de raconter son… beau-père. Il a épousé la fille du candidat, Maryline, une militante dévouée. Les amis de Jean-Luc-Mélenchon sont tous des camarades politiques et ne révèlent à la presse que des secrets qui n'en sont pas : cette fameuse surdité, découverte tardivement, lors des « trois jours » à l'armée, les lignes de calligraphie à l'encre de Chine qu'il trace à la plume pour rester zen, ou encore la semaine de vacances annuelle au moulin de Laguépie, dans le Tarn-et-Garonne. Sans oublier les promenades à pied dans Paris, comme « le Vieux » (Mitterrand), la veste achetée « en solde » chez Hollington, rue Racine à Paris, les chemises de serveur de café dénichées chez des grossistes et « qui n'ont pas besoin d'être repassées »…

Mais son mental, les logiques de ses éclats borderline, ses failles et ses forces, la part de mauvaise foi dans sa bonne foi, qui les perce au jour ? Ceux qui ont connu « Jean-Luc » hier, avec son attaché-case, ou ceux qui l'approchent aujourd'hui, avec sa veste de charpentier ? « Un jour, Jean-Luc nous a dit : “Si vous lisez *Fondation*, d'Isaac Asimov, vous avez compris la base de la pensée de Mélenchon” », raconte Mathias Enthoven, un des jeunes piliers de la communication numérique de La France insoumise, rue de Dunkerque, et gros lecteur de science-fiction comme son patron.

À 35 ans, au palais du Luxembourg, Mélenchon s'entourait de sénateurs respectables ; à 65 ans, il s'entiche de la génération digitale – community managers, social managers, contain managers, graphistes et webdesigners, doublés du réseau des leaders d'influence, comme DanyCaligula, les gamins d'Osons causer, ou encore Usul, autre youtubeur politique de référence. C'est la relève du « vieux monde », comme il dit, cette cohorte de militants trotskistes, Gauche socialiste, Front de gauche qui s'était retrouvée le 25 juin 2015, au crématorium du Père-Lachaise.

« Delap' » est mort cinq jours plus tôt à l'hôpital de la Pitié-Salpêtrière, terrassé à 44 ans par une tumeur au cerveau. Pour *À gauche*, François Delapierre avait rédigé son dernier éditorial en clignant de l'œil, comme le héros du *Scaphandre et le papillon*, Jean-Dominique Bauby. SOS Racisme, FIDL, Unef-ID… Ses premières réunions militantes, il s'y rendait à 15 ans en short et en sandales, cartable sur les épaules. Il avait en 2008 quitté le PS pour suivre « Jean-Luc » au Parti de gauche, organisé sa campagne présidentielle de 2012, réfléchi avec lui à la révolution citoyenne dans les urnes. « Delap' » était l'inventeur de la formule « les 17 salopards de l'Union européenne » qui faisaient pression sur Chypre, enlisée en 2013 dans une crise bancaire. Avant tous les autres, il avait compris que « les gens » voulaient du « *fight* » et que « la violence était le déterminant politique des luttes d'aujourd'hui », comme dit le sabir mélenchonien.

C'est lui, Delapierre, qui aurait dû se présenter en 2017, assure aujourd'hui la légende. « Pendant toute son agonie, Jean-Luc disait : "J'aurais voulu mourir à sa place." Il se démène pour le sauver et « était prêt à convoquer des médecins cubains, expliquant qu'ils avaient su trouver les premiers remèdes contre le cancer du poumon, stopper la contamination du sida dans le ventre de la mère », raconte un de ses amis. Ce sont les ondes de ces maudits portables qui lui ont foutu le cerveau en l'air ! répétait Mélenchon – Delapierre le coinçait souvent entre son oreille et son casque.

C'est presque un fils que Jean-Luc Mélenchon pleure, ce jour d'été, au Père-Lachaise. « Je parle pour nous, son ample famille, celle de l'esprit. Notre engagement politique abolit le règne de l'absurde et prive la mort de sa prétention à diriger nos vies. La mort n'est pas notre maître et la morsure de son fouet ne nous disperse pas dans la douleur comme une meute effrayée. » La voix hésite comme toujours entre la fureur et les larmes, et finit, loin des micros, des télés et des tréteaux, par tomber du côté de l'émotion.

Julien Dray, Robert Zarader (qui roule aujourd'hui avec Macron), la ministre Laurence Rossignol, le président du conseil régional Jean-Paul Huchon, les députés

Benoît Hamon et Pouria Amirshahi suivent les discours dehors, sur l'écran géant. Lorsque Mélenchon nomme le « cadavre » sur lequel est resté « figé le sourire narquois », leurs regards se croisent furtivement, un brin effarés. Ils n'ont encore rien entendu.

Charlotte Girard, la responsable du programme de La France insoumise – beaucoup de jeunes militants la rêvent à la tête du mouvement –, compagne du défunt, raconte devant le crématorium ce mari-militant qui, « lorsqu'il s'est agi de "construire" des enfants, sortit son agenda pour proposer des dates de naissance ». « Camarade François Delapierre ? » lance une voix. « Présent, pour toujours et à jamais », répond le premier carré militant à la façon des révolutionnaires chiliens quand ils rendent hommage à leurs morts.

Alexis Corbière, Éric Coquerel, Raquel Garrido, Gabriel Amard, une file se met en place autour du cercueil, foulard rouge autour du cou, fleur assortie à la boutonnière, main droite sur l'épaule droite de celui qui le précède, et entonne *Grândola, Vila Morena*, le chant portugais de la « révolution des Œillets ». Le rituel a été calé à l'hôpital entre Jean-Luc Mélenchon et le défunt. Cette marche en rang est riche de sens : transmission, solidarité. Mais pour certains dans la foule, elle raconte aussi un « groupe sectaire » – « tous les codes pour maintenir un clan homogène et très radicalisé », suggère aujourd'hui un socialiste de l'assistance, encore un peu glacé.

Mille militants de tous âges se dispersent à la sortie du cimetière. Les plus âgés ont tant de souvenirs avec « Jean-Luc » ! Il y a Jean-Luc petit garçon qui laissait derrière lui Tanger, ses odeurs, ses promenades sur le boulevard Pasteur (chez Mélenchon, l'immigration est triste, et l'exil toujours malheureux) pour débarquer avec son canari sur le port de… Marseille, là où le candidat de La France insoumise a tenu, le 9 avril, son meeting le plus fervent. Un retour aux sources, un régal pour un psy.

Il y a aussi Jean-Luc trotskiste, « quatre ans à l'OCI, l'Organisation communiste internationaliste, contre six ans enfant de chœur », aime-t-il relativiser. Fidèle, il assistait, en janvier 2008, aux obsèques de Pierre Lambert, père fondateur de cette branche du trotskisme français. C'était déjà au crématorium du Père-Lachaise, ce cimetière de la gauche laïcarde. Ce jour-là, Mélenchon avait accroché une rose rouge sur sa veste de cuir noir et lancé le poing vers le cercueil, comme sept ans pus tard pour son cher « Delap' ».

Personne n'oublie non plus « Jean-Luc » le franc-maçon, auquel le grand maître du Grand Orient, Alain Bauer, était venu rendre visite, au début des années 2000, rue de Grenelle, lorsque Mélenchon était ministre de l'Enseignement professionnel. Vieilles amitiés, qu'il additionne aujourd'hui, grâce aux groupes de messageries privées, à ses nouveaux camarades de La France insoumise : « Nous sommes restés amis », dit Bauer.

Jean-Luc est aussi resté proche d'un tas de députés ou sénateurs qui se souviennent, eux, de « Jean-Luc candidat ». C'était en 1985, l'année des cantonales. Une épreuve : à l'époque, vendre lui-même son image et son talent en affiches et en réunions publiques le mine. « Pour le dirigeant politique professionnel qu'il était, partir en campagne sur son nom, c'était comme si on l'envoyait au bordel », raconte un témoin. En 1998, cet habitué des scrutins de liste en est encore malade. Il ne s'agit pourtant alors que d'une simple cantonale.

Comme beaucoup de Narcisses contrariés, Mélenchon a du mal avec son image. « S'il n'aime pas les journalistes, c'est aussi parce que l'idée qu'on va le dépeindre le gêne, réfléchit la journaliste Marion Lagardère, chargée pour France Inter de suivre sa campagne. Il se dit : et si c'était vrai ce qui est écrit ? » De ses conversations avec lui, elle a fait un livre subtil et pudique, publié en janvier chez Grasset : *Il est comment Mélenchon, en vrai* ?

Encore une fois, le portrait n'a pas plu. Mélenchon en vrai veut qu'on l'aime, puisqu'il ne s'aime pas. S'il vit violemment ses échecs électoraux, c'est qu'ils sont aussi le baromètre de l'amour qu'on lui porte. Le 23 avril 2017, dans la chambre 523 du St Christopher's Inns, en attendant le verdict des urnes, le candidat de La France insoumise a posé son regard sur les toits de Paris et songé à la vue qu'avait François Mitterrand, de la sienne, à Château-Chinon, sur les monts du Morvan. « Il avait passé beaucoup de soirées là-bas avant de réussir, souffle Mélenchon ce jour-là. Si ce soir ça ne marche pas, on reviendra. »

Le Monde, 26 mai 2017

Le « Troca » de François Fillon

Qui l'a reconnu sous sa casquette ? Julien Dray rôde incognito au Trocadéro, ce dimanche 5 mars 2017. On dirait Spaggiari grimé après l'attaque de la Société générale à travers les égouts. L'ancien fondateur de SOS Racisme est venu renifler en connaisseur ce rassemblement parisien capable, au choix, d'enterrer vivant le candidat de la droite à la présidentielle, ou de le ressusciter. Les mobilisations, les manifs de masse en kit, vite organisées et bien ficelées, Julien Dray connaît par cœur : il a fait ça si souvent il y a trente ans. Cette fois pourtant, ce ne sont pas de petites mains jaunes agitées par des « potes » de gauche qu'il aperçoit. « Touche pas à mon vote », disent les autocollants sur les imperméables. Le vote de la primaire pour François Fillon.

Il est un peu plus de 14 heures, le ciel est gris de pluie et lourd d'averses. Foutues giboulées de mars ! Des dizaines de milliers de sympathisants de droite ont expédié leur déjeuner dominical et convergent vers la place du Trocadéro, en scrutant le ciel sous les baleines des parapluies. Ils ne viennent pas assister à un simple meeting. Ils veulent croire que le nombre fait loi. C'est une opération sauvetage de François Fillon, celui qui, il y a quelques semaines encore, devait forcément être élu 25e président de la République française, le 7 mai.

La station de métro Troca est fermée au public mais, dans les avenues adjacentes, on distribue des drapeaux par cartons de cent. Sur l'esplanade, on croise des gloires fanées de la droite, Gérard Longuet sous son vieux chapeau, Bernard Debré en Barbour, l'essayiste anti-communautaire Malika Sorel et quelques cols romains, mais surtout beaucoup de cirés et de trenchs anonymes : des bourgeois d'Île-de-France. La jeunesse anti-mariage gay, venue beaucoup moins nombreuse que lors des défilés de La Manif pour tous prie en secret pour un rayon de soleil. La météo si céleste entretient depuis toujours avec la politique si terrestre des rapports irrationnels.

Audacieux, un jeune homme barbu se risque auprès de Pénélope Fillon. L'épouse du candidat est seule, accrochée à une barrière comme ces apparitions livides qui hantent les naufrages des toiles romantiques anglaises. « Je ne vous connais pas, mais je voulais vous dire que je prie pour vous. » Elle répond en esquissant une petite révérence : « Merci, ça me touche. Beaucoup de gens prient pour moi en France et au pays de Galles. »

À l'inverse, la députée Valérie Boyer, cheveux libérés au vent sur son ciré vert bouteille, s'offre un bain de foule. Elle était sarkozyste, elle a choisi Fillon, car, au fond, elle est davantage droite serre-tête que droite Rolex. Ici, personne ne veut entendre parler du « plan B » – Alain Juppé ou encore François Baroin, cet éternel jeune-vieux de la droite française – qui pourrait prendre la place de candidat LR. Le cœur de la Fillonie ne veut pas se laisser voler le large succès de la primaire et s'inquiète de la panique qui, depuis cinq jours, gagne la campagne de leur candidat.

Mardi 28 février après-midi, siège de campagne de François Fillon, rue Firmin-Gillot, près de la porte de Versailles. Autour du candidat, son équipe resserrée, réunie théoriquement ce jour-là pour discuter baisses des dotations aux collectivités, réformes institutionnelles, montée de l'islam. Thierry Solère est absent : quelques instants plus tôt, le porte-parole, ex-chef d'orchestre de la primaire, s'est fracturé la jambe sur une flaque de mayonnaise devant un kebab proche du QG. Il ne devine pas encore le bel acte manqué, prophétique et symbolique, qu'annonce cette funeste glissade.

Autour de la table, le Vendéen Bruno Retailleau, coordinateur de la campagne, solide dans ses bottes de droite tradi. Présent aussi, l'ex-patron d'AXA Henri de Castries, cet ami de la Sarthe un temps pressenti pour diriger le gouvernement, Antoine Gosset-Grainville, ancien directeur de cabinet adjoint à Matignon et fidèle de tous les combats. Et, bien sûr, le directeur de la campagne, l'homme qui a fait Chirac président en 1995 : Patrick Stefanini.

Deux coups de fil l'ont alerté, en début d'après-midi, sur la convocation de son champion par les juges – un préalable à toute mise en examen. Deux fuites. Au lendemain des premières révélations du *Canard enchaîné* sur le salaire d'assistant parlementaire qu'aurait touché sa femme, le 25 janvier, les magistrats du Parquet national financier ont en effet ouvert une enquête. Depuis, le juge Serge Tournaire entend des témoins pour vérifier si l'emploi de longue durée de Pénélope Fillon était réel ou fictif. Avant la réunion, Stefanini a interrogé Antonin Lévy, l'un des deux avocats de François et Pénélope Fillon. Le pénaliste est à Washington et promet de rappeler.

Antonin Lévy, nom qui s'affiche enfin sur son portable, en pleine réunion. « Qu'est-ce que tu bricoles avec ton téléphone ? » s'agace Fillon. Le candidat sait que Stefanini est un homme poli et peu enclin à céder aux nouvelles addictions de l'époque. Il pianote rarement sur son smartphone en public. Le directeur de campagne quitte pourtant la pièce pour s'isoler. Il en revient plus pâle encore que de coutume. « Les juges nous ont effectivement signifié que M. Fillon était convoqué le 15, sa femme le 28 », vient de lui confirmer Me Lévy. Ce qui se passe alors dans la tête de François Fillon, lorsque Patrick Stefanini s'enferme avec Bruno Retailleau pour lui annoncer ce coup fatal, appartient aux trois hommes. Garde-t-il le visage de marbre de l'homme qui, à Matignon, encaissait les humiliations sarkozystes en somatisant dans d'atroces coliques néphrétiques ? Non. Il accuse le coup. « Mis en examen ! C'est inacceptable ! De la petite politique ! » : c'est avec ces mots que Retailleau ouvre quelques minutes plus tard une seconde réunion, improvisée celle-là, pour tenter de reprendre la main sur les événements. Il est 19 h 30.

L'autre avocat de François Fillon, Antoine Gosset-Grainville, était déjà sur place. Myriam Lévy, fidèle attachée de presse de Matignon, plus portée à garder les infos qu'à les donner à la presse, les rejoint. Elle est suivie après 21 heures par Anne Méaux. François Fillon a appelé personnellement « sa » communicante qui quitte en hâte le défilé prêt-à-porter d'Yves Saint Laurent, avec Charlotte Gainsbourg et Kate Moss au premier rang, pour ce rendez-vous de crise. François Sureau l'a précédée. Ancien conseiller d'État, fonctionnaire engagé, cet écrivain à pipe, ami de « François », promène un regard distancié sur le monde. « Il me semble que la seule question qui se pose en conscience, en dehors des impératifs politiques qui ne sont pas de mon ressort, ce sont les conséquences que ta décision aura sur ta famille. » Fillon bougonne et esquisse un geste qui signifie : de ce côté-là, je contrôle.

C'est alors que Stefanini lance l'idée d'un plébiscite de la rue, façon 30 mai 1968 du général de Gaulle sur les Champs-Élysées pour mettre fin à un mois de grèves, d'occupations d'usines et d'universités. L'épreuve de force et l'appel au peuple pour résoudre la crise : voilà le « modèle gaullien » qu'il faut suivre, renchérit Anne Méaux. Gosset-Grainville et Fillon appellent néanmoins à la prudence. « Attention à ne pas attaquer les juges », lâche le premier. « Il doit s'agir d'un rassemblement, pas d'une manifestation », prévient aussi le candidat. Accrochée à ce champion qu'elle veut tant hisser à l'Élysée, la petite assemblée approuve à l'unanimité le projet du « petit 30 mai ».

L'idée couve en réalité depuis la mi-février. Alors que la campagne de François Fillon s'enlisait déjà dans les méandres judiciaires, les représentants du mouvement catholique Sens commun, son président Christophe Billan en tête, avaient proposé au QG de soutenir le candidat dans la rue. Bien plus à l'aise que leurs aînés sur les réseaux sociaux, ces nouveaux militants anti-mariage gay répètent que Les Républicains n'ont plus de troupes depuis 2008, quand eux disposent d'un fichier magique, que beaucoup leur envient : un million de noms, dit la rumeur flatteuse. Le projet était arrivé aux oreilles de Jean de Boishue, compagnon de route de Fillon depuis les années 1980. Affolé, il a aussitôt alerté la plume de l'équipe, Igor Mitrofanoff : « Surtout pas de manif de soutien de Sens commun, vous êtes fous ! » À l'époque, la « connerie sans nom » est tuée dans l'œuf.

Il se fait tard, ce 28 février, au QG de campagne. La déprime sourd à mesure que la nuit s'installe. Pour annoncer sa future mise en examen, François Fillon souhaite une allocution un brin solennelle, le lendemain matin. Décision est prise de reporter la visite au Salon de l'agriculture. Faut-il prévenir ceux qui ont la main sur ce déplacement, comme Jérôme Chartier, porte-parole durant la primaire et invité de France Inter quelques heures avant le déplacement prévu ? Ou le juppéiste Dominique Bussereau, président du département de Charente-Maritime, qui sera au Salon pour accueillir le candidat ? L'affaire est vite tranchée : « Les élus sont trop bavards. » Tant pis pour le ridicule qui guette ces deux-là dans quelques heures.

Le mercredi, à 7 h 30, avant de filer au local de campagne, François Fillon appelle Nicolas Sarkozy. Depuis janvier, « Sarko » prodigue ses conseils à Fillon, pas fâché de ce rôle de parrain sans qui rien ne peut se faire. « À toi de te décider en ton âme et conscience, lâche ce matin-là Sarko à Fillon. Si tu restes, je serai avec toi. Si tu pars, je comprendrai. » C'est à la fois loyal et prudent. Personne ne veut jamais être responsable d'une catastrophe qui s'annonce. Surtout, l'ancien président commence à s'interroger : et si Fillon se servait de lui pour empêcher Juppé de devenir le recours providentiel ?

Sarko, Juppé, Fillon : c'est le premier d'une longue série de tête-à-tête téléphoniques, où chacun sonde l'autre sans voir son visage, rapporte ou pas les propos tenus, euphémise, dramatise, n'hésite pas à tordre les confidences et, parce que le trio ne se trouve jamais réuni, ajoute à la folie de la plus longue semaine de la campagne. Ce même mercredi matin, après son échange avec l'ancien président de la République, Fillon joint Juppé : « Je serais prêt à me retirer, mais Sarko s'oppose à ta candidature ! » glisse-t-il selon des sarkozystes.

À 8 h 10, un communiqué parvient aux journalistes massés devant le Salon de l'agriculture : le candidat a annulé sa venue. Les médias apprennent par un second communiqué qu'il tiendra une conférence de presse dans son QG, à midi. Fillon est lancé dans une interminable série de consultations. Téléphone, « *one-to-one* » au siège de campagne : il ne sonde pas seulement Nicolas Sarkozy et Alain Juppé, il entend les Retailleau, Longuet et ceux qui lui recommandent de s'accrocher. La panique saisit aussi Sens commun. Son jeune président, Christophe Billan, a remplacé un sarkozyste et fréquente l'équipe Fillon depuis le mois d'août 2016. Tous les jours, il se rend au QG rencontrer Stefanini. Le mouvement catholique s'est enfin trouvé un candidat à son goût, pas question d'y renoncer !

Auprès des politiques, les attachées de presse sont souvent comme des mamans protégeant de grands enfants changeants, capricieux, irrationnels. Au QG,

Anne Méaux filtre les entrées dans le bureau du candidat pour chasser les fâcheux pessimistes. Thierry Solère et son plâtre sont ainsi bloqués à l'entrée. « Il faut que tu ailles lui parler », lance en revanche la communicante au légitimiste Serge Grouard, chargé du projet du candidat. « Je ne sais pas trop ce que je vais lui dire », répond le député du Loiret. « Pas grave : au moins, ce sera sensé. »

« As-tu la force de continuer ? Sauras-tu donner un nouveau tour à ta campagne ? » demande Valérie Pécresse. D'autres n'ont pas ces pudeurs. « Tu avais dit que tu ne serais pas candidat si tu étais mis en examen ! » rappelle à Fillon Bernard Accoyer, vrai politique caché sous l'apparence débonnaire d'un médecin de province. Il lui remémore sa promesse du 26 janvier. « Ce n'est plus possible, il faut que tu arrêtes », assure aussi l'ancien ministre de l'Agriculture chargé des relations internationales dans l'équipe, Bruno Le Maire, comme Gérard Larcher : « Tu ne peux pas continuer. » « Je ne suis pas sur cette ligne », rétorque le candidat. À l'extérieur, rien ne transpire. Le mystère Fillon devient aussi broussailleux que ses sourcils.

Les cachotteries attisent invariablement les rumeurs. Un journaliste de Mediapart tweete que Pénélope Fillon serait en garde à vue et qu'une perquisition est en cours. Plus tard, un reporter d'une chaîne télé croit savoir qu'elle serait hospitalisée après une tentative de suicide. Le « *fake* » gronde. Dans le bel hôtel particulier d'Image 7, Anne Méaux est assaillie de coups de fil. La blonde communicante s'inquiète. Elle attrape son téléphone : « Vous allez bien, Pénélope ? – Bien, Anne, merci. Est-ce que mon mari tient ? » Un silence s'installe. Anne Méaux est obligée d'évoquer la rumeur. « Cela ne m'étonne pas, répond Pénélope Fillon, une ambulance stationne dans ma rue depuis un moment, les journalistes ont dû être intrigués. » Et, tiens, se disent-elles, la mère d'un d'entre eux, en vue, habite la même rue que le couple Fillon.

Il est 12 h 20 et François Fillon n'a toujours pas pris la parole. Les chaînes d'info radotent, *Le Monde* a retardé de plus de deux heures son bouclage matinal. « Je ne céderai pas, ne me rendrai pas, je ne me retirerai pas. J'irai jusqu'au bout, parce que, au-delà de ma personne, c'est la démocratie qui est défiée », finit par lâcher François Fillon. La déclaration dure sept minutes. Il évoque une « procédure à charge » et un « assassinat politique ». Retailleau était l'un des rares dans la confidence, mais François Baroin, nouvel allié venu du chiraquisme, confident de « Sarko », découvre avec les autres la charge du candidat contre l'institution judiciaire. Il y a quelque chose de monstrueux chez l'homme qui prononce ces mots.

Il est bientôt 13 heures, il n'y a jamais rien à manger au QG et l'équipe meurt de faim. Anne Méaux prend le bras de François : « Viens avaler un morceau avec nous. Il faut se montrer, surtout pas se cacher. » Aussi perdus que la garde rapprochée de Fillon, des dizaines de journalistes encerclent la sortie du QG et poursuivent le toujours-candidat jusqu'au Ferryville, un café-brasserie de quartier de la rue de Vaugirard. Le candidat place à sa droite Valérie Pécresse, la présidente du conseil régional d'Île-de-France. Devant le restaurant, un petit groupe d'anars, foulard sur le nez, envoie sur une enceinte bluetooth *On lâche rien*, la chanson de HK et les Saltimbanks. Le candidat-sniper réplique en dégainant son appareil photo. Instant irréel où le candidat mitraille les médias derrière la vitre…

Stefanini envoie un formulaire à la préfecture de police de Paris pour permettre la manifestation du dimanche 5 mars. Nombre de personnes attendues ? « soixante mille », répond-il avec le flair du vieux routard. Le compte sera presque bon. Le lieu ? La place de la Concorde, où la droite a fêté en 2007 la victoire sarkozyste, n'est pas retenue : trop grande. La préfecture, elle, ne veut pas de l'esplanade des Invalides. Reste le Troca. Cette place du XVIe arrondissement a un gros avantage pour la droite filloniste : au Monopoly politique, elle est ici chez elle. Au coin des avenues d'Eylau, Kléber, Raymond-Poincaré, Paul-Doumer, Georges-Mandel ou du Président-Wilson, les immeubles de la place abritent de nombreux sympathisants. Ce sont eux qui, quatre jours plus tard, ouvriront portes et surtout fenêtres aux objectifs et caméras chargés de montrer que le « peuple de droite » a répondu en masse à l'appel du candidat mis en examen.

Esplanade, place, parvis, qu'importe le nom, il ne reste que trois jours pour la manifestation de force. En début d'après-midi, François Fillon appelle Bernard Accoyer et Christophe Billan, qui l'a félicité par texto pour sa prestation télévisée. Le patron de Sens commun penchait aussi pour le Troca et propose de mettre à disposition ses militants. À peine a-t-il raccroché qu'un petit « exclusif », publié sur le site de *Valeurs actuelles*, met le feu aux équipes Fillon. Patrick Stefanini organise « dimanche au Trocadéro une marche contre le coup d'État des juges [...] qui confisquent l'élection présidentielle en orchestrant une traque anti-Fillon dénoncée ce matin par l'ancien Premier ministre, et mise en lumière dans un numéro récent de *Valeurs* », écrit l'hebdomadaire.

Coup d'État des juges ! C'est exactement le mot d'ordre que le QG avait demandé d'éviter. Trop tard, les quelques lignes tournent sur le Net et font l'effet d'une déflagration. Le premier cercle de la Fillonie soupçonne aussitôt Thierry Solère, qu'elle tient pour un agent double. Sens commun, qui a toujours jugé François Fillon un peu mou, mais surtout *Valeurs actuelles*, dont le cœur balance entre Fillon et la famille Le Pen, sont en réalité à la manœuvre. Le Troca, c'est l'occasion inespérée d'infléchir une campagne reprise en main par les amis d'Alain Juppé.

Valérie Pécresse s'était enthousiasmée pour ce rassemblement « sur le parvis des Droits de l'homme » ; elle demande désormais des précisions. Nathalie Kosciusko-Morizet, Xavier Bertrand ou encore Jean-François Copé font savoir qu'ils sécheront le Troca. « Quand on prétend être président de la République, on ne peut pas appeler à la justice populaire », assène le président de l'UDI Jean-Christophe Lagarde. Bruno Le Maire est le premier à quitter avec fracas le navire, suivi par une ribambelle de juppéistes comme Benoist Apparu et Gilles Boyer.

Un à un, soutiens et grands élus vacillent. Au QG, les bureaux se vident : celui de Marie Guévenoux, une ancienne présidente des Jeunes Pop' (elle est aujourd'hui députée La République en marche), puis de

Sébastien Lecornu (actuellement secrétaire d'État). Écartée par ces nouveaux venus après la victoire de la primaire, la jeune garde droitière de Bruno Retailleau reprend du terrain et fête ces départs en cascade. D'un de leurs bureaux s'échappe mercredi soir la voix sentimentale et nostalgique du chanteur Jean-Pax Méfret, chantre de l'Occident et de l'Algérie française, dont la droite identitaire raffole. Ils ont poussé la sono à fond.

Vendredi 3 mars, loin de Paris, Bruno Retailleau préside aux Sables-d'Olonne une assemblée générale quand son téléphone affiche une nouvelle fois « François Fillon ». Nouvelle catastrophe : Stefanini, le maître d'œuvre de l'opération Troca, démissionne lui aussi. Le candidat charge Retailleau de le faire changer d'avis. « Tu as tout préparé. Tu dois au moins rester jusqu'au dimanche soir », supplie le coordinateur de campagne. Stefanini finit par accepter de rester en fonction jusqu'à cette date, mais sa lettre de démission, arrêtée *in extremis*, fuite, sur le site du *JDD*. « Il ne reste plus rien ou presque du [...] large rassemblement de la droite et du centre derrière ta candidature. Ta défaite au soir du premier tour ne peut donc plus être exclue. » Chaque mot sonne comme un arrêt de mort en ce vendredi noir. Thierry Solère s'en va à son tour. Pour lui, un tweet suffit : « J'ai décidé de mettre fin à mes fonctions. »

À deux mois du premier tour et deux jours du « Troca », François Fillon est devenu le premier candidat de la droite républicaine française sans porte-parole ni directeur de campagne. Nicolas Sarkozy s'y connaît : c'est le moment qu'il choisit pour appeler – à deux reprises – le candidat. « Ça ne peut pas durer comme ça, s'emporte l'ancien président. Moi, à ta place, j'aurais abandonné. J'ai gagné en 2007 en réussissant le rassemblement. En 2012, la famille était unie au moins en surface et pourtant j'ai perdu. Tu ne peux pas l'emporter sur un socle étriqué. Arrête aussi cette manif qui peut mal tourner. » « Laisse-moi quelques jours, répond Fillon. Pour le Troca, tu as peut-être raison, je vais voir, mais c'est lancé… »

Samedi 4 mars, veille du rassemblement, François Fillon a 63 ans. Aux Docks d'Aubervilliers, un millier de sympathisants entonne un « joyeux anniversaire », mais l'ambiance est sinistre. Les organisateurs avaient prévu trois fois plus de monde et notent que la voix du candidat résonne étrangement : et si, dans son cœur, il avait renoncé ? C'est ce que se dit Bruno Retailleau en voyant le candidat quitter ce rassemblement de la société civile pour s'en aller fêter son anniversaire en famille.

Ce n'est pas le plus heureux de sa vie. C'est à coup sûr le plus bizarre. Quarante ans d'efforts, de sacrifices et d'ambitions prêts à se voir réduits à néant ! À sa femme, à ses enfants, François Fillon explique qu'il va laisser la place à Alain Juppé. Pas le choix, il attend d'ailleurs son coup de fil. Mais c'est Nicolas Sarkozy que le maire de Bordeaux contacte au téléphone. Las ! dans les tribunes du Parc des Princes, occupé par le match PSG-Nancy et le penalty litigieux qui sauve les Parisiens de la catastrophe, l'ancien président manque les appels.

Quand ils se joignent finalement, Juppé l'interroge sur Baroin, dont il doute de la loyauté. « Inattaquable », répond Sarko. Fillon ? L'ancien président l'a une nouvelle fois sondé dans la soirée. C'est sûr, il va lâcher prise. Cette erreur d'analyse est la première raison pour lesquelles Baroin accepte l'invitation au Trocadéro, le 5 mars : Nicolas Sarkozy l'a convaincu que le rassemblement sera une cérémonie des adieux, un baroud d'honneur. Il y a une autre, plus officieuse, qui explique sa présence au « Troca » : Fillon et Baroin ont tissé des liens. La fille de François Fillon, Marie, a été stagiaire au cabinet d'avocats de Francis Szpiner, où le sénateur de l'Aube travaille depuis 2014.

« Flux océanique de nord-ouest humide avec un vaste système dépressionnaire centré sur les îles Britanniques (978 hPa) », annonce le bulletin officiel de la météo du dimanche 5 mars. BFM place le matin 28 départements en vigilance orange, une très forte « instabilité » et un « coup de vent » sur le nord-ouest, culminant à Paris à « 15 heures ». Dans la matinée, François Fillon transmet à Retailleau une partie du discours qu'il a préparé avec Igor Mitrofanoff. Une phrase inquiète le coordinateur de la campagne : « je continuerai à dire à mes amis politiques que ce choix [mon maintien] à la fois leur appartient et ne leur appartient pas », a écrit le candidat à la fin du texte. Leur appartient : pour Retailleau, la formule est « trop ouverte ». Elle offre aux opposants internes la possibilité de démettre le candidat. Il tente de faire biffer les mots dans le mobil-home installé près de la tribune, et qui fait office de loge : François Fillon y patiente avec son épouse qui, toujours dévouée, prépare le café pour les orateurs prêts à défiler sur l'estrade. C'est non !

Dehors, la foule déborde de la place. Il n'y a pas 200 000 personnes, comme le rêvait Retailleau, mais on approche les 50 000. Le parti a réservé les cars, les comités départementaux ont payé les billets de train. L'UNI s'est mis à également offrir son savoir-faire de syndicat étudiant. Sens commun, lui, a fourni un tiers des 300 bénévoles qui distribuent des drapeaux. Ils lissent un tapis tricolore sur la place, comme un tableau de Delacroix sur lequel la pluie se remet à tomber quand François Fillon prend la parole, à 15 h 40.

« Ils pensent que je suis seul. Ils veulent que je sois seul. Est-ce que nous sommes seuls ? » crie Fillon, la voix un brin éraillée. « Laisserez-vous les intérêts de factions et de carrière et les arrière-pensées de tous ordres l'emporter sur la grandeur et la cohérence d'un projet adopté par plus de quatre millions d'électeurs ? » On l'acclame. Il s'enivre. La pluie ruisselle sur son visage. Il est comme le coureur en eau ou le Christ en larmes.

À Bordeaux, Alain Juppé ne perd pas une miette du discours. Mais plus que les mots, c'est l'estrade qu'il dissèque, ces sarkozystes plantés derrière le candidat, Christian Jacob, Luc Chatel, Éric Ciotti et, donc, Baroin : autant de figures du Mal. Jamais ces lieutenants de Sarkozy ne soutiendront sa campagne ! Une nouvelle fois, Juppé l'orgueilleux trouve une échappatoire au destin dont il rêve. Le discours n'est pas terminé que sa décision est arrêtée. Il ne sera pas le plan B qu'une partie de la droite attend.

Dans les cars-régie, des écrans permettent de suivre la progression des masses nuageuses et des zones dépressionnaires. On l'ignore, mais le top départ du discours a été calé sur les éclaircies prévues. Un rai de lumière vient baigner les derniers mots de l'orateur et sécher son corps lavé, illuminant au passage la foule fervente.

François Baroin a filé chez lui. Frigorifié par la pluie, il sort d'un bain chaud quand il reçoit un coup de fil de François Fillon. « Merci. C'était formidable. J'ai décidé de rester. Je te propose que l'on forme un ticket. Je l'annoncerai au “20 heures” ce soir. » Le comptage des temps de parole de la campagne officielle offre en effet au candidat un « 20 heures » de France 2, qu'Anne Méaux vient de « réserver ». Au téléphone, Baroin reste un moment sans voix. « Je te remercie de ta confiance, François, mais c'est une très mauvaise idée de l'annoncer tout de suite. Il faut d'abord cautériser les plaies de la droite », tente-t-il d'expliquer au candidat obstiné. Dès le coup de fil terminé, il rappelle Sarkozy. « Tu vas pas le croire ! Soit tu n'as pas bien compris ce que t'a dit Fillon, soit il t'a menti, mais il décide de rester. Il m'a proposé d'être son Premier ministre et j'ai peur qu'il ne l'annonce ce soir. »

Ils connaissaient Fillon l'impénétrable ; ils découvrent Fillon le dissimulateur. Plus que d'autres sans doute, François Baroin guette le journal télévisé du soir. Ouf ! Fillon ne prononce pas son nom. « Je n'ai pas entendu Alain Juppé annoncer sa candidature », lâche en revanche en direct le candidat, heureux de régler une fois pour toutes son compte à celui qu'il tient pour un procrastinateur, et un lâche. C'est la fin d'une journée particulière et, pour la droite, le début de la débacle. Perruques, pourpoints et escaliers dérobés en moins, c'est « la version post-démocratique du 10 novembre 1630 », sourit un intime du candidat. Cet autre dimanche où Richelieu a fini par sauver sa peau, resté dans l'histoire comme la journée des Dupes.

M Le magazine du Monde, 22 juillet 2017
(avec Matthieu Goar)

Ravage à la préfecture

La ruine est posée en haut de Fort-Louis, sur la colline qui domine Marigot, le chef-lieu de la partie française de Saint-Martin. Une semaine après qu'Irma a frappé avec la force d'un cyclope les Petites Antilles, la préfecture de l'île ressemble à une maison bombardée, privée de toit, de la plupart de ses cloisons et de ses murs. Sur plusieurs mètres autour d'elle, archives et brochures détrempées forment un tapis blanc qui gondole entre les tôles. On marche sur un *Guide des collectivités locales*, un livre ancien consacré à *La Caraïbe*, des cartes IGN, une « note congés 2003 », un classeur de « fiches cyclistes 2007 », des pages d'un dictionnaire ouvert à « A » comme « allumage », « allume-cigare », « allume-gaz ».

Ce 12 septembre 2017, la porte n'est pas (encore) fermée à clé. Il faut marcher sur des vitres brisées, enjamber des tiroirs, pousser un meuble dans l'escalier menant aux bureaux du préfet et du secrétaire général pour comprendre à quoi ressemblait le cyclone Irma, cette nuit du 5 au 6 septembre, quand il s'est engouffré dans ces locaux. Au coin d'un bureau encombré de tôles et des débris de volets, une bouteille de rhum, intacte. Par terre, dans un couloir, une machine à café renversée et, posées sur un bureau, quatre assiettes sales, comme abandonnées au milieu d'un repas. La préfecture de Guadeloupe a résumé le désastre en deux phrases, dans son « point de situation » consacré à Irma, le 6 septembre : « La préfecture de Saint-Martin est en partie détruite. » Le communiqué ajoutait aussi, laconique : « La préfète et 22 personnes se sont réfugiées dans une pièce bétonnée. » Un huis clos inédit dans l'histoire de la République : que s'est-il donc passé, entre ces murs, la nuit de l'ouragan ?

L'histoire commence le mardi 5 septembre vers 8 heures du matin. Un ballet de voitures se fige devant la préfecture de Saint-Martin, qui doit devenir durant quelques jours le centre de commandement « Irma ». Les différents représentants de l'État chargés d'affronter l'ouragan et de coordonner les secours y ont rendez-vous. Anne Laubiès, la préfète déléguée, a quitté l'une des premières sa maison de la baie d'Anse-Marcel pour rejoindre Marigot, le chef-lieu de la partie française de l'île. Main sur le volant, bras posé sur la fenêtre de sa Nissan, elle s'amuse, comme chaque fois qu'elle emprunte le dernier raidillon qui mène à la préfecture, de l'alignement parfait des vestiges laissés derrière elle : un four à pain millénaire, un calvaire, et enfin les ruines du Fort, ultime construction de la monarchie française pour protéger le sucre, le sel ou l'indigo des entrepôts de Marigot. « Une petite réduction de la France », pense-t-elle en garant sa voiture devant « la pref ».

C'est un bâtiment plutôt moche, un parallélépipède sans unité architecturale ni cachet tropical. Les Saint-Martinois s'y rendent surtout pour obtenir des titres de séjour, des papiers d'identité ou des cartes grises. Aux guichets, on y parle plus souvent anglais ou espagnol que français. Depuis son arrivée, en juin 2015, Anne Laubiès planche sur sa rénovation, désormais imminente : pour elle, cet ensemble de bric et de broc ne donne pas une bonne « image de la France ». Les avant-projets de l'architecte sont connus dans les moindres détails, et le déménagement des équipes, le temps des travaux, est prévu pour le 1er janvier.

Le vent souffle déjà fort quand la préfète pénètre dans le hall. Depuis 8 h 15, Irma est devenue un ouragan de catégorie 5, la plus forte sur l'échelle de Saffir-Simpson. Au large, les vents atteignent déjà 280 km/h. Tous les corps de l'État ou presque ont été réquisitionnés, notamment sept membres de la préfecture, dont Anne Laubiès, chargée de diriger les opérations de secours. C'est une femme de 63 ans aux cheveux gris, au premier abord un peu autoritaire et raide, mais en réalité très simple, ni bling-bling ni poseuse. Elle parle au boulot comme dans la vie, avec des pointes de gouaille et des mots de tatie flingueuse. D'ailleurs, elle n'a pas fait l'ENA et préfère lire auprès de ses chats que courir la lumière. « On va pas faire pleurer Mirza ! » répond-elle tout de go quand, cinq jours après le passage d'Irma, on la supplie de raconter sa folle nuit à la préfecture.

Avec elle, ce 5 septembre, son chef de cabinet, Emmanuel Effantin. « Effantin », comme elle l'appelle à la manière des militaires. Il vient d'être nommé à Gap, avec une promotion à la clé, et doit quitter l'île dans quelques jours, le 11 septembre. Effantin se dit souvent que, à Saint-Martin, il a passé « plus de temps à bosser dur avec la préfète qu'avec sa femme ». Et comme d'autres dans l'équipe, il culpabilise, ce mardi, d'avoir laissé sa petite famille chez lui. Quand il est parti, le matin, son épouse a soupiré : « Toi, au moins, tu seras à la préfecture… »

Dans l'équipe de crise figurent aussi deux militaires des forces armées aux Antilles (FAA), dont le lieutenant-colonel Hervé Peyre, une baraque en treillis. Le chef d'escadron Sébastien Manzoni, lui, dirige la compagnie de gendarmerie des îles du Nord. Également convoquée, la vice-présidente de la collectivité de Saint-Martin, Annick Petrus-Ferga. Signalons encore, au sein du groupe, cinq membres des unités d'intervention de la sécurité civile, dont la douce Naïma, une sapeure-secouriste, la benjamine de la bande, et les représentants des affaires maritimes, de l'agence régionale de santé, du service Territoire, mer et développement durable de l'île. La task-force compte enfin trois pompiers, dont Siegmund Bajazet, arrivé de Guadeloupe quelques jours plus tôt : une armoire à glace à côté de laquelle même les costauds du staff se sentent chétifs.

Depuis midi, le cyclone est entré en vigilance rouge : Irma doit frapper dans un délai de six à douze heures. « Il faut partir maintenant, votre vie est en jeu », répète depuis trois jours la préfète à la radio, insistant sur le caractère « exceptionnel » de l'ouragan à venir. Non sans mal parfois. L'échelle de Saffir-Simpson ne compte pas de catégorie 6, et la plupart des Saint-Martinois qu'elle croise soupirent : « Ça ne peut pas être pire que

Luis », le cyclone de catégorie 5 qui avait frappé l'île durant dix heures, en 1995, laissant d'affreux souvenirs.

À 17 h 30, Anne Laubiès délivre ses ultimes recommandations sur Radio Transat, l'une des stations FM de Saint-Martin. Il est maintenant trop tard pour élaguer ses arbres, acheter une pharmacie de secours ou des réserves d'eau potable, explique-t-elle. Au micro de Thomas Krider, la plus belle voix de l'île, la préfète dresse la liste des écoles et des églises transformées en abris, rappelle qu'il faut renforcer portes et fenêtres, inventorie les zones à évacuer et ordonne surtout de ne plus mettre le nez dehors. À 20 heures, l'alerte passe au « violet », le stade dit de « confinement ».

De la salle de réunion transformée en QG, au premier étage de la préfecture, le panorama est d'ordinaire éblouissant. Les baies vitrées donnent d'un côté sur la pierre noire du fort, de l'autre sur la baie de Marigot et le port de Galisbay. Cette double exposition, comme diraient les agents immobiliers, avait semblé à la fois merveilleuse mais aussi très incongrue à Anne Laubiès, lors de sa prise de fonction. Cette baroudeuse née au Maroc de parents ultramarins a navigué de Nouvelle-Calédonie à Saint-Pierre-et-Miquelon en passant par la Guyane. Elle sait que les îles sont des aimants à tremblements de terre, tsunamis et ouragans. Dès 2015, elle avait d'ailleurs fait la connaissance des tempêtes tropicales Danny et Erika qui avaient touché Saint-Martin. Depuis, à sa demande, des volets roulants anticycloniques avaient été installés en protection des baies vitrées. Il est temps de les activer : Irma s'annonce.

Le poste de commandement est fin prêt. Pêle-mêle, sur la table : des ordinateurs pour le tracking météo, une main courante, du matériel pour les liaisons radio et les visioconférences. Tout est prévu, même le menu du soir : salade de tomates, fromage. Demain midi, ce devrait être du riz au colombo. Mathieu Debels, un des gars de la sécurité civile venu de Brignoles avec son Viking tatoué sur le bras, en salive déjà à l'avance. Il est 23 heures, le moment limite pour une ultime mise à l'abri. « Veuillez rester confinés jusqu'à la vigilance grise », ordonnent désormais le site de la préfecture et les alertes météo.

Le vent enfle, le vent ronfle, le vent hurle, mais chacun vaque à sa tâche, à commencer par l'informaticien de la préfecture, plutôt serein. Un coup de fourchette dans la salade composée, un tour au rez-de-chaussée dans la pièce où les renforts arrivés lundi ont déplié leurs lits picots… Le lieutenant-colonel Peyre a pu dormir un peu : il vient de Granville, dans la Manche, et « le nez dans le vent » ne l'empêche jamais de s'assoupir.

Parmi le personnel de la préfecture, beaucoup ont déjà vécu des ouragans, et aucune angoisse ne sourd malgré le vacarme grandissant. « Dans cette salle, c'est toujours un peu *Les Hauts de Hurlevent* », se rassure aussi la préfète. Mais en apercevant Guillaume Jean – un ancien du « détachement Népal » envoyé à Katmandou après le séisme de 2015 – poser ses mains sur les vitrages qui commençent à trembler sacrément, elle interroge tout de même à voix haute : « Et si on descendait ? Si on allait en bas ? »

C'est une sage idée, et c'est aussi l'avis du chef d'escadron Manzoni. Chacun emporte donc ses affaires dans une pièce du rez-de-chaussée. Un QG plus exigu, mais plus sûr. On s'assied côte à côte sur les lits picots et, nez sur l'ordinateur, les uns et les autres travaillent, anticipent, surveillent, alertent. L'ambiance est sympa, parfois même rigolote, jusqu'au moment où la préfète constate qu'elle n'a plus de réseau. En réalité, c'est toute l'île qui s'apprête à perdre le contact avec le reste du monde et à vivre ce que la représentante de l'État appellera bientôt « la première catastrophe 2.0 ».

Les choses partent vraiment en vrille peu après minuit. C'est en tout cas l'heure la plus vraisemblable, tant la chronologie, elle aussi, a volé en éclats dans les têtes des protagonistes de cette folle nuit. Certains ont entendu une « explosion », c'est le mot du lieutenant-colonel Peyre ; d'autres un « tir d'artillerie ». Emmanuel Effantin compare lui l'irruption d'Irma à « un TGV traversant la préfecture ». La dépressurisation est telle que les oreilles vrombissent, comme dans une brusque descente d'avion. La petite assemblée comprend que le cyclone a soufflé la porte de bois et s'est engouffrée d'un coup dans la pièce, faisant voler la table, le meuble à archives, les lits, les dossiers, tout.

La préfète et son équipe n'ont pas le temps de réfléchir que déjà les militaires, les pompiers, la sécurité civile leur passent le bras sur l'épaule et font rempart de leur corps. Naïma la secouriste s'occupe d'Effantin, le caporal-chef Dabels visse son casque de protection jaune sur la tête de la préfète, ne gardant pour lui qu'une simple cagoule et ses gants de feu. « Les mains sur la tête ! Tous dans la pièce, là », ordonne Hervé Peyre en désignant le bureau où il s'était reposé quelque temps plus tôt, 5 mètres plus loin. Dans son esprit, c'est un repli provisoire, mais il comprendra vite qu'ils ne pourront plus en sortir, car Irma s'est désormais engouffrée dans tout le bâtiment.

« À terre, la tête dans les mains ! Protégez-vous les yeux ! » crie encore le militaire. En quelques secondes, il a pris d'autorité la situation en main. L'équipe de crise s'entasse dans le bureau de 3 mètres sur 4, accroupis les uns contre les autres autour de la préfète et de la vice-présidente de la collectivité. Siegmund Bajazet, le lieutenant sapeur-pompier, pèse de tout son poids sur la porte, qu'il vient de refermer. Le colonel Peyre pose de son côté sa large main sur la fenêtre, tout en continuant à donner des ordres. « On ne bouge pas. On ne panique pas. »

En bon militaire, il sait qu'en cas d'évacuation il faut connaître le nombre exact d'individus présents. « On va se compter », lance-t-il. Un, deux, trois et ainsi de suite jusqu'à vingt-trois… Recroquevillés sur eux-mêmes, les dix-huit hommes et les cinq femmes blottis dans le noir et une chaleur à crever ne devinent pas que le colonel sent la fenêtre devenir concave sous sa paume. Il s'adresse régulièrement à eux pour les distraire des bruits d'enfer venus de l'étage supérieur, une armoire envolée, une cloison qui s'effondre. « Je change de main », prévient-il. Et ensuite : « Changement de main effectué ! » « On se compte », répète-t-il. Lui a dénombré 24 personnes, un autre 23, il voit qu'il s'est trompé mais sait trop que, dans ces moments-là, celui qui commande doit sembler infaillible. Ce sera 24, donc, y compris pour la petite histoire.

Il faut désormais affronter la pluie qui s'infiltre sous la porte. Elle monte peu à peu : 5 centimètres, 10, chacun a désormais les pieds dans l'eau. Le colonel conseille de se protéger le visage, il craint les éclats de verre qui pourraient blesser si la vitre de la fenêtre se brisait. L'une attrape une bassine et la pose sur sa tête, l'autre s'abrite sous une veste. Lui-même couvre son profil droit (côté fenêtre) avec la moustiquaire de son paquetage militaire : « Si elle pète, je serai le premier à manger », songe-t-il. « Vous vous taisez ! Il fait déjà trop chaud et ça fait monter la température », lance-t-il quand il sent monter la panique et les premiers sanglots. Naïma réconforte le chef de cabinet. « Allez, m'sieur Effantin, ça va aller. Envoyez des pensées positives à vos enfants et à votre famille. »

Combien de temps restent-ils ainsi ? Cinq heures ? Six ? Le colonel sent tout à coup que la fenêtre lui résiste moins : Saint-Martin entre dans l'œil du cyclone, une demi-heure d'accalmie pour reprendre des forces avant le retour de l'ouragan. Siegmund pousse la porte en éclaireur et découvre le premier le champ de ruines. C'est *Ravage à la préfecture* : le bureau dont la porte avait lâché n'existe plus, ou presque ; de la salle de réunion vitrée, il ne reste plus que le sol en marbre roux.

L'un chasse les fourmis de ses jambes, une autre fonce aux toilettes, un troisième grille une cigarette. De leur côté, les militaires filent chercher des rations, fromage de chèvre fondu en boîte, terrine forestière – au cas où – ainsi que des bouteilles d'eau et des lampes. On apporte un tabouret à Mme la préfète, en prévision du retour du cyclone. Elle refuse tout net : « Tout le monde les fesses dans l'eau », ou du moins sur les coussins rouges récupérés dans un salon. Même niet de la préfète au chef d'escadron qui lui suggère d'appeler les gendarmes en renfort : « Pas question de les mettre en danger eux aussi. »

Cette fois, heureusement, le vent est moins violent. De plein nord, il a tourné à l'ouest. Le lieutenant-colonel a moins de mal à tenir la porte, Siegmund Bajazet a eu le temps de pousser une armoire entre lui et la porte. Les 24 – qui sont en réalité 23 – s'accroupissent à nouveau, « la tête dans les genoux ! », sans imaginer qu'une semaine plus tard, le « G24 », comme ils s'appellent désormais en riant, se retrouvera pour dîner autour du président Emmanuel Macron. Lorsque les hurlements des furies s'apaisent, un militaire tente une première « reco » : trop tôt, le vent reste violent. On entend enfin la pluie tomber plus dru, signe que le cyclone s'éloigne pour de bon. Le ciel est blanc, la mer, jaune. Il est 7 h 30 du matin, Irma a bel et bien tourné le dos à Saint-Martin.

Les 23 sont posés là, devant la préfecture en ruine, heureux de respirer. Le premier à se retourner note que le fort construit au XVIIIe siècle a tenu bon, tout comme le Christ du calvaire et les briques réfractaires de l'ancien four de la garnison. La préfecture, au contraire, est dévastée, comme jamais une de ses semblables dans l'histoire de France. Certains pensent déjà aux Marianne et aux documents vierges, passeports et autres, conservés dans les coffres-forts : un butin précieux dans cette île où défilent toutes les nationalités d'Amérique du Sud et des îles les plus pauvres des Caraïbes : Haïti, Saint-Domingue, Cuba….

Devant eux, ruisselant de pluie, le quartier de Marigot ressemble à un entrelacs de toits de tôle couleur brique ou vert tilleul, de façades déglinguées et de gouttières de traviole. Les dentelles en bois blanc ajouré, détails charmants des façades de l'île, gisent sur les trottoirs. Des voitures sont empilées les unes sur les autres. Des voiliers sont couchés sur la route du port comme des gros oiseaux morts. Les arbres, grillés par le sel, ont viré au marron ou au gris en une nuit. Pas une silhouette n'émerge encore dans les rues inondées.

La préfète tire sur un cigare, son péché mignon. Sa Nissan a « pris l'auvent de la pref sur la tronche », relève-t-elle, mais Anne Laubiès préfère observer de ses jumelles de marine les différents quartiers de l'île, Concordia, Agrément, Saint-James, Bellevue. Elle s'attarde sur le Causeway, ce pont si pratique qui permet de rejoindre l'aéroport Princess Juliana, du côté néerlandais de l'île, discerne ses pylônes, mais pas son tablier. « C'est Hiroshima », glisse-t-elle. « Sarajevo, plutôt », corrige en habitué des terrains de guerre le lieutenant-colonel Peyre dans son treillis camouflage. L'un et l'autre réalisent qu'aucun mot de la panoplie militaire ne peut décrire le spectacle ahurissant qui s'étale devant eux.

Coupée du monde pendant plusieurs jours, sans Internet ni réseau téléphonique, Anne Laubiès ignore encore qu'Irma, ravageant l'île et causant 9 morts directes et plus de 300 blessés, porte aussi le nom d'une autre catastrophe : celle de l'ère des informations mensongères, les « *fake news* », comme disent les internautes. Sitôt Irma partie vers la Floride, les réseaux sociaux se sont en effet emballés : centaines de cadavres flottant sur la mer, prisonniers imaginaires enfuis dans la nature, gendarmes ligotés… Au passage, ils lancent une curée contre les médias « menteurs ». Entre deux réunions, Anne Daubiès apprend par ses amis du « G24 » que Radio Caraïbe International et les réseaux sociaux l'ont dite, au choix, blessée, enfuie, virée. Elle a préféré l'ignorer : « Je n'avais accès à rien et je n'ai rien lu depuis. Ça m'a protégée. » Elle s'est déjà enfuie dans sa Nissan cabossée pour une visite à Sandy Ground, l'un des quartiers pauvres de l'île, avant un rendez-vous avec le gouverneur de Sint Maarten et un point sur la future tempête Maria, la petite sœur d'Irma, qui s'annonce.

Le Monde, 20 septembre 2017

Fils de préfet, élu « natio »

C'est la fête des Morts à Orto, « village du bout du monde », comme disent les guides touristiques de la Corse-du-Sud. Ce samedi de novembre 2017, quelques jours après la Toussaint, le bourg de montagne niché à une trentaine de kilomètres à vol de corneilles de Cargèse célèbre la mémoire des défunts. Dès le matin, sur la place du village, les femmes roulent la pâte pour les *bastelle*, ces chaussons fourrés aux blettes, aux oignons ou à la courge que les hommes cuisent ensuite dans le four à pain. Des chiens de chasse tournoient autour de gars en treillis qui débouchent les bouteilles comme s'ils chargeaient des munitions. Au fil de la journée et des verres qui se vident, des jeunes vêtus de noir de la barbe aux pieds font cercle pour entonner des *paghjelle* – les polyphonies. Parmi eux, un brin sévère, Romain Colonna, professeur de « sociolinguistique » à l'université de Corte.

Romain Colonna, 35 ans, fait partie de cette jeunesse qui écrit « Ortu » (prononcer « Ortou ») plutôt qu'Orto quand il poste des lettres au village. Il y remonte dès qu'il peut. Aux élections territoriales de 2015, les 150 inscrits ont voté « natio » à plus de 60 % des suffrages, comme presque tous les villages de l'intérieur de l'île, et comme lui. Il n'y a pas si longtemps, Orto penchait pourtant à droite, empreinte de la résistance et du gaullisme triomphant – même si la Corse fut autrefois très « Algérie française ».

Sur l'île, les traces de l'engagement des Corses pour la France sont partout : sur les monuments aux morts, dans les cimetières, au fil des carrières parfois toujours en cours… C'est le cas du canton des Colonna. On ne compte plus les généraux, responsables de comptoirs coloniaux, prélats et même gouverneur (du Dahomey) ou sous-secrétaire d'État (à la Marine marchande) qui y sont nés. Evisa, à quelques vallées d'Orto, est aussi le berceau de l'ancien préfet de police de Paris Philippe Massoni, décédé il y a deux ans ; et Vico, celui de la première épouse de Nicolas Sarkozy et du père de Mgr Mamberti, aujourd'hui cardinal de la curie romaine…

Orto, lui, a offert à Jacques Chirac l'un de ses préfets les plus dévoués et aussi le plus discret : Jean Colonna, chargé à l'Hôtel de Ville de Paris puis à l'Élysée des affaires « réservées », décoré du Mérite et de la « commémo AFN », la médaille « des opérations de sécurité et de maintien de l'ordre en Afrique du Nord ». C'était le père de Romain, celui qui chante face à la montagne, la main sur l'oreille. Une des jeunes figures du nationalisme : candidat en 2012 à la législative d'Ajaccio, il est en position éligible (35e) sur la liste qui réunit indépendantistes et autonomistes pour prendre les manettes de la future collectivité unique, le 3 décembre 2017.

Maestru di cunfarenze à l'université de Corte, comme il se présente, Romain Colonna a consacré l'un de ses premiers livres à la « coofficialité de la langue », usage paritaire du français et du corse dans l'administration, une revendication nationaliste. Cet ouvrage, paru aux éditions Albiana, est tout entier écrit en corse. « Une langue que j'avais dans l'oreille, car mon père la parlait avec ma grand-mère, raconte-t-il, mais que j'ai réapprise pour passer mon Capes de langue et culture corses, en 2003 ».

C'est l'un des paradoxes de cette île dont l'électorat a glissé en dix ans d'un sarkozysme enthousiaste, dernier avatar de la droite gaulliste, à un nationalisme aujourd'hui victorieux dans les urnes : Jean Colonna parlait le corse bien mieux que son fils. Après sa naissance, en 1931, le futur préfet avait grandi « au village », chez sa tante Angèle, à laquelle sa mère et son père, postier à Paris, l'avaient confié. Le petit Jean se révèle charmeur mais rebelle. Il sèche l'école, seul lieu du village où la langue nationale s'impose, et ne parle pas un mot de français. À l'époque, on donne encore des coups de règle sur les doigts de ceux qui se risquent à prononcer un mot de corse en récré ou en classe.

« Jean courait toute la journée pieds nus dans le maquis », se souvient un villageois. « Cet enfant ne savait que s'échapper, *scappà* », confirme sa cousine Jeannine Moretti. « Comme tout le monde l'adorait, il était toujours chez quelqu'un, poursuit la vieille dame, chignon élégant, ongles peints et maintien impeccable. Il jouait de la guitare, il avait appris tout seul. Quand il a eu 12 ans, ses parents ont décidé de l'envoyer à Paris. »

La route est longue, alors, jusqu'à la capitale. Quand il descend d'Orto et passe pour la première fois de sa vie le golfe de Sagone, en bas de la montagne, le petit Jean Colonna croit qu'il s'agit d'un lac, comme celui de Creno, au-dessus du village, aujourd'hui étape obligée des randonneurs du GR20. Il n'a jamais vu la mer. Par quel miracle de travail et de volonté ce gosse qui débarque en 1943 dans la capitale occupée, sans maîtriser le français, passe le bac au lycée Charlemagne, décroche une licence en droit puis devient ce préfet indispensable à Jacques Chirac ? Son fils Romain l'ignore et, dans la magnifique maison blanche qui domine Orto, surnommée « la préfecture », sa mère, Béatrice, originaire d'un village de Haute-Corse et elle aussi fonctionnaire, n'a guère envie de parler de son mari qui repose depuis 2009 dans le cimetière voisin.

Jean Colonna voyage, comme tant de Corses, gagne le Pacifique et devient, en 1973, sous-préfet des îles Loyauté. « Là, pas de hauteur ni de distance, se souvient l'ancien directeur du *Monde* Jean-Marie Colombani, qui l'y a croisé à l'adolescence. Les Corses sont souvent plus ouverts à l'autre à l'extérieur de leur île que chez eux : je me souviens qu'il passait son temps dans les cases avec ses administrés, pieds nus et la guitare en bardoullière » – comme au village lorsqu'il était enfant.

Quand son troisième fils, Romain, naît en 1982, le préfet Colonna est parisien depuis deux ans, enrôlé comme chargé de mission auprès du maire de Paris, Jacques Chirac. Qui le sait ? Ce bébé qui pose dans un magazine au creux des bras du fondateur du RPR n'est autre que Romain Colonna, le futur candidat nationaliste aux élections de décembre. « Rumanu » – il signe souvent ainsi, même si le prénom n'existe pas en corse – convient qu'il s'agissait bien de lui, mais, réputation auprès des « natios » oblige, ne se montre « pas très chaud » pour évoquer ce lointain cliché.

Dans le Paris des années Chirac, Jean Colonna s'occupe des relations entre le RPR et les autres partis, « une sorte de préfiguration de l'UMP, au fond », se souvient l'ancien directeur du cabinet Michel Roussin. Le préfet règne aussi sur la matière électorale, dont il sait tout, et sur la « cuisine » qui va avec. Il est de tous les coups, fourrés ou pas. En 1984, il fait partie de ceux qui pensent que la grande manifestation pour l'école libre, à Paris puis Versailles, peut porter le maire de Paris plus tôt que prévu au pouvoir. « Jean Colonna était l'archétype du serviteur de l'État, au sens presque physiologique du terme, décrypte Jean-Marie Colombani. Il s'est mis au service d'un homme, dans une démarche au fond très bonapartiste. » Durant toute la décennie 1980 défilent au téléphone, dans l'appartement familial du Marais, des personnalités comme Alain Juppé, Jacques Toubon, ou encore Roger Romani, l'autre Corse de l'Hôtel de Ville. Le jeune Romain n'en perd pas une miette.

Un jour, M. le préfet veut à son tour « faire des affaires ». Il se lance dans une association « pour le développement des relations arabo-françaises », froisse le « grand Jacques », et, alors que TF1 et l'hebdomadaire *Valeurs actuelles* le donnaient comme un homme « montant » de la Chiraquie, à l'instar d'Alain Juppé, il se retrouve en mai 1989 préfet hors cadre. Quand vient l'heure de la retraite, il part s'installer à Ajaccio, tandis que sa femme reste à Paris avec les deux aînés qui poursuivent leurs études : l'un, normalien, devient docteur en philosophie, l'autre agrégé de géographie.

Le petit dernier, Romain, choisit de déménager avec son père, en 1996, et de vivre à Ajaccio. À l'époque, l'île a pour lui le parfum d'Éden des vacances au village et de la « liberté radicale ». « Tu vas faire quoi en Corse, garder les chèvres ? » lui demande le prof principal de sa troisième au collège Massillon, dans le IVe arrondissement. Non, il va entrer en seconde au « Fesch », le lycée le plus réputé de l'île, où sa rébellion adolescente s'imprègne de fièvre nationaliste. « Mon père ne théorisait pas sa corsitude, confie-t-il. La mienne est en partie politisée et conscientisée, en partie sentimentale et pulsionnelle. »

Le jeune Romain a 16 ans quand, un soir de février 1998, son père Jean frappe à la porte de la chambre : « Ils ont tué le préfet ! » Un autre Colonna, l'un des patronymes les plus répandus de l'île, a tué Claude Érignac, à quelques centaines de mètres de leur appartement. Même cette nuit-là, assure Romain, père et fils ne croisent pas davantage le fer que durant ces longues soirées passées à en tête à tête, et où le premier confiait son admiration pour de Gaulle et Bonaparte.

« Mon père a été la victime d'une francisation intense, parfois presque inconsciente, lâche le jeune prof de Corte avec ses mots militants. Le fils que je suis cherché au fond à se souvenir de ce que le père a voulu oublier. » L'obsession du jeune universitaire, ce sont les « méfaits psycholinguistiques » essuyés, selon lui, par des Corses « sous domination culturelle » jusque dans les années 1970 : sous l'emprise de l'« *autoodi* », un

« concept catalan » signifiant « haine de soi », ils ont délaissé inconsciemment leur langue, enseigne Romain Colonna à ses étudiants de Corte.

« J'ai vécu mon arrivée dans cette université comme une seconde libération. Ici la culture corse est légitime ». Étudiant, il avait aussitôt adhéré à la *Cunsulta di i studienti* (CSC), puissant syndicat né à Nice dans les années 1970. En 2003, le ministre de l'Intérieur, Nicolas Sarkozy, qui mène campagne pour le référendum sur la suppression des deux départements, s'arrête quelques heures dans un amphi de la fac de Corte. Alors porte-parole du syndicat, Romain Colonna l'interpelle sur le « racisme anticorse » dont témoignerait Paris et lâche : « En partant, vous pourrez dire *veni*, *vidi*, mais certainement pas *vici*. » Sarkozy, furieux, se renseigne sur l'identité du malotru. Que peut-il contre ce futur membre de *Femu a Corsica*, le parti de Gilles Simeoni, désormais l'homme le plus populaire de l'île ?

Chaque été, entre deux livres, trois thèses et quatre meetings, Romain Colonna retrouve famille et amis au Café de la Paix, à Orto. L'établissement est fermé l'hiver, mais les anciens du village laissent entendre que c'est là qu'il faut entrer pour saisir tout le paradoxe des Colonna et de la Corse d'aujourd'hui. En ce début d'hiver, le maire accepte d'aller chercher la clé. Quand la porte s'ouvre, surprise : le général de Gaulle se tient debout en uniforme, coiffé de son képi étoilé, entre le comptoir et une fenêtre qui donne sur le maquis. Il est l'unique sujet de la fresque un brin naïve qui dévore tout le mur du bistrot. Le héros français de la Libération a posé ses mains sur sa poitrine, comme s'il voulait parler au cœur d'une foule imaginaire. Derrière lui, un drapeau tricolore lui donne des ailes d'ange, mais de près on peut voir que la peinture du bleu s'écaille, comme si la bannière était rongée.

Le Monde, 2 décembre 2017

Maggie, Harry, Iggy et le mélange des genres

Iggy n'est pas là. Dommage. On l'aurait bien rencontré, cet enfant pop de l'amour fou. Les lecteurs ont suivi sa genèse au fil des pages des *Argonautes*, le dernier livre de l'écrivaine Maggie Nelson, figure de proue de la non-fiction américaine. D'insémination en test d'ovulation puis en échographie, on s'est attaché au divin enfant. Iggy, c'est le bébé dont Maggie Nelson n'aurait jamais imaginé avoir l'idée un jour. En cet automne 2017, Iggy « est grand, déjà 5 ans », s'amuse sa mère dans le *coffee shop* où elle a donné rendez-vous. Un lieu pratique, entre « la maison », quelque part sur la colline, et « la maternelle », où cette théoricienne du *gender* ira le chercher à 13 h 30, comme « presque chaque jour ».

On est toujours avide de rencontrer les auteurs qui de leur vie font une odyssée et choisissent de dévoiler leur corps. C'est un peu comme faire connaissance avec un criminel après un meurtre. Dans le café de béton brut choisi par Maggie Nelson défilent un père de famille et son petit dernier, des grappes de copains joyeux avec leurs ordis, une femme enceinte, un chien, un garçon en bonnet de laine, une fille en minishort découvrant un large film de plastique transparent sur la cuisse – un tatouage qui cicatrise. Dans le coffee-shop d'Echo Park, ce quartier de l'est de Los Angeles à la fois *hype* et familial, horaires et saisons y semblent aussi brouillés que la clientèle – des muffins aux courgettes accompagnent l'expresso aux grains rares, trop amer.

« Queerios », dit sur le mur une affiche pastichant un bol de céréales Cheerios de Nestlé, « *be who you are* ». C'est l'œuvre d'une artiste de la « première génération *queer* d'Amérique centrale née à Los Angeles ». Un hasard. Maggie Nelson enseigne elle-même la littérature à travers les *queer studies*, petites sœurs des *gender studies*, les études de genre. *Queer*, le mot circule au début des *nineties* dans les Gay Prides de New York et de Chicago et reste, « curieusement, sans réel équivalent en français, sourit le Québécois Jean-Michel Théroux, l'un des traducteurs de Maggie Nelson. *Queer* signifie tordu, bizarre, certains écrivent même parfois "cuir". » Persuadées que la sexualité relève des faits biologiques, mais le genre de la construction sociale, les *queer studies* n'en sont plus à la reconnaissance de minorités sexuelles ; elles veulent « déconstruire la norme hétéro ».

Les visages les plus ouverts, généreux et souriants sont souvent les plus intimidants. Où est la part d'ombre derrière les yeux clairs de Maggie Nelson ? L'écrivaine a 44 ans mais ressemble à une étudiante, avec ses dossiers de prof sous le bras. En cette année scolaire 2017-2018, son cours s'intitule « *Drugs and queer* ». La prof porte des petites boucles d'oreilles turquoise, un sage chemisier marine à pois sauteurs et, sous ses cheveux auburn et ses paupières, un épais trait de crayon azur : un vrai nuancier, presque *fifty shades of blue*.

« Nuance » est son mot préféré ; la couleur bleue, le sujet de *Bluets*, petit recueil (non traduit en français) qui traque sa couleur fétiche jusque dans les vitraux de la cathédrale de Chartres. C'est un livre de consolation aussi, écrit en 2009, après un énorme chagrin d'amour, en vers. Pas de désir de roman chez Maggie Nelson : « Je suis devenue poète notamment parce que je ne voulais pas raconter d'histoires. » L'écrivain aime la critique d'art, les essais, les « récits personnels », et plus généralement tout ce qui relève de la « non-fiction ». Elle ne s'interdit guère que les blogs et les posts sur les réseaux sociaux, tous ennemis de sa chère nuance. « L'immédiateté fait écrire des bêtises, confie-t-elle. Je me juge trop faible pour vivre avec la tentation de Facebook ou Twitter. »

Ses premiers ouvrages sont nés sur un ordi posé dans des cafés de New York, « car là-bas les appartements sont toujours minuscules ». Parmi eux, un livre traduit en français en 2017, *Une partie rouge* (Éditions du Sous-Sol), consacré à une affaire classée depuis trente-cinq ans : l'assassinat en 1969 d'une jeune étudiante en droit. C'était la tante de Maggie. Pas besoin d'imagination quand on sait écumer le réel. De littéraire, son enquête devient policière, se laissant bousculer par la réouverture inattendue du dossier, explorant toutes sortes de sources, procès-verbaux, articles de presse, plongeant dans l'insoutenable, comme si l'auteure voulait prendre sa part de la malédiction familiale. Le récit navigue entre *L'Adversaire*, d'Emmanuel Carrère (un auteur qui l'« intéresse »), et le nouveau journalisme. « *Autotheory* » : c'est le mot que l'écrivaine californienne a depuis forgé pour ce mélange de narration intime et de digressions universitaires qui tricotent ses livres et font désormais sa patte.

En 2005, Maggie perd son amoureux volage et quitte la Côte Est – le gros blues des variations autour du mot « bleu » de *Bluets*. Comme souvent chez les filles joyeuses, la douleur est immense. « Roulée en boule sur le carrelage », elle se dit que « quelque chose en [elle] est en train de mourir ». Elle a pourtant grandi à San Francisco et « connu la face sombre des *sixties* », le divorce d'un père avocat et l'abandon d'une mère fan de littérature, séduite par un artisan passé chez eux. Pour exil, elle choisit Los Angeles, une ville qui lui est « parfaitement étrangère » sans être « pire qu'une autre ». CalArts, le renommé California Institute of the Arts, lui y propose un poste d'enseignante en littérature.

Maggie Nelson enchaîne trois ans de solitude, entre promenades à pied sur Mulholland Drive et longueurs frénétiques de piscine – elle est si intarissable sur la nage dans les bassins qu'on la devine prête à y consacrer un livre. Et puis, un jour d'avril 2007, lors d'une petite fête organisée au Machine Project, un de ces lieux artistiques « interactifs » dont LA a le secret, elle rencontre Harry Dodge, un sculpteur et vidéaste passionné par les rapports entre le capitalisme et la marge. Elle le googlise. Il a réalisé, écrit et produit six ans plus tôt *By hook or by crook* (« Coûte que coûte »), un film tourné caméra à l'épaule dans lequel il joue le rôle d'un fou éclairé qui explique : « Je suis un spécial – un deux pour un. » Un autoportrait.

En 2007, Harry ne s'appelle déjà plus Wendy, son prénom original, ni même Harriet, celui de ses métamorphoses. Déjà plus vraiment femme, il n'est pas encore homme. Il porte une petite barbiche mais a tatoué sur ses doigts deux mots, « *flow* » pour la main gauche, « *form* » pour la droite, qui sonnent comme un programme. Harry se rêve « *gender fluid* », comme disent les *queers* américains, « quelqu'un qui ne veut fixer ni son identité ni une orientation binaire homme/femme », résume Jean-Michel Théroux, également directeur littéraire des éditions Triptyque (qui publie *Les Argonautes* au Canada). Comprendre : transgenre.

Le jour de leur rencontre Harry relève la façon charmante dont le visage de Maggie s'embrase et pique des fards. Une fois rentré chez lui, il se délecte de la lecture d'*Une partie rouge*. Plusieurs mois plus tard, il lui propose par e-mail une « promenade » entre les réservoirs de Silver Lake. N'est-ce pas étrangement romantique, pour une universitaire qui trouve André Breton si ringard et vieux jeu ? « Je ne suis pas contre le romantisme, répond l'écrivaine dans un sourire. J'aime la romance. » Maggie Nelson est une jeune femme polie qui ne dira jamais que la question posée lui a semblé tristement hétérosexuelle et normée.

La *love affair* se poursuit dans l'appartement « humide et charmant » de Harry et dans les premières pages des *Argonautes*. « Les mots “Je t'aime” me viennent comme une incantation la première fois que tu m'encules, ma face écrasée contre le sol en ciment [...]. Tu gardais Molloy près de ton lit et, dans une douche sombre et inutilisée, un paquet de pénis. Que demander de mieux ? » On peut dire que Maggie Nelson a le sens de l'« attaque » et des scènes d'ouverture. Au chevet de Harry, Samuel Beckett, cet écrivain hanté par les corps qui veut déconstruire la narration – il est devenu une référence *queer*. Dans la salle de bains, un lot de faux sexes en caoutchouc. Ravie d'embarquer son public dans des contrées où il n'a jamais mis les pieds, Maggie Nelson emprunte la dramaturgie « provoc » des performances dont elle fait d'ailleurs, de temps en temps, la critique dans les revues.

Seule la passion balaie tous les chagrins. « Tu as crevé ma solitude. Je sens que je peux tout te donner sans me perdre moi-même », écrit Maggie à Harry quelques jours après leur rencontre. « La police du bonheur va venir nous arrêter si on continue comme ça », glousse le couple sur le canapé rouge du salon. Arrêtez-nous, on est bien trop chanceux. » Ils emménagent illico ensemble, et Maggie découvre la joie d'être belle-mère, celle du fils qu'a eu Harry, trois ans plus tôt. « Je n'ai jamais été ce qu'on pourrait appeler du type bébé, pas du type animal non plus, ni du type jardinage ni même du type plante d'intérieur », écrit la jeune femme. Tout à coup, elle s'émerveille pourtant devant les vêtements de son beau-fils : « De si petites chaussettes ! De si petits slips ! »

Harry et Maggie veulent à leur tour un enfant. Maintenant. Le corps de l'écrivaine se transforme en même temps que celui du vidéaste : pendant qu'elle grossit, lui rétrécit. Il subit en effet une mastectomie, l'ablation de ses seins. « Jamais sans doute je ne l'ai autant aimé que lorsqu'il avait ses bandages », confesse Maggie Nelson. Les puristes des études de genre jugent qu'il faut connaître un milieu pour le décrire et le comprendre. Maggie Nelson y est. En 2011, elle avait décliné les codes sado-masos dans *The Art of Cruelty*, un ouvrage paru chez W.W. Norton & Company, non traduit en français. Cette fois, elle se transforme en infirmière, plantant régulièrement au bas du dos de son amant « une aiguille de cinq centimètres pleine de T », de testostérone, injectant l'hormone masculine avec la même détermination que lorsqu'elle serre votre main dans le coffee-shop.

Tout s'emmêle dans son œuvre et sa conversation, piqûres et philosophie, Judith Butler (la papesse des études féministes et *queer*) et Derrida, Lacan, Deleuze… Maggie Nelson serait-elle francophile ? Elle admire Catherine Millet, dont elle fait étudier à ses élèves *La Vie sexuelle de Catherine M.*, mais n'a « jamais visité » la cathédrale de Chartres, « pas entendu parler » de Jean d'Ormesson, qui vient de mourir, à peine suivi le débat sur l'écriture inclusive. Sa France à elle, ce sont les post-structuralistes des années 1970, cette *french theory* qui, derrière Roland Barthes, a ouvert la voie aux études de genre américaines.

Aucun appareil critique dans son dernier livre : Maggie Nelson cite ses références vite fait, à l'américaine, à gauche ou à droite du texte, comme Barthes, justement. « C'est vrai, je lui ai piqué cette idée des notes dans la marge », rit-elle. Elle a aussi puisé son titre chez le critique structuraliste : l'Argonaute de Barthes est le voyageur qui change de vaisseau mais jamais de nom de bateau, comme l'amoureux répète « je t'aime » avec des « inflexions toujours nouvelles » à des partenaires différents. Un jour, peu après leur rencontre, le couple Nelson se rend sur Wilshire Boulevard pour essayer de gommer les tatouages de Harry – faire table rase du passé. Impossible. *Les Argonautes* de Maggie Nelson ressemblent à des nouveaux *Fragments queers d'un discours amoureux.*

Enfin, Iggy naît. Maggie Nelson oublie les conseils prodigués par les best-sellers destinés aux mamans – presque toujours signés par des hommes, note-t-elle. Elle ne laisse jamais pleurer son bébé et écrit une partie des *Argonautes* « attachée à un tire-lait : les mots accumulés dans une machine, le lait siphonné dans l'autre ». Maggie, déesse du réel, fait de l'écriture une pratique qui s'arrime à sa vie.

Un jour, Iggy n'est déjà plus un bébé, ils décident de se marier. Le jour de leurs noces express, dans une chapelle de West Hollywood bien connue des *queers*, est un moment émouvant de leur vie de couple – si drôle, en plus ! À la porte, une drag-queen. À la sortie, en cadeau, deux sucettes en forme de cœur. « De là, nous avons couru pour récupérer notre petit bonhomme à la garderie avant la fermeture, et nous sommes rentrés à la maison pour manger du pudding au chocolat », raconte Maggie Nelson. Chacun s'était fourré dans un sac de couchage, puis s'est assis face à la montagne, devant la maison. Dans la cuisine, une photo de leur trio orne une tasse offerte aux mariés par la mère de Maggie.

« Wouah, j'ai jamais rien vu d'aussi hétéronormatif de ma vie ! » a un jour pouffé une copine passée prendre un thé. Maggie s'en fiche. « Le XIXe siècle nous a légué son lot de personnages au genre et à la sexualité ambigus, tous en général prisonniers d'une honte lourde, sourit Jean-Michel Théroux, qui enseigne la littérature comparée à l'université de Montréal. Chez Gide, chez Green et même chez Genet, plus tard, les personnages sont presque toujours dans un combat à mort avec leur "perversion", ou dans un plaisir démoniaque de la transgression. Maggie, la culpabilité, le sacré, la psychologie, rien à faire ». D'ailleurs personne, dans la maison, n'a jamais réussi à casser ce mug qui fige la petite famille et son bonheur kitsch.

Le texte des *Argonautes* est dédié à Harry, la lettre qui clôt le livre s'adresse au petit Iggy. « Je veux que tu saches, tu as été considéré comme possible – jamais comme certain, mais toujours comme possible – non pas à un moment en particulier, mais pendant plusieurs mois, même plusieurs années d'essais, d'attente, d'appels – quand [...] deux êtres humains, dont l'un est par chance ni mâle ni femelle et l'autre femelle (plus ou moins) ont voulu profondément, obstinément, farouchement, que tu sois. » Le livre pastiche et détourne la lettre d'André Breton à sa fille Aube, en 1937, cette « toute petite enfant » dont « tout hasard a été rigoureusement exclu de [la] venue ». Tant pis si l'auteur de *L'Amour fou* est un vieux « romantique hétéro » : Maggie Nelson fait briller leurs deux passions dans le ciel en feu de la Californie.

M Le magazine du Monde, 23 décembre 2017

Édouard Philippe, l'histoire d'un grand type

Ça commence mal, le portrait d'un homme dont on ignore la taille précise. La presse le toise en général à 1,94 m. Selon *Le Parisien* du jour de sa nomination, il serait même le plus grand chef de gouvernement de la Ve République. Mais au Havre, Benoît Dubosc, haut gaillard aux airs de Viking qui fabrique affiches et tracts municipaux pour la mairie, est formel : « Il fait 1,92 m, comme moi. J'en suis sûr, on a pris nos mesures plusieurs fois à la maison », raconte le communicant normand. « Je mesure 1,89 m », tranche Édouard Philippe. Ses lèvres fendent d'un coup son visage jusqu'aux oreilles. Ce sourire élastique sur son corps longiligne, c'est sa première signature – en général, la promesse d'un bon mot.

« Ma taille varie selon ma cote de popularité. » Il y avait l'humour cruel de Churchill, son héros, dont le chef du gouvernement a lu les deux dernières biographies, par admiration. Il y a eu celui vachard et lourdingue de Jacques Chirac et les blagues de François Hollande, toujours prêt à traquer le comique de situation autour de lui, un vrai chasseur de papillons. Depuis huit mois, les Français découvrent le sens de la *punchline* de leur Premier ministre et son inclination à l'autodérision – *self-depriecating humor*, disent les Anglo-Saxons. « J'ai deux prénoms, c'est dur pour se faire un nom. » Ou encore : « Édouard Philippe, vous savez, ce grand type qui perd ses cheveux et que personne ne connaît… »

Un « grand type sympa », voilà comment on résume souvent le Premier ministre : c'est à la fois flatteur (l'antiportrait de Macron ?) et perfidement réducteur. Au collège Jean-Texcier du Grand-Quevilly, dans la banlieue de Rouen, Édouard, fils de Patrick Philippe, le principal de l'établissement, était pourtant l'un des plus petits de sa classe. Il a poussé d'un coup, en seconde, sorte de grand Meaulnes haut-normand, maladroit comme Jacques Tati. À l'époque, le gamin porte des lunettes de premier de la classe et des oreilles en feuilles de chou. La cour de récré se moque. Sa mère, prof de français, croit avoir trouvé l'antidote : elle prescrit la lecture de la tirade du nez d'Edmond Rostand, pour « mettre les rieurs et l'esprit du bon côté ». Aujourd'hui, *Cyrano de Bergerac* reste le livre que le Premier ministre ouvre « le plus souvent », confesse-t-il dans *Des hommes qui lisent*, publié l'été dernier après deux polars politiques cosignés avec son ami Gilles Boyer.

Édouard Philippe fait partie de ces personnes qui s'épanouissent en vieillissant, comme Ségolène Royal. En 2002, quand Juppé le nomme directeur général de la toute nouvelle UMP, un sarkozyste anonyme assure au *Canard enchaîné* que cet inconnu est encore « plus raide, plus borné, plus maladroit » que le maire de

Bordeaux. Il reste toujours un pas derrière « le patron », muet, balayant les questions d'une moue supérieure. Quelle métamorphose ! En 2018, il est ce Premier ministre rieur qu'Emmanuel Macron a choisi pour sauver la France. À force de reprises de corde à sauter, d'abdos et de gainage, la boxe anglaise lui a donné un gabarit. Son collier de barbe le fait ressembler à Kad Merad, *alias* Rickwaert, l'éminence grise de la série *Baron noir.* Surtout quand il explique dans *Édouard, mon pote de droite*, long-métrage documentaire de Laurent Cibien, pourquoi une élection se joue parfois « à un poil de bite ».

Dans sa collection de boutons de manchettes *so british*, il a ajouté depuis le mois de mai une paire siglée de l'hôtel de Matignon et une autre qui figure deux mini-extincteurs : il la portait aux poignets ce jour de décembre où il a dû éteindre l'incendie de l'« avion » – un vol de 350 000 euros affrété pour revenir de Nouvelle-Calédonie dans de meilleures conditions, premier faux pas depuis sa nomination. Ses lunettes d'écaille sont signées Oliver Peoples, un modèle porté par Gregory Peck dans le film *Du silence et des ombres*, adapté du best-seller de Harper Lee, *Ne tirez pas sur l'oiseau moqueur.* « Ouf ! il a enfin viré ce sac à dos qu'il portait sur BFM le jour où il est sorti de chez lui alors qu'il venait d'être nommé Premier ministre », se félicite le député LREM des Hauts-de-Seine Thierry Solère. Le Premier ministre soigne son style, un pied de chaque côté de la Manche.

Tous ces détails seraient inutiles si, après les ravages du Fillongate, passer en revue le vestiaire des élus n'était presque devenu une obligation. Depuis François Fillon, on sait aussi qu'il est possible, lorsqu'un président prend toute la lumière – comme Sarkozy ou Macron – de demeurer un parfait inconnu à Matignon. Les amis d'« Édouard » tiennent à prévenir : même pour eux, il reste un Cluedo. « Il y a une vitrine derrière lui, il est faussement évident », lâche Gérald Darmanin, le nouveau ministre de l'Action et des Comptes publics. Les deux hommes partagent une mère ch'ti et se sont connus sur les bancs de l'Assemblée en 2012, année de leur premier mandat. « Édouard possède une petite partie sombre, la politesse du désespoir, comme dans les chansons d'Alain Chamfort », ajoute cet amateur de variété française. « De ces gens qui ne se sont pas encore découverts alors qu'ils approchent la cinquantaine », suggère un ami, conseiller d'État.

« Comme Gilles [Boyer, son complice de toujours], Édouard laisse un arrière-goût, pas celui de l'amertume, juste celui d'un double-fond », écrit la journaliste Gaël Tchakaloff dans *Lapins et merveilles*, une plongée en « Juppéïe » parue en 2016. « Un homme très *control freak* », ajoute-t-elle aujourd'hui. « Il y a chez lui une part d'insondabilité et de mystère, insiste aussi le député de droite Franck Riester. Je sens bien qu'il ne se dévoile pas complètement. » Le président du groupe UDI à l'Assemblée a été exclu des Républicains en octobre, avec le Premier ministre. Depuis, comme Darmanin, Solère ou l'ancien juppéiste Benoist Apparu, il goûte désormais le bonheur d'être convié chaque 28 novembre aux « anniv' de Dédé », ces sympathiques rendez-vous de fidélités sédimentées.

Ah, les anniversaires d'« Édouard » ! Peut-être sa plus belle réussite. Rien à voir avec des réunions de clan ou de courant. D'ailleurs, l'adjectif « philippiste » n'existe pas. On y croise Édith Chabre, la femme du chef, une juriste d'entreprise grenobloise qui a participé en 2008 à la création de l'École de droit de Sciences Po avant d'en devenir la directrice exécutive, puis de rejoindre en 2016 l'équipe dirigeante de l'école de design parisienne Camondo. « Elle n'est pas vraiment de droite et déteste la politique, du moins partisane », dit son mari. Le reste de la bande se retrouve autour d'un libéralisme modéré, « droite ouverte », comme elle se nomme, adversaire résolue de Laurent Wauquiez et prête à réfléchir à la procréation médicalement assistée. « Le mariage pour tous, je me suis abstenu, mais aujourd'hui je voterais pour, confie Édouard Philippe dans son bureau de Matignon. Ceux qui ne changent pas d'avis me fascinent. Je connais un couple de femmes qui est parti faire un enfant en Espagne et une autre qui s'en est allée seule en Belgique. Ça m'a fait réfléchir. »

Pour ces retrouvailles annuelles, chacun vient avec enfants et épouses – la bande d'Édouard est terriblement masculine. Édith finit toujours par enlever ses chaussures avant la fin de la soirée. L'appartement parisien du IXe arrondissement que le couple Philippe continue d'habiter avec ses trois enfants accueille en général la fête. Un temps, les bougies se sont aussi soufflées au Havre, à 500 mètres de cette mairie où Édouard Philippe récite le code civil en alexandrins lorsqu'il marie ses copains. Les invités se retrouvaient à l'Hôtel Pasino, « Édouard » faisait visiter les docks,

Le Volcan, ce lieu culturel imaginé par l'architecte brésilien Oscar Niemeyer, le chic quartier de Sainte-Adresse (celui des armateurs). Il montrait aussi l'appartement témoin de l'architecte Auguste Perret et la cheminée EDF qui sert d'amer aux bateaux. Des virées entre potes façon *François, Vincent, Paul et les autres*, avec la même martingale d'amitiés pudiques, mais liftées comme dans une série.

Chaque année, la présence de nouveaux venus raconte la carrière du maître de cérémonie : allers-retours entre Paris et la Normandie, mais aussi entre la « poloche », comme on disait parfois à droite dans les années 1990 pour parler de la politique. Il alterne sans vergogne le Conseil d'État et le privé : deux passages dans des cabinets d'avocats d'affaires, et un quatre-cinquièmes de temps comme lobbyiste politique chez Areva, entre 2007 et 2009. « Édouard Philippe est l'archétype de ces très hauts fonctionnaires qui naviguent entre la politique, le public et le privé, où ils peuvent monnayer leur réseau et leur connaissance intime des faiblesses de la machine étatique, relève Vincent Jauvert, auteur des *Intouchables d'État*. D'ailleurs, à la différence du président Macron, il n'a toujours pas démissionné de son corps d'origine. »

Le Havrais Luc Lemonnier, conseiller municipal enrôlé par « Édouard » et devenu au printemps maire du Havre, est venu se mêler aux copains de Sciences Po, tel le journaliste d'Europe 1 David Abiker, auteur du discours de mariage d'Édouard, en 2002. Il y a aussi des potes de l'UMP, comme le communicant Régis Lefebvre, des hauts fonctionnaires et des patrons : le PDG de Carrefour, Alexandre Bompard, le banquier

Arnaud Doessant, l'inspecteur des finances Alexandre Joly, récent fondateur d'un hedge fund à Londres. Mais l'alpha et l'oméga de la bande, ce sont les témoins de noces et parrains des enfants Philippe : Benoît Ribadeau-Dumas et Frédéric Mion. « Le duo que le Premier ministre admire le plus, pour sa vivacité et sa culture », dit la rumeur unanime. Deux membres du Conseil d'État, ce lobby adjoint de l'inspection des finances.

Le premier, également polytechnicien, est sorti de l'ENA major de la promotion Marc-Bloch. Le jeune Édouard Philippe s'était battu jusqu'au bout de la nuit pour que le théoricien de *L'Étrange Défaite* de 1940 donne son nom à la promo 1997. "Ribadeau", lui, se battait pour Clemenceau. Ribadeau est catholique, père de cinq enfants, et compte dans sa famille un prêtre, un général et un avocat. Sa carrière l'a mené de groupe industriel en groupe industriel, Thalès et le pétrolier CGG, puis le champion aéronautique Zodiac. Mion est d'un autre bois. Normalien, ancien secrétaire général de Canal+, il dirige Sciences Po depuis plus de quatre ans et réunit le Tout-Paris autour de sa table. Ses piques cruelles ont fait sa réputation. En riant, ses amis l'appellent « Prince Borgia ».

C'est lors d'un des dîners servis chez Mion par des domestiques, en 2011, qu'Édouard Philippe croise pour la première fois un jeune banquier de chez Rothschild : Emmanuel Macron. Suit un petit déjeuner à l'Élysée, où le jeune trentenaire vient d'être nommé conseiller. Et enfin un déjeuner à Marigny à la rentrée 2016. Le quatrième rendez-vous a lieu le 24 avril 2017, au lendemain du premier tour de la présidentielle. Macron s'est qualifié face à Marine Le Pen, l'Élysée ne peut plus lui échapper. Peu avant 20 heures, il a envoyé une voiture à vitres fumées chercher Philippe et Solère pour les amener au QG d'En marche !, où il les reçoit avec Alexis Kohler, son ancien directeur de cabinet au ministère des Finances.

Le monde d'Emmanuel Macron et celui d'Édouard Philippe sont bien moins étrangers l'un à l'autre qu'on ne le pense. Kohler connaît depuis longtemps le maire du Havre. Ils sont amis depuis 1990, quand ils se sont croisés à Sciences Po. « Vous n'allez pas perdre votre temps à reconstruire la droite alors qu'il faut reconstruire la France », lâche ce jour-là le candidat d'En marche à Philippe et Solère. Il n'est pas encore question de Matignon, mais des législatives et de l'état du pays. Le futur président mesure le défi qui l'attend et laisse filer une inquiétude qui lui ressemble peu. « Tout peut arriver. Je peux aussi finir comme Hollande, souffle Macron. Et aussi ne pas terminer mon mandat… »

Un dîner, un déjeuner, un café, un rencard clandestin. « Avec Macron, ça n'a pas été *crescendo* », rit Philippe fin novembre sur la scène du Casino de Paris. « Le grand type marrant » – c'est ainsi qu'on avait « teasé » cet invité surprise – a accepté de raconter son intronisation à Matignon devant le public du *Live Magazine*, un « journal » éphémère cousu d'histoires vraies racontées par leurs protagonistes. En réalité, les tête-à-tête se sont faits chaque fois plus professionnels et politiques. Le pacte entre l'ancien banquier d'affaires et l'ex-avocat d'affaires se scelle finalement le 15 mai 2017, à midi. D'un côté de la table, Macron, 39 ans, mais déjà le patriarche du « nouveau monde » ; de l'autre, Philippe, 46 ans seulement, mais déjà une figure de l'« ancien ».

Du quatuor qui s'apprête à tenir les manettes de l'exécutif – Édouard Philippe, son cher Ribadeau-Dumas, futur directeur de cabinet, Emmanuel Macron et Alexis Kohler, promis au secrétariat général de l'Élysée –, le chef du gouvernement réalise ce jour-là qu'il est « le plus vieux ». Qu'importe : comme Macron, Édouard Philippe est pressé, et voilà une belle occasion de rattraper le temps perdu en s'affranchissant des idéologies et des manœuvres de partis. « La guerre en Normandie entre Fabius et Rufenacht, j'ai vu ce que ça a donné », confie l'ancien maire du Havre. Comment serait-il assez fou pour laisser échapper ce « moment Macron » ?

Tope là ! À sa complice Florence Berthout, maire du Ve arrondissement de Paris, il glisse, mystérieux : « Il m'arrive une histoire dingue. » Il téléphone aussi à son ami Dubosc, le Normand de 1,92 m : « Maintenant, je sais ce que veut dire se chier dessus. » Le soir de la passation de pouvoir avec Bernard Cazeneuve, il réunit son futur cabinet : « Bon, je reconnais que tout ça est un peu baroque. Mais on va s'y mettre. » Si on résume : en septembre 2016, le maire de Bordeaux était le favori de la primaire de la droite et du centre, donc quasi sûr de finir président, et Édouard Philippe ministre. Le 20 novembre, patatras, Fillon arrive en tête du premier tour avec une avance confortable, et enterre tous les rêves juppéistes.

« L'anniv' 2016 d'Édouard, c'était une semaine après la défaite d'Alain, et ça puait la *lose* », se souvient Thierry Solère. Autour du gâteau, quelques-uns avaient misé sur Sarkozy, d'autres sur Bruno Le Maire, la plupart sur Juppé. Édouard est d'une humeur de chien, peinant à s'imaginer un avenir. « On descendait les boîtes une à une », raconte le cofondateur de la société de communication Bygmalion Guy Alvès, qui a rencontré Édouard Philippe à l'UMP en 2002 et ne loupe aucun 28 novembre. « Suez ? – Non, ça me saoule. – Avocat ? Plus jamais. C'est simple, il n'avait envie de rien. » Il accepte seulement de tenir pour *Libération* un blog de campagne où il décrit Macron comme un « tribun adepte d'un populisme désinvolte », plein du cynisme d'un « vieux routier ».

Les créateurs de séries ont un mot pour désigner ces scénarios qui vrillent : ils appellent ça un « twist ».

28 novembre 2017. Édouard Philippe fête ses 47 ans. Cette année, les réjouissances ont lieu à Matignon, au pavillon de musique, dans le jardin du 57 de la rue de Varenne. « Tout est toujours payé par lui », tient à préciser Frédéric Mion. Parmi les invités, un « Macron *boy* », et non des moindres : le secrétaire d'État chargé des relations avec le Parlement, ex porte-parole du gouvernement, Christophe Castaner. « En mai, j'avais expliqué au président que ce qui m'intéressait, c'était le porte-parolat et les relations avec le Parlement, raconte "Casta". Emmanuel Macron m'a dit : "Vois Philippe. Si ça matche, ça matche ; sinon, tant pis." » Ces deux-là ne se connaissent pas – un atout dans ce genre de négociations. « On a déjeuné. Si ça n'avait pas matché, je serais peut-être aujourd'hui secrétaire d'État aux Anciens Combattants », rit Castaner. Ça a matché, et le délégué général de La République en marche est aussitôt coopté par la bande.

Quelques jours plus tôt avait lieu la remise de la grand-croix de l'ordre du Mérite à Édouard Philippe, usage traditionnel après six mois passés à Matignon. Le conseiller Sylvain Fort est chargé de rédiger l'hommage présidentiel et s'arrache les cheveux pour trouver détails et anecdotes au milieu de cette vie si secrète. Il peine : l'impression qu'Édouard Philippe lui glisse entre les doigts comme une savonnette. Alors, Emmanuel Macron préfère s'éloigner du discours pour dresser l'éloge d'un chef de gouvernement choisi « sans contrainte » politique, économique ou partisane – une exception sous la Ve République.

Sous les lambris de l'Élysée, la mère d'Édouard, son épouse Édith, les enfants, Thierry Walrafen, un ami paternel qui a logé le jeune Havrais lorsqu'il a débarqué à Paris pour étudier. Au premier rang, Alain Juppé et Antoine Rufenacht, ce maire du Havre qui lui a cédé l'hôtel de ville – ses deux « patrons ». Pas des tendres. « Si Juppé avait été élu, Édouard aurait été au mieux ministre du Budget », s'amuse un fidèle du maire de Bordeaux. Quant à Rufenacht, on sait peu qu'il avait cédé aux avances de Christine Lagarde et se préparait à la propulser maire, en évinçant Édouard. Avant que la Havraise, qui se rêvait en Macron femme, ne se ravise : « Écoute, Antoine, ce n'est plus possible. J'ai trop de travail à Paris, et mon cœur est à Marseille. »

Il y a un grand absent, dans cette cérémonie. Patrick Philippe, le père du Premier ministre, est mort trois ans plus tôt, sans voir son fils à Matignon. Il était diabétique depuis l'âge de 14 ans, et aveugle depuis longtemps. Entre Édouard et lui, les relations n'ont pas toujours été simples. C'était un érudit, qui n'a jamais écrit. Le

Premier ministre lui a dédié ses *Hommes qui lisent*, un livre qui navigue entre peine et culpabilité voilée et sonne comme un regret rentré. L'ouvrage, un brin scolaire, a été écrit après l'échec de la primaire et prend la forme d'une confession et d'une anthologie littéraire. Pas question pour un enfant de profs de français de sacrifier à la facilité d'un livre-programme politique : sur sa déclaration d'intérêts et d'activités d'après 2012, à la rubrique « activités annexes », le maire du Havre a d'ailleurs noté : « romancier ».

Les obsèques paternelles ont eu lieu le 3 octobre 2014, au funérarium du Havre. « Je veux que vous soyez là », a insisté Édouard Philippe auprès de ses amis empêchés, qui comprennent que dans cette cérémonie se joue quelque chose qui leur échappe. Dans l'assistance, des tas d'enseignants, « rad-soc » comme le couple Philippe, qui a fêté bruyamment la victoire de François Mitterrand en 1981 et n'a sans doute jamais voté Antoine Rufenacht. Ce jour-là, l'ancien maire de droite devine que Patrick Philippe était un dignitaire franc-maçon et surtout un original.

La mère d'Édouard porte une veste rouge. On chante du Boby Lapointe et on lit des textes choisis par le défunt : ce dernier respectait tant les livres qu'il fallait les poser sur des lutrins. Il ne jurait d'ailleurs que par les profs. Sa fille, la sœur aînée d'Édouard, a suivi la voie, avant de se passionner pour l'encadrement de tableaux. Pas son fils. « Édouard m'a souvent dit que son père trouvait sa sœur plus brillante que lui », souffle un ami. La volonté de ne pas décevoir, éternel combustible qui façonne les grandes ambitions politiques ?

Retour à Matignon, en ce début d'année 2018. Édouard Philippe s'embarque dans un savant récit sur l'histoire de l'invasion des Normands en Sicile au XIIe siècle, et la création, en 1130, par Roger II puis son petit-fils Frédéric, du royaume de Sicile : « Le premier État moderne. Ils étaient pourtant peu nombreux ! », s'enflamme le Premier ministre, didactique et passionné. « J'étais programmé pour être prof d'histoire », souffle-t-il. Dans tous les documentaires qui lui sont consacrés, il passe dans des salles de classe. Devant la caméra d'une étudiante en communication du Havre, Salomé Dionisi, deux mois avant d'entrer à Matignon, il explique : « Président, ça me semble un peu bizarre comme métier, je crois que c'est assez compliqué, je ne suis pas sûr d'avoir très envie. Et ministre, ça veut pas dire grand-chose non plus. Mais, si un jour il y avait un président que j'aime bien qui me proposait quelque chose d'intéressant, faudrait voir. »

Ce fut vite vu. Il est « heureux » d'être là, au pouvoir, même si Macron lui a grillé d'un jour la priorité du discours de politique générale ou l'a oublié sur la photo pour les Jeux olympiques. Édouard Philippe ne se vexe jamais. « Le premier d'entre vous qui joue d'un effet de cour ou cherche à enfoncer un coin entre l'Élysée et Matignon perd ma confiance », expliquait-il dès le 25 mai 2017 à son cabinet. « Le président et moi avons une lecture des institutions assez similaire, réfléchit-il. Le modèle de notre tandem, si je ne craignais de passer pour prétentieux, ce serait Pompidou et de Gaulle. » Pompidou est cité pour son passé vierge de tout ministère, non pour son ambition présidentielle.

La nuit fond sur Matignon. On aperçoit des silhouettes glisser sur les parquets, Ribadeau-Dumas, Boyer, Emmanuel Lenain, son conseiller diplomatique, Charles Hufnagel, le conseiller com, tous des amis. Décontraction et sérénité au pouvoir, comme dans les séries de Netflix. Le Premier ministre s'est poliment retenu durant tout le rendez-vous de consulter son portable : d'ordinaire, rien de ce qui se passe sur Twitter ne lui échappe. La bouteille de Corona est presque vide sur la table basse.

Durant les vacances de Noël, avant le marathon de Notre-Dame-des-Landes, raconte Édouard Philippe, il a pu rattraper la septième saison de *Game of Thrones*. Il a avalé *À la Maison-Blanche* comme un « consommateur déraisonné, addict », mais préfère *Baron noir*, « son antithèse, parce que l'exercice des responsabilités n'y est envisagé que sous l'angle de la demi-teinte, a-t-il expliqué un jour lors d'un colloque organisé au Havre. Tous les personnages y sont à la fois bons et mauvais, ni complètement détestables ni totalement admirables » comme dans ses romans insondables. « Je vois bien ce que vous êtes en train de penser, lâche le Premier ministre en déployant ses longues jambes pour quitter le canapé. Vous vous dites : “J'ai un portrait à faire et je n'ai pas d'angle.” »

Le Monde, 27 janvier 2018

Le roi Macron à Saint-Denis

Du toit vert bronze, la flèche de la basilique perce le ciel gris et doux de ce 16 novembre 2016. Devant le portail central et les voussures de pierre s'étend l'immense esplanade de Saint-Denis : comme un champ de bataille. À gauche, le marché où se croisent boubous, cabas et collectes pour les mosquées du département ; à droite, une autre « église », sérieusement essoufflée celle-là – l'ancien siège de *L'Humanité* construit pour les communistes par Oscar Niemeyer. Tout à coup, au pied de la cathédrale, c'est comme une apparition : Emmanuel Macron, costume noir cintré et fine cravate assortie, et son épouse Brigitte, lunettes de soleil et pantalon de cuir queer. La rencontre au sommet de l'uber-économie et de l'église gothique.

Le tout frais candidat n'a pas encore 39 ans et vient saluer les rois de France. Combien de temps se recueille-t-il, ce mercredi d'hiver, devant les tombeaux des monarques ? Pas de photos ni d'images pour le savoir. Les journalistes sont ailleurs, tous pendus au téléphone et accrochés à leurs ordis. Moins d'une heure auparavant, à Bobigny, cinq kilomètres plus loin, Emmanuel Macron a annoncé sa candidature à l'élection présidentielle. « Je suis prêt », entend-on depuis midi, en boucle, sur les télés et les radios. Dans l'effervescence, une des phrases du candidat qui « refuse le système » est passée plus inaperçue : « La décision de me présenter aux plus hautes charges de la République est le fruit d'une conviction intime et profonde. D'un sens de l'histoire. »

Une fois quitté le centre de formation choisi pour ce premier discours de campagne, le candidat s'est autorisé un petit crochet dans le « 9-3 ». Avant de filer vers la capitale, il s'aventure entre les décors postmodernes de la cité des 4000 et du Stade de France et s'arrête, sans témoins donc, à la basilique de Saint-Denis. Dans la voiture qui le ramènera plus tard vers Paris, il prendra son téléphone pour dévoiler au journaliste Bruno Roger-Petit ce petit scoop. Macron est allé se recueillir à Saint-Denis et veut que cela se sache. Au passage, il glisse le sens qu'il faut donner à cette visite : faire « halte là où les pierres parlent », explique quelques heures plus tard « BRP » dans son blog hébergé par le magazine *Challenges*. Se retrouver « seul en son destin », note aussi fidèlement le journaliste.

Figure ronde, cheveux déjà grisonnants, « BRP » a fait d'Emmanuel Macron sa nouvelle passion politique. Le candidat le lui rend bien. Roger-Petit est devenu l'un des rares confidents de l'ex-ministre de l'Économie – le seul ou presque habilité à interpréter ses états d'âme. Sept mois avant la présidentielle, le futur porte-parole de l'Élysée travaille déjà à sculpter la statue d'« Emmanuel ». Sur son blog, la visite à la basilique lui inspire ainsi ce dicton : « Qui s'arrête en novembre à Saint-Denis pour y contempler les Transis, ne se ralliera pas en mars à François Hollande. » Et ce jeu de mots gonflé de lyrisme : « Le geste de Macron rappelle qu'il est deux catégories de candidats à l'élection présidentielle : ceux qui hantent les lieux de mémoire, en quête d'encens, et ceux qui occupent les plateaux de télévision, en perte de sens. »

En cette fin de l'année 2016, le candidat n'est crédité que de 14 % des intentions de vote à la prochaine présidentielle. Ce catholique baptisé à 12 ans, contre l'avis de son père, est-il venu déposer son cierge imaginaire, prier avec superstition pour une victoire miraculeuse ? Ce n'est pas l'exégèse de Bruno Roger-Petit. Il faut le nom de Macron sur les registres du récit national. « Dans ce grand silence de marbre où dort l'âme de la France », écrit le quinquagénaire, le candidat est venu « chercher » autre chose : « Conviction. Onction. Transmission. Inscription », croit savoir le journaliste, même si « les voies qui mènent aux Forces de l'esprit sont impénétrables ».

Forces de l'esprit : « BRP » a mis une majuscule à cette expression directement puisée chez François Mitterrand, son idole politique. Étudiant à Sciences Po, au milieu des années 1980, il avait eu l'insigne honneur de rencontrer le président socialiste : l'Élysée avait eu vent d'une petite feuille de chou, *L'Abeille et l'Architecte*, où le jeune homme militait pour que François Mitterrand se représente en 1988. Il déploie la même ferveur, trente ans plus tard, pour son nouveau champion. Peut-être se rêve-t-il en futur Georges-Marc Benamou d'Emmanuel Macron : ces chroniqueurs privilégiés qui observent au plus près les chefs d'État avant de les couler dans leurs mots comme les fameux Transis dans la pierre, et qui finissent en général sous les ors des palais.

Cette « station » du jeune candidat devant les mânes des rois, ce 16 novembre 2016, d'aucuns auraient pu y lire le signe d'une déraisonnable dilatation de l'ego. Pas Bruno Roger-Petit. Avant Emmanuel Macron, un autre candidat à la présidentielle était d'ailleurs venu se recueillir sur les tombeaux des quarante rois de France « afin de savoir s'il était digne de leur succéder », raconte la journaliste Christine Clerc. C'était à l'automne 1980, et cette visite de la basilique avait porté chance au premier secrétaire du PS, François Mitterrand.

Le futur candidat n'a pas osé la cathédrale de Reims, lieu de sacre des trente-cinq Carolingiens, Capétiens, Valois, Bourbons ayant régné sur le pays. Il ne s'est pas risqué non plus à une messe à Saint-Germain-l'Auxerrois, l'ancienne paroisse royale. Trop voyant ! La nécropole de Saint-Denis, qui abrite gisants et tombeaux vieux du XIIe au XVIe siècle, a l'avantage « d'incarner le pouvoir dans le Grand Paris » tout en restant à l'abri des commérages de la capitale, note Christophe Girard, maire du IVe arrondissement de Paris. Car un ancien ministre de François Hollande, réfractaire aux primaires du PS, adoubé dans une église « liée à la droite bien davantage qu'à la gauche », rappelle Serge Santos, l'administrateur de la basilique pour le Centre des monuments nationaux… On imagine les persiflages, si des curieux l'avaient photographié.

« Saint-Denis demeure l'anti-symbole de la République », convient Mgr Dominique Lebrun, ancien curé de la basilique, aujourd'hui évêque de Rouen. La cathédrale est le lieu de l'histoire longue, « le creuset de tout le passé de la France, et pas seulement celui qui commence à la Révolution », résume l'ancien préfet à l'égalité des chances du département Didier Leschi. « La basilique est le lieu par excellence du fameux récit national, analyse aussi l'historienne Clémentine Portier-Kaltenbach. On y va pour puiser de la légitimité et chercher de la royauté. » On y célèbre deux fois par an une messe pour Louis XVI et Marie-Antoinette, et le transfert du cœur présumé du jeune Louis XVII, leur fils, à leurs côtés, en 2004, avait attiré une bande d'historiens fascinés par ces reliques, mais aussi quelques nostalgiques du roi.

Pas étonnant que les politiques préfèrent défiler souvent à Saint-Denis sans caméras. Dès 1964, François Mitterrand s'y promenait incognito avec Anne Pingeot, révèlent les *Lettres à Anne*, une correspondance publiée fin 2016. « Il ne venait pas pour les Bourbons, cette monarchie trop ostentatoire ne l'intéressait pas, raconte Georges-Marc Benamou. Il aimait la monarchie austère des rois qui ont inventé la France », les Capétiens, les Valois, et l'austérité quasi rustique des gisants de pierre, simples, nus, réchauffés par la lumière enchanteresse filtrant par la rosace du bras sud. « Il admirait l'aplomb de Charles VII, le premier roi à commander son gisant de son vivant, à 27 ans », détaille l'auteur du *Dernier Mitterrand*.

« De même qu'il y a eu Saint-Louis et Louis XIV, de même il y aura Macron. Voilà ce que veut signifier la visite du candidat d'En Marche ! à la basilique », sourit Clémentine Portier-Kaltenbach. Qui le sait ? Jean-Luc

Mélenchon est lui aussi venu caresser en douce les soixante-dix tombeaux de marbre blanc de Saint-Denis. C'était également avant un rendez-vous présidentiel, celui de 2012. L'ancien ministre socialiste de François Mitterrand est un spécialiste de l'histoire de la Révolution française et de la figure de Robespierre, plus que de celle des quarante rois de France, mais il vénère Louis XI, ce solitaire qui attendait son heure et sut tisser sa toile pour renverser Charles le Téméraire, et se passionne pour la visite.

En ce soir de campagne, il disserte jusqu'à la fermeture de la basilique sur l'abbé Suger, un grand serviteur de l'État, mais pas un seigneur. Comme Macron, il rêve d'arracher le roman national aux griffes de la droite identitaire. Le décor de la basilique exhale pour Mélenchon le même souffle épique que les pages de Michelet, père fondateur d'une histoire de France qui ne comptait avant lui que de simples chroniqueurs, et dont il raffole : en 2018, dans la saison 2 de la série *Baron noir*, son double récite les premières pages de l'*Histoire de France*.

Ce jour-là, dans la nef de la basilique où il accompagnait Mélenchon, Christophe Girard avait cru deviner dans l'œil de l'ancien sénateur une étrange « fascination pour les gisants. » « Comme un péché de vanité », souffle pudiquement l'ancien chargé de la culture à la mairie de Paris. En le retrouvant à Paris le 16 novembre 2016, jour de cet impromptu de Saint-Denis, le romancier Philippe Besson, qui suit avec sa plume le jeune candidat, a lui aussi décelé une drôle de lueur dans le regard d'Emmanuel Macron. « Je le trouve détendu, comme si [sa candidature] annonce le soulageait et le galvanisait en même temps », note plus tard l'écrivain dans *Un personnage de roman*, mais « je discerne aussi, dans sa joie, quelque chose de plus extatique, de plus métaphysique peut-être. J'apprendrai qu'après son annonce, il a demandé à passer au pied de la basilique de Saint-Denis », pélerinage obligé de la Ve depuis Mitterrand, pôle magnétique des ambitions monarchiques.

Avril 2018

Tous mes remerciements à Judith, Émeline, Élise, Alexandre et Matthieu pour leur participation à cet ouvrage, mais aussi, bien sûr, au *Monde* et à *M Le magazine*.

Merci également à mon amie Marianne Tessier et à Alma Vallé.

Table

Introduction 7

Le dernier jour de Bouna et Zyed 15
Étienne Chouard, Don Quichotte du « non » 25
La gauche au Cirque d'Hiver 31
Rafaël, l'inconnu de la Concorde 39
Guérini & Guérini 45
La circonscription secrète de DSK 53
Dernière nuit au Paradi's 61
Le pacte de Tolbiac 73
Dans la tête de Jérôme Cahuzac 83
Gérard de Villiers, la gâchette du quai d'Orsay .. 97
Les « Cartier Nord » de Facebook 113
Élisabeth Lévy, causeuse de troubles 121
Le mystère du journaliste braqueur 131
David Haines, premier martyr de Daech 139
Et Zemmour devint Zemmour 145
Le colt de Claude Lanzmann 159
Laurent Wauquiez, le « bad boy » de la droite ... 173
Michel Houellebecq, la tour et le territoire 187
La ferme des djihadistes 199
Faut-il enterrer l'assassin de Bernard Maris ? 213

Joseph Nadanowska a perdu sa maman 221
Et Jean d'Ormesson décrocha sa Pléiade 229
Anne Pingeot, « nanour » caché de Mitterrand ... 243
François Hollande et les cendres du rocardisme .. 251
André Bercoff, la VF de Trump 255
Qui est vraiment Jean-Luc Mélenchon ? 263
Le « Troca » de François Fillon 277
Ravage à la préfecture 295
Fils de préfet, élu « natio » 307
Maggie, Harry, Iggy et le mélange des genres ... 315
Édouard Philippe, l'histoire d'un grand type 325
Le roi Macron à Saint-Denis 339

Remerciements 347

Cet ouvrage a été composé et mis en pages
par ÉTIANNE COMPOSITION
à Montrouge.

Imprimé en France par CPI
en mai 2018

N° d'édition : 56330/01 – N° d'impression : 3028003